旅游目的地居民
品牌大使行为研究

龙春凤　柴寿升　著

中国财经出版传媒集团
中国财政经济出版社
·北京·

图书在版编目（CIP）数据

旅游目的地居民品牌大使行为研究 / 龙春凤，柴寿升著. -- 北京：中国财政经济出版社，2025. 4.
ISBN 978 - 7 - 5223 - 3908 - 5

Ⅰ. F590. 6

中国国家版本馆 CIP 数据核字第 20259SP600 号

责任编辑：彭　波　　　　责任校对：张　凡
封面设计：孙俪铭　　　　责任印制：史大鹏

旅游目的地居民品牌大使行为研究
LÜYOU MUDIDI JUMIN PINPAI DASHI XINGWEI YANJIU

中国财政经济出版社 出版

URL：http：//www. cfeph. cn
E - mail：cfeph@ cfeph. cn

社址：北京市海淀区阜成路甲 28 号　邮政编码：100142
营销中心电话：010 - 88191522
天猫网店：中国财政经济出版社旗舰店
网址：https：//zgczjjcbs. tmall. com
涿州汇美亿浓印刷有限公司印刷　各地新华书店经销
成品尺寸：170mm × 240mm　16 开　15 印张　236 000 字
2025 年 4 月第 1 版　2025 年 4 月河北第 1 次印刷
定价：68. 00 元
ISBN 978 - 7 - 5223 - 3908 - 5
（图书出现印装问题，本社负责调换，电话：010 - 88190548）
本社图书质量投诉电话：010 - 88190744
打击盗版举报热线：010 - 88191661　QQ：2242791300

本书受教育部人文社会科学研究青年基金项目（项目编号：20YJC790091）和重庆工商大学出版基金资助出版。

前　　言

随着经济全球化的发展和全域旅游的推进，旅游目的地之间竞争的日益激烈。在此背景下，品牌成为目的地竞争的关键，品牌化成为目的地营销最有力的工具。然而，现有研究仅注重政府层面的目的地品牌化策略，忽略了当地居民在目的地品牌建设中的重要作用，导致各种有关目的地居民的负面事件频繁发生，损害了整个旅游目的地的信誉和形象，影响目的地旅游的可持续发展。居民作为目的地的东道主，其生产、生活场景是构成目的地旅游吸引物的重要组成部分。居民对游客的态度和行为，更是在主客互动中对游客体验质量产生重要影响。例如，淄博、哈尔滨等城市的旅游火爆现象，也得益于当地居民的参与，尤其是居民自发成为地方品牌大使，热情帮助游客、主动为游客让行、积极担当志愿者等行为，为游客提供了优质的旅游体验。全域旅游的推进也强调了居民要共同参与旅游目的地建设，充分利用目的地全部吸引要素，为游客提供全过程、全时空、全方位的旅游体验。可见，无论从理论发展还是营销实践上，都必须重视当地居民在旅游目的地品牌化中的作用，而旅游目的地居民品牌大使行为则是实现这一作用的具体表现，其对于提升目的地品牌形象、提高游客满意度以及推动旅游目的地的可持续发展具有重要意义。基于此，本书旨在深入探究旅游目的地居民品牌大使行为的内涵、维度、形成机理及响应机制，以期为旅游目的地品牌建设提供坚实的理论和实践指导，同时也希望为旅游目的地的品牌化策略提供新的视角，促进旅游目的地与居民之间的和谐共生，推动旅游业的健康发展。

首先，本书根据组织行为学、社会学、心理学的相关理论，运用扎根理论对旅游目的地居民品牌大使行为的结构维度进行探索性研究，通过探索性因子分析和验证性因子分析，验证了居民品牌大使行为的维度构成；其次，分析旅游目的地居民品牌大使行为的影响因素，通过结构方程模型验证了居民品牌大使行为驱动因素间的影响关系，揭示了居民品牌大使行为形成机理；再次，构建了旅游目的地居民品牌大使行为对游客及目的地的影响模型，通过回归分析和结构方程模型进行实证分析，剖析了居民品牌大使行为的游客及目的地响应机制；最后，结合研究结果，按照“政府主导、企业支持、社区推动和居民参与”的思路，从政府、企业、社区及居民等视角提出了推进旅游目的地居民品牌大使行为的对策及建议。

通过上述研究，得到如下结论：（1）旅游目的地居民品牌大使行为是一个多维构念，包括居民品牌宣传行为、居民品牌维护行为和居民品牌发展行为三个维度。（2）旅游目的地居民品牌大使行为受政府支持、地方依恋、自我效能的驱动，行为动机在这一驱动关系起中介作用，品牌认同起调节作用。政府支持直接影响居民品牌大使行为，但无法通过行为动机间接影响该行为；地方依恋和自我效能不仅直接影响居民品牌大使行为，还通过个人获益、个人责任感和地方自豪感间接影响该行为。品牌认同对地方依恋、自我效能和政府支持与居民品牌大使行为的关系具有正向调节作用。（3）旅游目的地居民品牌大使行为对游客忠诚度具有正向影响，积极情绪在其中起中介作用。居民品牌宣传行为和品牌维护行为对游客忠诚度具有显著正向影响，而品牌发展行为的影响并不显著；居民品牌宣传行为和品牌发展行为对游客积极情绪有显著的正向影响，而居民品牌宣传行为和品牌维护行为对游客消极情感有显著的负向影响；游客积极情绪能有效预测游客忠诚度；游客积极情绪在居民品牌大使行为与游客忠诚度之间起中介作用。(4) 旅游目的地居民品牌大使行为对目的地品牌资产具有正向影响。居民品牌宣传行为和品牌维护行为对目的地品牌知名度产生显著影响，而品牌发展行为对目的地品牌质量具有显著影响；居民品牌大使行为各维度均对目的地品牌形象具有显著影响，而对目的地品牌信任的影响不显著；居民品牌宣传和品牌发展行为对目的地品牌资产具有显著影响，而品牌维护行为的影响并不显著；目的地熟悉度对目的地品牌知名度和品牌信任与目的地品牌资产的影响关系具有正向调节作用。

与以往研究相比，本书的理论贡献主要有三点：(1) 探索并验证旅游目的地居民品牌大使行为的结构维度。利用扎根理论对访谈资料进行三级编码，提炼出居民品牌宣传行为、品牌维护行为和品牌发展行为三个维度；并界定了三种行为的内涵，开发了居民品牌大使行为测量量表，有利于补充和完善品牌内化理论，并推进中国本土居民品牌大使行为的研究。(2) 揭示了旅游目的地居民品牌大使行为的形成机理。从个人、情境和品牌三个方面，识别出影响居民品牌大使行为的五个因素，即地方依恋、政府支持、自我效能、行为动机、品牌认同，并对各变量之间的关系进行了分析，明确了居民品牌大使行为的形成机理。研究结论为推进居民品牌大使行为提供了理论借鉴和实操路径。(3) 剖析了旅游目的地居民品牌大使行为的游客及目的地响应机制。揭示了居民品牌大使行为对游客忠诚度的作用机制，阐释了游客积极情绪在其中所起的重要中介作用，并指出居民品牌宣传行为和品牌维护行为能有效抑制游客产生消极情绪。同时，揭示了居民品牌大使行为对目的地品牌资产的作用机制，分析了居民品牌大使行为对目的地品牌知名度、目的地品牌质量、目的地品牌形象、目的地品牌信任以及目的地品牌资产的影响，并指出目的地熟悉度越高，目的地品牌知名度和目的地品牌信任对目的地品牌资产的影响越大。研究结论为目的地营销组织提供了一系列的管理策略和营销启示。

本书由教育部人文社会科学青年基金项目和重庆工商大学出版基金资助。随着数字化的普及和游客需求的变化，旅游目的地不仅要在营销策略上进行创新，还要在产品和服务上进行持续的改进和拓展，以形成更广泛的市场影响力和更积极的品牌认知。因此，旅游目的地要主动塑造和传播其品牌形象，通过数字化渠道与游客建立更深层次的连接和互动。在这一过程中，当地居民作为旅游目的地品牌的共创者，其行为和态度不仅直接影响游客的体验，也是目的地品牌形象的重要组成部分。本书基于中国本土化情境，深入研究旅游目的地居民品牌大使行为的结构维度、形成机理及响应机制，旨在丰富具有中国特色的旅游目的地品牌建设理论体系。

由于作者水平有限，书中难免有疏漏之处，恳请广大读者批评指正。

目　录

第一章

绪　论

第一节　研究背景、研究目的与意义

一、研究背景

（一）全民参与是发展全域旅游的必然要求

在全球化和信息化的推动下，旅游业经历了前所未有的变革，全域旅游作为一种新兴的发展模式应运而生。2016 年 1 月，原国家旅游局在全国旅游工作会议上提出“全域旅游作为新时期我国旅游发展总体战略，从景点旅游向全域旅游转变”。全域旅游不仅是一种理念上的革新，它还代表了一种全新的旅游目的地发展模式，将整个区域视为一个整体的旅游目的地，强调区域内所有资源的整合与利用。在中国旅游从“景点旅游”向“全域旅游”转型过程中，新型的旅游形式不断涌现，如县城旅游、特种兵旅游、反向旅游、下沉式旅游等，这使旅游目的地的服务主体也随之发生了变化。传统的旅游企业服务人员不再是唯一的服务提供者，整个目的地居民都成了旅游服务的参与者。全域旅游的发展模式强调整个区域的居民共同参与旅游目的地建设，充分利用目的地全部吸引要素，为游客提供全过程、全时空、全方位的旅游体验。在这一模式下，居民的参与不仅是全域旅游产品的重要组成部分，而且他们对所居住地的记忆和体验也成为了游客感受目的地的重要媒介和信息来源（厉新建、张凌云和崔莉，2013）。

2018 年 3 月，国务院办公厅发布的《关于促进全域旅游发展的指导意见》

进一步明确了全域旅游的发展方向，提出了完善营销机制，实施品牌战略的要求。这一指导意见强调了“打造主题突出、传播广泛、社会认可度高的旅游目的地品牌”的重要性。全域旅游要求旅游目的地改变以往单一旅游产品的营销方式，整合全域范围内所有可用渠道，对全域旅游目的地进行系统营销推广。换言之，全域旅游模式下，旅游目的地品牌推广不再是地方政府和旅游企业的独家责任，而是需要构建一个涵盖地方政府、企业组织、社区居民与旅游消费者在内的“四位一体”的全域旅游营销体系，充分发挥社区居民在旅游目的地品牌建设中的积极作用，倡导居民主动宣传本地旅游资源，乐于为游客提供服务，善于引导游客文明出游，从而推动形成“人人是旅游形象，个个是品牌大使”的全民营销格局，加速我国旅游目的地品牌化的进程。

（二）品牌化是应对目的地竞争的有效途径

伴随大众旅游时代的全面到来以及旅游供给侧改革进程的有序推进，我国旅游产业呈现出持续稳步的发展态势。这一趋势不仅体现在旅游目的地的数量的显著增长上，更在 A 级景区的快速扩张中得以体现。相关数据显示，截至 2023 年底，我国 A 级景区数量达到 1.5721 万家，相较于 2014 年景区数量，增幅达到了 2.13 倍。目前，仍有大量景区处于规划和建设阶段，这无疑加剧了旅游目的地之间的竞争。在这样的市场环境下，传统的营销推广方式已难以满足目的地发展的需求。为了在激烈的市场竞争中脱颖而出，旅游目的地必须依托当地特色，通过创新市场营销策略，构建强有力的品牌形象。目的地品牌化因其能够有效辨识该地与其他旅游目的地差异，从而成为旅游目的地营销的最佳利器。一个有力的旅游目的地品牌，能够以统一而连贯的主题传播营销信息，强化目的地产品和服务的差异，增强与游客情感的联结及目的地的独特性，激发游客的访问意向，提高游客的忠诚度，进而提升目的地品牌资产。以澳大利亚为例，澳大利亚旅游局在 20 世纪 80 年代，耗费 1500 万美元在北美市场投放了目的地品牌推广活动“Come and say G’day”，该活动推出后，从美国到澳大利亚旅游的人数在前三年翻了一番，四年的游客增长率超过 25%。

（三）居民行为是影响游客体验的关键要素

在体验经济时代，游客对旅游目的地的需求已经发生了深刻的变化，已经不再仅仅满足于传统的观光游览，而是更加注重体验当地的风土人情和居民生活。这种需求的转变意味着从过去的主客空间隔离到现在的主客生活空间共享转变，广泛涉及目的地生活的各个方面。当地居民作为旅游目的地的关键利益相关者，他们的角色已经超越了单纯的旅游资源或展示者，而是成为了旅游目的地文化、社会、经济、环境等多层次旅游活动的积极参与者。居民的行为对游客的旅游体验质量具有直接影响。社会学理论认为，人的行为主要分为两类：正向行为和负向行为。在旅游目的地背景下，居民的正向行为对提升旅游目的地形象及口碑传播效应具有显著的积极作用。例如，在杭州西湖边讲述西湖的美丽传说、风土人情的老者，在北京街头向外国游客推介北京的义务营销员等（熊元斌和李海娥，2012），他们通过自身的言行给游客带来了良好的旅游体验，提升了游客的满意度和忠诚度。这种居民的积极参与和正面展示，不仅丰富了旅游体验，也成为旅游目的地吸引力的重要组成部分。相反，旅游目的地居民的负向行为则会对旅游目的地形象造成损害，引发负面口碑效应，降低游客的重游意愿和推荐意向。例如，旅游目的地中存在辱骂游客、酒托揽客、出租车司机故意绕道、商家漫天要价、欺诈强卖等现象，甚至一些地区发起“反游客”运动，都是居民负向行为的体现。这些行为严重影响游客的情感诉求和旅游体验，损害旅游目的地的声誉和形象，制约了旅游目的地的可持续发展。

（四）当地居民成为目的地营销的新生力量

随着游客需求的日趋多样化以及消费决策的理性化，使游客对传统营销方式与信息传播的抵触和排斥心理愈来愈强，加大了旅游目的地营销的难度。在这一背景下，居民作为旅游目的地的东道主，凭借其对目的地的深入了解和独特视角，对目的地信息的传播具有不可比拟的优势，成为目的地营销的新突破口。相关研究指出，游客通常认为旅游目的地居民要比其他群体传播的信息更值得信赖，而且居民在社交网络上传递的旅游目的地信息被采纳的程度要远远高于到该地访问过的游客（Uchinaka、Yoganathan and Osburg，2019）。因此，当地居民作为旅游目的地的宣传大使，不仅能够向旅游者传递目的地真实可靠和正面积极的信息，还有助于纠正游客对目的地的一些刻板印象，从而提升目的地营销的信任度和成功率。

国内外诸多成功案例也证实了居民参与旅游目的地品牌建设的显著成效。

在旅游目的地品牌建设中，每个居民都是目的地品牌的传播者和推广者。例如，2014 年美国费城组织“Visit Philly”宣传活动，将当地居民转化为地方宣传大使，成功推广了费城的休闲旅游。据统计，此次活动中一半游客是由当地居民宣传、邀请而来的。2016 年，瑞典旅游协会首创“国家号码”，将普通居民转变为旅游大使，为游客提供咨询服务。在我国，当地居民也不同程度地参与到旅游目的地品牌建设中。例如，山东省旅发委号召当地居民构思官方微博内容，以当地人视角向潜在游客介绍山东；2014 年河南省旅游局组织的“老乡带你游河南”等活动，也体现了居民积极参与旅游目的地品牌建设；2018 年西安曲江文旅启动文化旅游推广大使活动，邀请市民讲西安故事；2024 年香港特区政府开展“好客之道”活动，鼓励市民成为热情好客的东道主，倡导每个市民都成为“旅游大使”。

当前社交媒体的迅猛发展为居民参与旅游目的地品牌的传播和推广提供了更多契机。当地居民可以通过社交媒体随时随地与他人分享当地旅游信息，提升目的地品牌形象。尤其是短视频的兴起，带火了一批网红旅游城市，如西安、重庆、淄博、哈尔滨等。这些城市的居民通过分享本地特色文化、美食、风景等内容，极大地提升了目的地的知名度和吸引力。因此，要加快推动当地居民品牌内化，使其在目的地品牌化中起到传播积极口碑、塑造旅游目的地品牌形象等多元化作用。

总之，在实践中居民作为旅游目的地品牌大使已成为目的地营销的一种新途径。然而，相关理论研究却较为欠缺，旅游目的地居民品牌大使行为是如何形成的？是出于一种地方自豪感或个人责任感，抑或是个人利益？该行为对游客和目的地会产生哪些影响？这些问题均有待于进一步探讨，以期厘清该行为的形成机理以及游客与目的地的响应机制，为旅游目的地营销提供参考和借鉴。

二、研究目的

本书将旅游目的地居民品牌大使行为纳入社会学、心理学、行为学、旅游学等交叉学科范畴加以探讨，探索并界定旅游目的地居民品牌大使行为的内涵和维度；剖析旅游目的地居民品牌大使行为形成的驱动因素，构建驱动因素间的关系模型，从而全面解析居民品牌大使行为的形成机理。同时，从游客和目的地双视角探讨旅游目的地居民品牌大使行为的响应机制。一方面，分析该行为引发的游客情绪反应，以及在情绪驱动下对游客忠诚度的影响；另一方面，分析该行为对目的地品牌资产的影响，进一步检验居民品牌大使行为在目的地品牌化中的作用。最后，基于上述研究，归纳总结旅游目的地居民品牌大使行为的推进路径，为旅游目的地品牌建设提供理论支撑。

三、研究意义

（一）理论意义

（1）构建了旅游目的地居民品牌大使行为维度。近年来，旅游目的地居民品牌大使行为成为学界关注较多的话题，且随着研究的持续推进，国外学者对居民品牌大使行为的维度构建已有探讨。但在国内，关于居民品牌大使行为则鲜有学者进行研究。为更好地发挥居民在目的地品牌化中的作用，本书以旅游目的地居民为研究对象，通过质性和量化相结合的研究方法，探索并验证居民品牌大使行为的维度，从而为目的地居民品牌大使行为的量化研究奠定基础。

（2）丰富了旅游目的地品牌内化理论。居民作为旅游目的地的重要利益相关者，以往研究主要集中在旅游社会学领域，而近年来居民在旅游市场营销中的作用受到越来越多的关注，尤其是居民品牌大使行为的探讨为旅游社会学、行为学、营销学研究注入新活力。居民品牌大使行为属于旅游目的地品牌化研究的新兴领域，尽管已有研究也涉及居民品牌大使行为的影响因素，但缺乏对该行为形成机理的系统和深入研究。基于此，本书从个人因素、情境因素、品牌因素三方面来剖析居民品牌大使行为形成机理，有助于准确识别居民品牌大使行为的驱动因素及驱动关系，加快推进旅游目的地居民的品牌内化，进一步丰富了旅游目的地品牌内化理论。

（3）拓展了目的地营销方式。目的地营销方式众多，但居民在目的地营销中的作用往往被忽视。以往的主客关系研究表明，目的地居民的热情好客会提升游客的旅游体验质量和满意度。而且随着社交媒体的发展，居民成为目的地品牌的共同创造者之一，其在社交平台发布的用户生产内容将直接与游客联系在一起。相关研究也指出，居民口碑要比目的地网站及游客推荐更让人信任。基于此，本书从游客视角研究居民品牌大使行为各维度对游客情绪及忠诚度的影响效应，从目的地视角研究居民品牌大使行为各维度对目的地品牌资产的影响效应，进而为目的地品牌营销、居民营销以及情感营销提供了理论依据。

（二）实践意义

（1）为政府部门推进居民品牌大使行为提供实践指导。居民品牌大使行为在目的地品牌化中发挥着重要作用，因而目的地旅游主管部门要根据居民品牌大使行为的影响因素，为其制定有效的支持和激励措施提供参考，并加强品牌宣传教育，引导居民加强对目的地品牌的认知、态度、情感的正面转变，促进居民自觉能动地产生品牌大使行为，积极参与目的地品牌的宣传、维护和发展工作。

（2）为目的地加强主客关系管理提供决策依据。研究居民品牌大使行为对游客情绪和行为的影响，有助于目的地准确把握居民品牌大使行为给游客带来的积极和消极情绪体验，以及游客截然不同的游后态度和行为，进而促使旅游目的地营销组织重新审视游客情绪体验管理的重要性，提升游客体验管理效率。因此，在目的地主客关系管理中，要及时发现不利于主客互动的因素，并进行相应的干预和管理，引导主客关系健康发展。

（3）为目的地品牌资产升级提供有效路径。研究游客对居民品牌大使行为的认知，有助于旅游目的地营销组织更准确地辨识游客的忠诚度及其变化机制，以提高游客忠诚的稳定性。而研究居民品牌大使行为对目的地品牌资产的影响效应，则有助于明晰居民在旅游目的地品牌化中的作用，从而为目的地内生式营销及目的地品牌资产升级提供借鉴和参考。

第二节　研究思路与内容

一、研究思路

本书以“旅游目的地居民品牌大使行为”为研究主题，遵循“提出问题—分析问题—解决问题”的研究思路，以旅游目的地品牌“仙境海岸”覆盖城市为案例地，探讨旅游目的地居民品牌大使行为的结构维度、形成机理与响应机制。首先，运用扎根理论对旅游目的地居民品牌大使行为的结构维度等进行探索性研究，并通过实证分析，构建居民品牌大使行为的结构维度；其次，剖析旅游目的地居民品牌大使行为形成的内在机理，并通过实证分析进行验证；再次，探讨旅游目的地居民品牌大使行为的响应机制，分析该行为对游客、目的地的影响效应，并通过实证分析进行验证；最后，基于上述研究，提出推进目的地居民品牌大使行为的对策及建议。

二、研究内容

本书共包括八章：

第一章为绪论。该部分从目的地、居民、游客多视角阐释了选题背景，探讨了研究目的与研究意义，明确了研究思路与研究内容，介绍了研究方法、技术路线以及创新点。

第二章为研究基础。该部分围绕研究主题，首先界定了相关概念，明确了旅游目的地居民、旅游目的地品牌以及旅游目的地居民品牌大使行为等概念。梳理了旅游目的地品牌化、旅游目的地居民行为以及旅游目的地居民品牌大使行为的国内外研究现状。阐述了相关研究理论，主要包括 MOA 理论、情绪评价理论、品牌内化理论和利益相关者理论等，阐明了各理论的提出和发展概况以及在研究中的运用。

第三章为旅游目的地居民品牌大使行为的维度构建。根据扎根理论的思路与流程，通过对旅游目的地居民进行访谈来获取一手资料，并对资料进行开放式编码、主轴编码和选择性编码，提炼居民品牌大使行为的内涵框架。同时，在扎根研究的基础上，借鉴国内外相关成熟量表，形成居民品牌大使行为的调研问卷。运用 SPSS 和 AMOS 等统计软件，进行问卷的合理性及信效度检验，最终确立了居民品牌大使行为的结构模型和测量问卷，为后续量化研究奠定基础。

第四章为旅游目的地居民品牌大使行为的形成机理。首先，运用 MOA 理论、地方依恋理论和品牌认同理论，从个人因素、情境因素、品牌因素三个方面识别出驱动居民品牌大使行为的主要因素。其次，分析各驱动因素与居民品牌大使行为的关系，构建居民品牌大使行为形成机理的理论框架。再次，在对研究的四类核心变量（自变量、因变量、中介变量和调节变量）及其关系进行清晰定义后，分别提出研究的直接效应、中介效应和调节效应的假设。最后，通过结构方程模型和阶层回归分析对直接效应、中介效应和调节效应进行假设检验。

第五章为旅游目的地居民品牌大使行为的游客响应机制。依托情绪评价理论，运用“S－O－R”模型，构建了居民品牌大使行为对游客情绪及游客忠诚度影响的理论模型，并根据相关理论推导提出研究假设。在此基础上，实证分析居民品牌大使行为对游客的影响效应。运用多元回归分析了游客对居民品牌大使行为的认知对游客情绪反应及其忠诚度的影响，并进一步探讨了游客积极情绪和消极情绪在行为认知与忠诚度间的中介效应。

第六章为旅游目的地居民品牌大使行为的目的地响应机制。运用品牌资产理论，引入目的地熟悉度作为调节变量，构建了居民品牌大使行为对目的地品牌资产影响的理论模型，并根据相关理论推导提出研究假设。在此基础上，实证分析居民品牌大使行为对目的地的影响效应。运用结构方程模型分析了游客对居民品牌大使行为的认知对目的地品牌资产的影响，并进一步运用阶层回归探讨了目的地熟悉度在目的地品牌知名度和目的地品牌信任对目的地品牌资产的影响中所起的调节作用。

第七章为旅游目的地居民品牌大使行为的推进路径。结合前文的实证研究结果，该部分运用利益相关理论，从政府、旅游企业、社区、居民四个主体，提出了居民品牌大使行为推进路径。

第八章为研究结论与展望。该部分对于各章的研究结论进行总结，探讨了本书的局限性，并提出未来的研究方向。

第三节　研究方法与技术路线

一、研究方法

（一）文献研究法

对现有文献资料进行收集、筛选、整理和分析是开展研究的基础分析法。为充分了解旅游目的地居民品牌大使行为相关研究现状，本书大量查阅并梳理国内外“目的地品牌化”“居民品牌大使行为”“品牌内化理论”“利益相关者理论”等领域的相关研究成果和文献资料，并进行系统地梳理、归纳和总结，厘清了居民品牌大使行为的概念界定、理论内涵和结构维度。同时，通过对居民品牌大使行为的驱动因素以及该行为对游客、目的地的影响等相关文献进行分析，为本书提供了翔实的理论基础，最终确立研究主题、研究框架以及研究假设。

（二）问卷调查法

问卷调查法是量化研究中应用较为广泛的一种研究方法，其优点是简单高效、实时客观。本书采用线上和线下相结合的问卷调查方式，既有实地调研又包含网络调研。在旅游目的地居民品牌大使行为的研究领域，因现有相关问卷涉及较少，故在文献分析、理论研究、深入访谈和实地调研的基础上，提出研究假设，构建理论模型，选取具有代表性的旅游目的地居民和游客进行问卷调查。一方面，对目的地居民进行问卷调查，从居民感知角度分析居民品牌大使行为维度、驱动因素以及形成机理；另一方面，对游客进行问卷调查，从游客感知角度分析居民品牌大使行为的游客及目的地响应机制。

（三）访谈法

本书对居民品牌大使行为维度和驱动因素进行了探索性研究，这一过程需借助相关旅游学者、旅游行政管理部门、旅游企业管理人员以及居民的宝贵经验与专业见解。鉴于现有文献尚未对旅游目的地居民品牌大使行为进行深入系统的研究，在分析居民品牌大使行为内涵和维度时，通过对济南、青岛、烟台等地的居民进行深度访谈和焦点小组访谈，采集居民品牌大使的典型案例，形成访谈资料，并对资料进行质性分析，提炼居民品牌大使行为的维度，为后续研究奠定基础。在探究居民品牌大使行为的驱动因素时，通过对旅游目的地居民进行访谈，深入了解居民产生品牌大使行为的内在动机和外部刺激因素。

（四）扎根理论方法

扎根理论是一种立于实地的质性研究方法，它通过田野调查、观察、深入访谈等方式获得一手资料，并对这些资料进行系统的分析和整理，以归纳出新的概念和理论。鉴于旅游目的地居民品牌大使行为的研究尚处于初级阶段，且缺乏充分的理论文献支撑，故本书采用扎根理论对居民品牌大使行为的构成维度进行探索性分析。通过访谈目的地不同类型的居民，收集了大量的一手资料，并对其进行了三级编码，初步构建了居民品牌大使行为的结构维度。此外，还对模型饱和度进行了检验，直至达到理论饱和，从而最终确定居民品牌大使行为的维度。

（五）统计分析方法

（1）因子分析。因子分析是对复杂变量进行综合，并对变量加以分类的一种基本统计方法，主要包括探索性因子和验证性因子分析。本书中，探索性因子分析主要用于对居民品牌大使行为维度以及行为驱动因素的分析上，提炼公因子个数，识别出行为维度和关键驱动要素；验证性因子分析不仅用于居民品牌大使行为维度的验证性分析，还用于居民品牌大使行为驱动因素以及游客与目的地响应机制的验证性因子分析，为结构方程模型分析奠定基础。

（2）结构方程模型。结构方程模型（SEM）是一种适合用于处理复杂的多变量数据的分析方法，主要用于分析各潜变量之间的影响关系。本书运用AMOS软件进行结构方程模型分析，探讨地方依恋、政府支持、自我效能等自变量，行为动机的中介变量，品牌认同的调节变量以及居民品牌大使行为的因变量之间的具体影响关系；分析居民品牌大使行为、游客情绪反应以及游客忠诚度之间的关系；剖析居民品牌大使行为认知的自变量、目的地熟悉度的调节变量以及目的地品牌资产的因变量之间的深层次影响关系。在此基础上，验证所提出的研究假设，并结合拟合指数对模型进行修正，以确定最终影响模型。

（3）回归分析。回归分析用于确定两种或两种以上变量间相互依赖的定量关系。回归分析中，当存在多个解释变量时，需要建立多元回归模型。若解释变量具有理论上的层次关系，则应从不同阶段来处理不同的解释变量对于应变量的解释，此时适合使用层级回归分析。本书采用多元线性回归检验游客对居民品牌大使行为的认知对游客情绪及其忠诚度的作用路径；层级回归主要用于分析居民品牌大使行为形成机理中品牌认同的调节作用，以及居民品牌大使行为对目的地品牌资产影响效应中目的地熟悉度的调节作用。

二、技术路线

本书的研究框架与技术路线如图 1 – 1 所示。

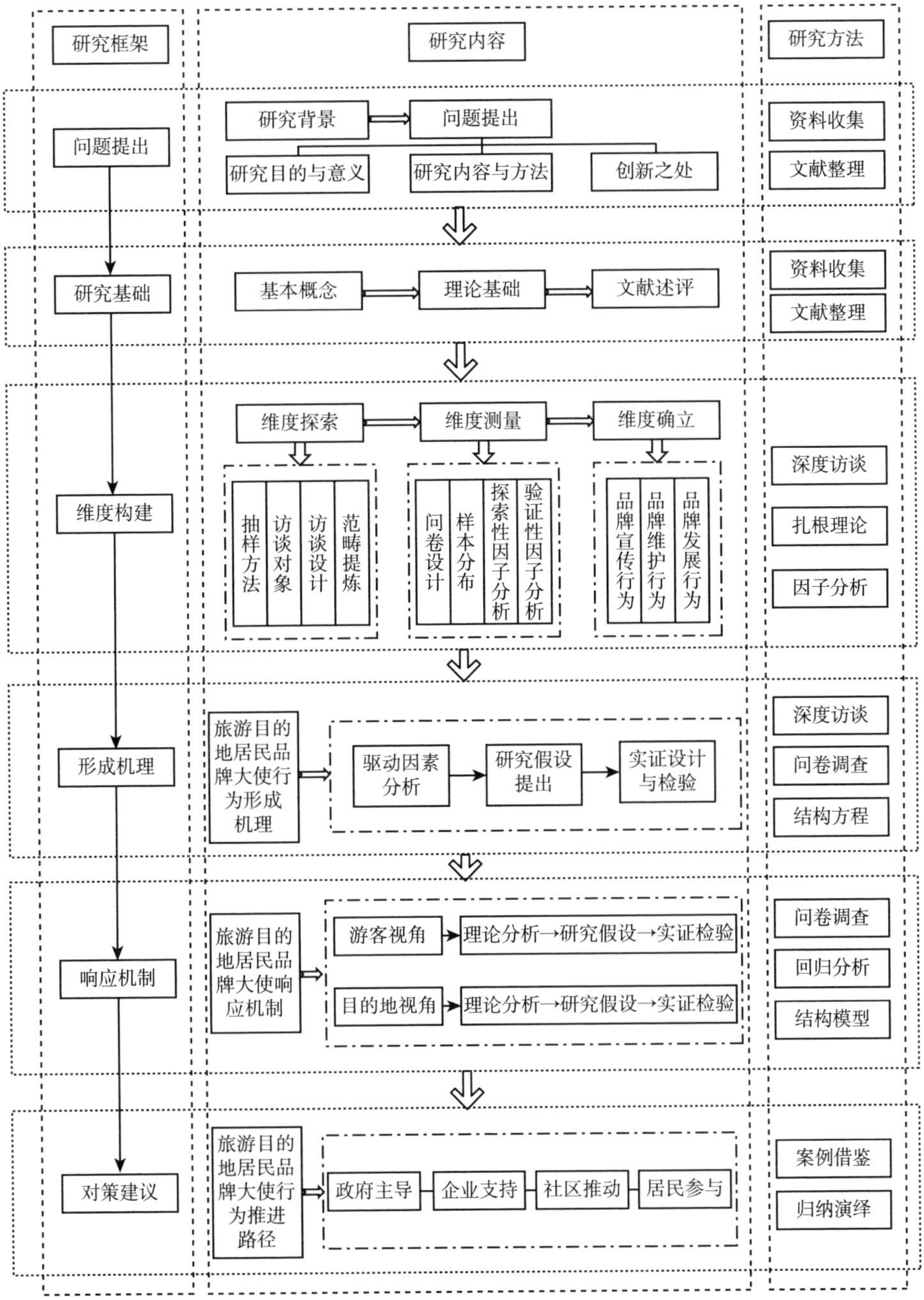

图 1-1 研究框架与技术路线

第四节 研究案例选取

一、十大文化旅游目的地品牌的提出及演变

2008 年，山东省旅游局推出了“好客山东”品牌，向海内外游客做出品牌承诺。历经多年的探索，形成了以省域品牌“好客山东”为龙头，集合城市品牌、资源品牌、产品品牌、节事品牌、目的地品牌等构筑而成的“金字塔”品牌体系（见图 1－2）。2013 年，依托“好客山东”总品牌，策划推出了东方圣地、仙境海岸、平安泰山、齐国故都、泉城济南、儒风运河、水浒故里、黄河入海、亲情沂蒙、华夏龙城十大文化旅游目的地品牌。2016 年，在山东省十大文化旅游目的地品牌建设推进会上发布了《加快推进十大文化旅游目的地品牌建设实施方案（讨论稿）》，将个别品牌的措辞进行微调，将原来的“儒风运河”改为“鲁风运河”，将“华夏龙城”调整为“鸢都龙城”。2017 年，山东省政府出台《加快推进十大文化旅游目的地品牌建设实施方案》，进一步阐释了十大旅游目的地品牌的内涵、空间布局以及相关旅游产品的支撑，突出品牌的核心吸引力，旨在将其建成继“好客山东”之后，在国内外具有较高知名度和美誉度的文化旅游目的地品牌集群。2020 年，山东省发布《山东省“十四五”文化和旅游发展规划》中强调要持续推进十大文化旅游目的地品牌建设。2023 年，山东省文化和旅游厅等 10 部门印发了《推进海洋旅游高质量发展的实施方案（2024～2026 年）》，进一步强调要打造“仙境海岸·蓝色休闲”品牌体系。

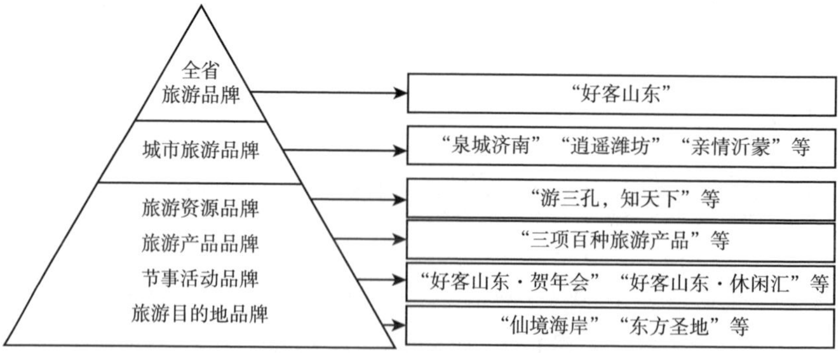

图 1－2 “好客山东”旅游品牌体系

根据城市与品牌的关系，本书将十大旅游目的地品牌分为四种类型：一是多城一品（多核心），主要是指多个城市共享一个品牌，且以多个城市为核心，如“仙境海岸”包含青岛、烟台、威海、日照等城市，“鲁风运河”涉及枣庄、济宁、泰安、聊城、德州等城市，“水浒故里”包括菏泽、济宁、泰安、聊城等，“亲情沂蒙”包括临沂、枣庄、淄博、潍坊、莱芜等；二是多城一品（单核心），主要是指多个城市共享一个品牌，但以一个主要城市为核心，如“平安泰山”包括泰安、莱芜，以泰安为核心，“齐国故都”包括淄博、莱芜，以淄博为核心，“黄海入海”包括东营、滨州、淄博、德州、济南、聊城、泰安、济宁、菏泽等，以东营为核心；三是一城一品，主要是指一个城市“独享”一个品牌，如“泉城济南”等；四是一城多品，主要是指城市本身“独享”一个品牌，并在其他品牌中也作为重要构成，如济宁市既是“东方圣地”这一品牌的主打，也是“鲁风运河”的重要组成部分；潍坊既是“鸢都龙城”这一品牌的主打，也是“亲情沂蒙”的组成部分（见表1-1）。

表1-1　山东省十大旅游目的地品牌的类型划分

类型	旅游目的地品牌
多城一品（多核心）	仙境海岸（青岛、烟台、日照、威海）、鲁风运河（枣庄、济宁、泰安、聊城、德州）、水浒故里（菏泽、济宁、泰安、聊城）
多城一品（单核心）	平安泰山（泰安）、齐国故都（淄博）、黄河入海（东营）、亲情沂蒙（临沂）
一城一品	济南（泉城济南）
一城多品	济宁（东方圣地、鲁风运河、水浒故里）、潍坊（鸢都龙城、亲情沂蒙）

二、“仙境海岸”的概况

“仙境海岸”是一个集自然风光、文化体验和休闲度假于一体的综合性旅游目的地品牌。它依托青岛、烟台、威海、日照等城市的旅游资源，深度挖掘并全面展示山东半岛特有的海洋文化，旨在打造融合“东方海洋文化体验”“滨海休闲度假”“中国道家养生”的旅游目的地品牌，为游客提供全方位、多元化的旅游体验。该品牌以青岛海滨风景区、崂山风景名胜区、凤凰岛旅游度假区、海泉湾度假区，烟台蓬莱阁风景区、三仙山风景区、南山景区，威海刘公岛景区、好运角旅游度假区，以及日照滨海景区、五莲山景区为核心，整合现有旅游资源，突出“仙境”“休闲”“养生”等特色，打造了仙境逍遥、休闲度假、道教养生以及文化旅游四类支撑产品。这不仅丰富了品牌的旅游产品体系，而且有效满足了游客的多样化旅游需求。

三、案例选取理由

本书选取十大旅游目的地品牌中的“仙境海岸”为研究对象，主要基于以下四方面的考虑：一是自 2013 年提出以来，“仙境海岸”品牌已历经十余年的发展，其影响力逐步扩大。该品牌不仅获得了目的地居民的广泛认同，亦深受游客喜爱。相较于“泉城济南”“平安泰山”“东方圣地”“水浒故里”等已较为成熟的旅游目的地品牌，该品牌正处于成长期，其传播需求更为迫切；与此同时，与“鲁风运河”“鸢都龙城”等当地居民认知度相对较低的品牌相比，“仙境海岸”具有较高的认知度，便于开展调研。二是沿海城市通常更为开放，拥有更多的对外交流机会。国际性会议、重大赛事、文艺展演等活动举办频繁，为品牌对外传播与推广提供了有利条件。三是品牌支撑地经济较为发达，交通便利，旅游人数众多。据 2023 年统计数据，青岛、烟台、威海、日照四个城市接待的旅游总人数占山东省旅游总人数的 40.3%。四是品牌定位清晰，“仙境海岸”这一品牌设计定位精准，基本涵盖四个城市的主要特色，且易于形成联动效应，城市间相互带动，相互促进。综上所述，本书所选取的旅游目的地品牌具有较好的代表性和典型性，适合作为研究对象。

第五节　本书的主要创新

本书的创新之处主要包括以下三点：

第一，探索并验证了旅游目的地居民品牌大使行为的结构维度。目前，国内外关于居民品牌大使行为维度的探讨尚未达成共识，有学者认为该行为是单维度，可以借鉴居民口碑行为的量表进行测量；也有学者提出该行为是多维度的，口碑行为仅为其中的一个组成部分。基于此，为了符合本土情境，本书对旅游目的地居民进行深入访谈，利用扎根理论对访谈资料进行三级编码，提炼出居民品牌宣传行为、品牌维护行为和品牌发展行为三个维度；并根据扎根研究和国内外相关成熟量表，开发了居民品牌大使行为量表。在此基础上，对量表的合理性和信效度进行了检验，最终确定了居民品牌大使行为的量表。因此，本书有利于补充和完善品牌内化理论，推进本土居民品牌大使行为的研究。

第二，揭示了旅游目的地居民品牌大使行为的形成机理。以往研究多从居民自身角度研究居民品牌大使行为的形成，而本书结合 MOA 理论、地方依恋理论和品牌认同理论，综合考量个人因素、情境因素和品牌因素，识别出影响居民品牌大使行为的五大因素，即地方依恋、政府支持、自我效能、行为动机、品牌认同，并对各变量之间的关系进行了理论推演，得出了相关研究假设，利用结构方程模型检验了各影响因素与居民品牌大使行为的关系，厘清了居民品牌大使行为的形成机理。为理解和推进居民品牌大使行为提供了理论借鉴和实操路径。

第三，剖析了旅游目的地居民品牌大使行为的游客及目的地响应机制。尽管现有研究已强调居民在目的地品牌化中的重要作用，但对其具体作用的测评尚显不足。鉴于此，本书从居民品牌大使行为入手，分析其响应机制。一方面，从游客视角，基于情绪评价理论，探讨了居民品牌大使行为对游客忠诚度的作用机制，并揭示了游客的积极情绪的中介作用，但需要注意的是，居民不恰当的品牌宣传行为和品牌维护行为会使游客产生消极情绪；另一方面，从目的地视角，揭示了居民品牌大使行为对目的地品牌资产的作用机制，分析了居民品牌大使行为对品牌知名度、感知质量、品牌形象、品牌信任以及整体品牌资产的影响，并指出目的地熟悉度越高，品牌知名度和品牌信任对整体品牌资产的影响越大。这些研究结论为目的地营销组织提供了一系列的管理策略和营销启示。

第二章

研究基础

第一节　概念界定

一、旅游目的地品牌

自20世纪90年代以来，旅游目的地品牌的研究成果日渐丰硕。作为品牌理论在旅游目的地的运用与延伸，旅游目的地品牌不仅是衡量一个地区发展潜力的重要指标（Ritchie et al.，1998），也是当前目的地营销的热点议题。迄今为止，国内外学者对旅游目的地品牌的概念尚未达成共识。纵观现有研究，主要观点大致可归为三类。

一是从品牌表现形式的角度对旅游目的地品牌进行界定。美国市场营销学会（AMA）通过对“品牌”定义的套用，指出旅游目的地品牌是目的地提供的产品和服务的某种符号、名称或设计及其组合，用以区别竞争对手的产品和服务。Brent和Robin（2003）亦指出，旅游目的地品牌是一种名字、符号、标志、文字记号和其他图形，并据此来确定目的地的身份，使其与其他目的地相区分（Charles，2003）。

二是从游客感知的视角对旅游目的地品牌进行界定。李树民、支喻和邵金萍（2002）指出旅游目的地品牌是指在旅游消费者心目中对旅游目的地的一种形象认识。Knapp和Becker（2004）则认为，旅游目的地品牌是旅游目的地在游客和众多利益相关者心目中的内在印象，这种印象会因个人利益及其感知而异。Kavaratzis（2005）借鉴Aaker关于品牌的概念，将其定义为：“目的地品牌是在公众头脑中形成关于产品、服务、企业或地区共同形象，并由此产生一系列独特联想的功能、情感、自我表现等战略性要素的多维组合”。张文娟（2010）则认为，旅游目的地品牌是游客通过目的地品牌名称和标识对旅游目的地整体形象的联想和感知，表达游客对旅游目的地品质的认同和联想。

三是从构成要素的角度对旅游目的地品牌进行界定。梁明珠（2004）指出，旅游目的地品牌的内容不仅包含目的地的名称、术语、标记、图案及其组合，还包含质量、服务、管理、文化、广告、形象六大基本要素。冷志明（2005）认为，旅游目的地品牌是社会公众对旅游目的地的历史文化、民俗风情、人文景观、艺术文化、宗教文化等要素广泛认同的具有典型意义的称谓。高静和章勇刚（2007）指出，旅游目的地品牌包含外表与内核两重含义，外表上是一种名称、标志、术语、符号或设计以及它们之间的综合运用；内核上则是向旅游消费者表达的一种品牌承诺。品牌承诺所表达的是旅游目的地保证自身所提供的旅游产品和服务质量，并让旅游者的个人利益得到充分保障。

综上所述，旅游目的地品牌不仅是一种标识或视觉形象，它还是旅游者对旅游目的地认知的总和。本书认为，旅游目的地品牌可从居民和游客两个角度进行界定。对于居民而言，旅游目的地品牌是指目的地品牌的标识和名称，并通过这些具象来表达旅游目的地的整体形象；对于游客而言，旅游目的地品牌是游客通过目的地品牌标识和名称对旅游目的地整体形象的联想和感知，也是旅游目的地对所提供的产品和体验的一种承诺。整体形象表达是整个旅游目的地品牌的核心，品牌的名称、标识和标语是旅游目的地品牌的载体，其中品牌名称和标识是旅游目的地品牌的形式标签，而品牌标语是旅游目的地品牌的内容承诺（见图2－1）。

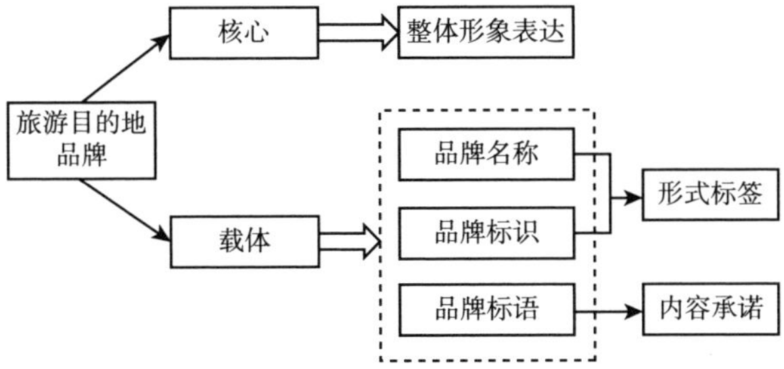

图2－1　旅游目的地品牌构成要素关系

二、旅游目的地居民

在旅游目的地情境中，东道主居民是当地旅游资源的重要构成要素，其生产、生活场景亦成为旅游目的地的吸引物（李秋成、周玲强和范莉娜，2015）。然而，针对旅游目的地居民的界定，学界尚未达成共识（黄震方、顾秋实和袁林旺，2008），主要分歧在于所涉及的居民范围的界定上。Nettekoven（1979）将旅游目的地居民界定为当地居民、受访国的人民以及职业性东道主，其中职业性东道主是指受雇于旅游行业并为游客提供服务的旅游从业人员。王忠福（2009）进一步将旅游目的地居民细分为常住居民和户籍居民两类。而高园（2014）则从居住时间的角度出发，认为旅游目的地居民不同于游客或短暂停留的过客，其是在旅游目的地居住、生活、工作或学习相对较长时间（通常一年以上），并与旅游活动直接或间接相关的稳定人群。

本书认为，旅游目的地居民是在旅游目的地居住一年以上的，与旅游业直接相关或间接相关的常住居民或户籍居民。其中，直接相关是指其工作与旅游产生直接关系的居民，如导游、景区工作人员、旅游投资者、旅游专业师生以及运输、酒店、餐饮等相关产业的从业人员，还包括旅游行政主管部门工作人员等；间接相关则是指不直接从事旅游或相关产业工作，但由于居住在旅游目的地，而与旅游产生间接联系的居民。

关于旅游目的地居民的分类，学界持有不同的观点。薛群慧（2011）根据居民与旅游业的密切程度，将旅游目的地居民分为四类：一是直接从事旅游业及其相关行业的人员；二是家庭成员或亲戚朋友中有从事旅游业及相关行业工作的人员；三是从事与旅游业无直接或间接联系的人员；四是旅游决策、管理机关人员或其他旅游业管理人员。高园（2014）则依据居民与旅游业的联系，将旅游目的地居民划分为旅游从业人群和非旅游从业人群。这些分类反映了旅游目的地居民在旅游业中的多重角色，为深入理解居民在旅游目的地品牌建设中的作用提供了不同的视角。

三、旅游目的地品牌大使

（一）旅游目的地品牌大使及其典型行为

品牌大使是一个通过外围的方式丰富和增强广告、商业或网站中传递品牌、目的地、产品或服务的传播体（Diesbach and Brice，2012）。传统上，旅游目的地品牌大使往往与名人联系在一起，大量研究成果也是围绕这一主题展开的。但随着对这一概念研究的深入，学者们发现品牌大使的范围可以更为广泛，如居民、旅游者、导游、旅游主播、知名旅游公司员工、留学生，甚至于各类节庆、赛事、酒店都可以成为旅游目的地品牌大使。

如表2－1所示，居民作为旅游目的地品牌大使已成为当今研究的主流，其典型行为主要包括传递正面口碑、支持旅游发展、积极参与相关活动、表达持续居住意愿，以及其他对品牌产生积极影响的行为。游客亦构成了旅游目的地品牌大使群体的重要组成部分。相关研究表明，满意的游客返回客源地后，不仅是目的地忠诚的消费者，也是目的地积极的推广者，其典型行为主要包括口碑、参与目的地活动以及对目的地保持忠诚度（De Nisco、Papadopoulos and Elliot，2017）。同时，旅游目的地也常聘请当地名人作为品牌大使，其典型行为是通过品牌推广活动来增强目的地吸引力。旅游企业员工作为与游客接触最频繁的群体，在塑造地方形象过程中起着重要作用，他们不仅有助于重塑目的地形象，还间接地影响游客的自我形象。相关研究表明，主客互动是传递品牌承诺的关键因素，员工作为品牌大使的典型行为主要表现为传递品牌承诺和提升游客体验等品牌支持行为（Morgan，2014）。此外，各类节庆、赛事、酒店作为展现目的地文化的重要载体，能够有效地展示、传播当地文化，因而也被视为目的地的旅游大使（见表2－1）。

表2－1　　旅游目的地品牌大使相关研究

年份	作者	研究对象	品牌大使典型行为
1996	Schroeder	居民	支持旅游发展；推荐
2006	Scott & Clark	旅游者	口碑
2008	Simpson & Siguaw	居民、旅游者	口碑推广
2009	Andersson & Ekman	居民、商人、名人、学者	口碑；品牌发展
2009	Pike & Scott	旅游者	口碑；参与；对当地景点的忠诚
2010	Braun et al.	居民	口碑；积极的品牌相关行为
2010	Chen & Dwyer	居民	口碑；参与；角色内公民行为；持续居住意向
2010	Zenker & Petersen	居民	移居意向/持续居住意向；公民行为；口碑

续表

年份	作者	研究对象	品牌大使典型行为
2010	赵雅敏	名人	品牌推广
2011	Choo et al.	居民	口碑；游客满意度活动；参与
2012	Konečnik Ruzzier & Petek	居民	品牌发展；品牌推广
2012	Kemp，Childers et al.	居民	品牌拥护；口碑
2012	Kemp，Williams et al.	居民	口碑
2012	Eshuis & Edwards	居民	品牌承诺
2012	Propst & Jeong	居民	口碑；主动参与
2012	Salazar	导游	提升游客旅游体验
2013	Braun et al.	居民	口碑
2013	Rehmet & Dinnie	居民	参与
2013	刘红、颜麒、杨韫	名人	品牌推广
2014	Zenker & Rütter	居民	移居意向；口碑
2014	Morgan	旅游公司员工	品牌承诺；品牌支持行为
2015	Apostolakis	旅游者	口碑
2016	Taecharungroj	居民	口碑
2016	沈雪瑞、李天元、曲颖	名人	品牌推广
2016	Barisic	音乐节	口碑；品牌推广
2016	Barišić & Prebežac	体育赛事	口碑；品牌推广
2017	Wassler & Hung	居民	口碑、使用宣传材料、参与宣传活动
2017	Nisco	旅游者	口碑
2017	钱臻	酒店	传播当地文化
2018	Chen & Dwyer	居民	品牌推广；品牌建设
2019	Michelini	国际交换生	口碑、社交媒体照片分享
2021	Wang et al.	居民	品牌宣传行为；品牌一致行为
2021	Wassler et al.	居民	口碑、使用宣传材料、参与宣传活动
2021	Chancellor et al.	利益相关者	品牌形象；口碑（线上、线下）
2022	Wang et al.	居民	品牌推广、品牌发展相关行为
2023	Amani	居民	目的地及其品牌宣传活动
2024	Xiao et al.	旅游主播	激发消费者情感参与和价值共创行为
2024	Gallarza et al.	学生	正面口碑
2024	Vila – López et al.	体育名人	品牌宣传

（二）旅游目的地品牌大使的类型

如表2-1所示，根据参与主体不同，旅游目的地品牌大使可划分为多种类型。

第一，根据Andersson和Ekman（2009）将目的地品牌大使界定为人类群体，可识别出六种类型：一是居民群体，该群体主要通过激发内在自豪感和责任感，自发地成为旅游目的地的代言人；二是游客群体，该群体作为目的地品牌价值的共创者，通过正面口碑宣传为目的地吸引更多的游客；三是商人群体，该群体受邀的成员通常是有限制的，旨在为目的地吸引投资和商业机会；四是名人群体，通过名人提升目的地形象，并强化潜在旅游者对品牌的认识；五是旅游从业人员群体，涵盖了导游、酒店工作人员、旅游主播等，他们不仅是旅游服务的提供者，也是目的地品牌形象的传播者和塑造者；六是小众群体，如国际交换生、留学生以及参与特定学术活动的学者，他们在特定领域内具有影响力，通过参与学术会议和其他相关活动，为目的地进行宣传和推广。其中，后两种品牌大使类型是在Andersson和Ekman（2009）研究的基础上，根据表2-1总结出的新类型。

第二，将目的地品牌大使界定为既包括人类群体，又包括其他类型群体。例如，有研究从改变国家固有刻板印象的角度出发，提出了五类潜在的品牌大使：一是散居在国外的国人，通过自身行为向潜在游客展示国家形象；二是体育明星，他们在一定程度上被认为是国家的代表；三是国际知名公司，如航空公司和海事公司，他们能把国旗和其他物品带到世界各地，也可以向潜在游客提供本国的食品和饮料，从而影响他们对该国的印象；四是著名艺术家、演员、科学家、作家、国际设计师和模特等，他们可能会在国际媒体上描述国家形象；五是普通公民，通过与国外游客接触来改变其刻板印象（Girma，2016）。此外，也有观点将目的地品牌大使归为名人、非名人、虚拟代理人、动物或其他事物（如节庆、赛事、酒店）等五类（Diesbach and Brice，2012）。

四、旅游目的地居民品牌大使行为

随着全球范围内旅游目的地之间的竞争不断加剧，目的地居民正逐渐成为旅游业持续发展的关键利益相关者。然而，当前有关旅游目的地居民的研究多以居民对旅游影响感知和旅游发展态度为主，在营销领域较少涉及居民。近年来，学术界开始广泛关注居民在目的地品牌化中的作用。尽管相关学者对旅游目的地居民品牌大使行为已有一定研究，但尚未深入探讨。本书在借鉴 Diesbach 和 Brice（2012）、Wassler 和 Hung（2017）等相关研究的基础上，将旅游目的地居民品牌大使行为定义为：目的地居民自发地或有计划地进行旅游目的地品牌宣传、维护或发展的相关行为，旨在增强目的地品牌资产。其内涵包括两层含义。

（一）自发性或计划性

自发性的居民品牌大使行为是指居民往往以非组织性的方式（如第一手口碑）促进目的地品牌发展。由于这一行为不受政府或旅游主管部门直接干预，因而与计划性居民品牌大使行为相比，通常情况下自发性的居民品牌大使行为更为公正。该行为常见于有强烈的乡土情结，希望通过旅游发展来推动城市发展的居民。计划性的居民品牌大使行为是指居民自身或根据政府、旅游主管部门的倡议，有计划地进行品牌宣传、维护和发展的行为。这里的计划性包括两层含义：一是居民自身有计划的行为，常见于旅游目的地相关的经营者、导游等从旅游发展中受益的群体；二是居民根据政府的倡议有计划的行为，多见于政府部门相关工作人员、旅游企业管理层等。

（二）目的地居民品牌宣传、维护或发展行为

居民品牌宣传行为是指居民愿意积极参与目的地品牌推广的行为，包括线上线下口碑、个人使用宣传材料和参与品牌相关的宣传活动等行为（Wassler，2015）。居民品牌维护行为是指居民愿意维护目的地品牌声誉的行为，包括为品牌辩护、澄清品牌误解、以身作则维护品牌形象等行为。居民品牌发展行为指居民愿意进一步参与品牌未来发展的行为，包括参与目的地品牌相关的会议、建议、评论等行为（Ruzzier and Petek，2012）。

第二节　相关研究综述

一、旅游目的地品牌化研究

（一）国外目的地品牌化相关研究

品牌化就是在某个特定目标市场人群头脑里形成对一个目的地特定元素的

定位（Aaker，1996）。尽管品牌化在一般市场营销研究领域出现较早，但它在旅游目的地研究中的应用较晚，直到20世纪90年代末，学者们才开始研究目的地品牌化，其标志性事件是1997年在美国营销科学年会中旅游市场营销领域的研究者探讨了有关目的地品牌化发展的议题。随着旅游目的地竞争日趋激烈，目的地品牌化的研究成果大量涌现，主要集中在目的地品牌化的概念、构建、策略和效果测评四个方面。

1. 目的地品牌化概念。

目前，学术界对目的地品牌化概念的理解尚未达成共识。通过系统梳理相关文献，可将现有观点划分为三种：

旅游目的地品牌化是品牌本体的构建。Cai（2002）将目的地品牌化定义为“通过一组相容的要素组合起来构建积极的目的地形象，使其与其他竞争者相区分”。根据这一概念，他指出目的地品牌化是由品牌要素组合、品牌形象构建和品牌识别组成的中轴循环运动，并通过品牌要素组合、品牌形象构建、营销活动和品牌联想的动态链接所产生的激活扩散作用，构建品牌识别的一个递归过程。

旅游目的地品牌化是创造品牌个性。Melodena（2002）认为，目的地品牌化实际上应为“人的品牌化”，即居住在当地的居民让目的地独一无二。Morrson和Anderson（2002）认为，旅游目的地品牌化就是发展、培育与有竞争关系的目的地的不同身份和个性的过程，其中“身份和个性”实际上是指旅游目的地在游客心目中的形象。

旅游目的地品牌化是一系列市场营销活动。Blain、Levy和Ritchie（2005）认为，从本质上来看，旅游目的地品牌化实际上是一场市场营销活动，具体包括确立旅游目的地的“身份”，形成区别于其他竞争对手的名称、标识、符号、图形标志或文字等，一以贯之地向旅游者传达与旅游目的地相关且值得记忆的旅游体验的承诺，加强旅游者和旅游目的地之间的情感联系，降低旅游者的搜寻成本和感知风险。这一定义被认为是迄今为止最为全面的界定（Pike，2009）。

2. 目的地品牌化构建。

一般认为，目的地品牌化构建包含品牌形象、品牌个性、品牌设计三个方面。

（1）旅游目的地品牌形象。品牌形象最早于20世纪50年代被引入消费者行为研究中。品牌形象是指消费者对品牌有一定的认知，并通过存在于消费者记忆中的品牌联想来反映（Keller，1993）。Cai（2002）扩展了 Keller 关于品牌形象的定义，将其应用到目的地，提出了旅游目的地品牌化模型。旅游目的地品牌形象的研究内容主要集中在维度划分及前因后效研究。在维度划分方面，以 Baloglu 和 McCleary（1999）提出，目的地形象的“新三维结构”应用最为广泛，他认为目的地形象可分为认知形象、情感形象和整体形象。相关学者在维度划分上虽持不同意见，但基本赞同将其分为认知形象和情感形象两个维度。同时，目的地品牌形象的形成受到社交媒体、旅游官网、个人日志等多种因素的影响。此外，相关研究指出，旅游目的地品牌形象能够极大地影响游客到目的地的旅游意向，它对于推动旅游目的地发展具有至关重要的作用（Manhas and Kaur，2016），即品牌形象好的目的地被访问的可能性更大。

（2）旅游目的地品牌个性。品牌个性是 Aaker（1997）借鉴人格特质理论而提出的。Ekinci 和 Hosany（2006）将 Aaker 的品牌个性的研究框架引入旅游目的地研究中，指出旅游目的地品牌个性是指旅游者所认同的与目的地相互关联的一组个性特征。在该项研究中，发现西班牙、法国等欧洲目的地的品牌个性存在真诚、兴奋和欢乐等共通性的维度。Baloglu、Henthorne 和 Sahin（2014）探讨了目的地形象、品牌个性对旅游行为意向的影响，并指出首次到访者和重游者在这一关系中存在显著差异。Guiry 和 Vequist（2015）发现，个人价值观（兴奋感、自尊、归属感等）是预测医疗旅游目的地个性的重要因素，并将韩国的品牌个性归为诚信、能力和坚韧三个维度，而诚信和能力会积极影响游客的行为意愿。Matzler 等（2016）指出，自我—品牌一致性在品牌个性认知与旅游意向之间起中介作用，即品牌个性认知会通过自我—品牌一致性，进而对游客的旅游意向产生影响。同时，在跨文化研究中，发现个人主义和不确定性规避在自我—品牌一致性与旅游意向的关系中起负向调节作用，这一结论对于旅游研究和目的地管理均有重要影响。综上所述，目的地品牌个性的研究内容仍集中在个性维度和前因后效等方面。

（3）旅游目的地品牌设计。品牌设计是指通过某一标签和名称反映定位概念，进而快速且简洁明了地传达定位内容的基本要义（Plog，2004）。旅游目的地可以对品牌名称、品牌标志、主题口号和品牌商标等进行设计，然而现有文献仍以探讨主题口号居多。Pike（2005）提出，由于目的地具有多维性，故目的地品牌定位是一个复杂过程，这就要求目的地营销组织必须凝练一个简洁、清晰的定位口号，并将其传递给消费者。但由于不同利益相关者的利益存在异质性，因而需要综合考虑各个方面的利益相关者，合理确定旅游目的地的主题口号。Lee（2006）以美国50个州的旅游官方网站的标语、图片、口头表达以及其他明示或暗示信息等内容为案例进行分析总结。结果表明，旅游口号越能清晰地反映品牌的独特卖点，其传递的信息有效性越高。而且创造具体形象的口号需要由匹配的图形或文字图像加以支持，这有助于投射一个相对清晰的品牌形象。

3. 目的地品牌化的策略。

实现旅游目的地品牌化是一项长期、复杂而艰巨的任务。旅游目的地营销组织面临着目的地品牌管理的诸多压力，主要包括利益相关者众多、成员构成复杂、营销预算少、对环境的掌控能力弱、对外部环境变化敏感、决策过程受政治影响大、品牌绩效难以测定等。Allen（2007）认为，目的地品牌化必须考虑如何管理利益相关群体和充分发挥政府领导作用两个关键问题。Baker 和 Cameron（2008）指出，影响目的地品牌化成功的关键要素分为4类，即目的地战略定位、目的地品牌识别与形象、目的地利益相关者参与以及目的地品牌实施、监测与审核。Hankinson（2009）认为，目的地品牌化的成功在于目的地具有强有力的领导、良好的品牌沟通策略、品牌导向的组织文化，同时也离不开利益相关者的相互配合和各部门间的协作。Marzano（2009）以澳大利亚黄金海岸为例，从社会权力视角提出目的地品牌化进程由少数利益相关者控制，因此即便各利益相关者之间缺乏协作，也可以通过权力确保目的地品牌化取得良好效果。近年来，相关研究指出，当地居民在旅游目的地品牌化中扮演着重要角色，因而要重视居民在品牌化过程中的参与，加快推动旅游目的地品牌内化（Chen 等，2015）。

4. 目的地品牌化评估。

由于旅游目的地品牌构成的复杂性，如何开展目的地品牌化评估一直是研究难点。当前，目的地品牌化效果评估主要包括三种方法：一是对比法。通过对比目的地品牌化开展前后到访游客数量的变化或者目的地品牌在游客心理排名的变化来进行评估。若在目的地品牌化开展后，到访的游客数量上升明显，则表明品牌化效果良好；如果到访游客的数量并没有明显变化，则表明品牌化效果不佳；二是指数法。Carcia（2012）提出了“三角钻石成功指数”以评估旅游目的地品牌化的效果。该方法认为，目的地品牌化效果评估应将居民、游客、企业家等主要利益相关者纳入评估模型中，通过整合居民、游客、企业家所感知到的品牌意义、品牌知名度、品牌资产和品牌呈现四个方面的得分，得到目的地品牌化效果综合分数；三是模型法。通过构建目的地品牌资产模型进行目的地品牌化效果评估，这也是当前目的地品牌化效果评估应用最为广泛的一种方法，该方法可以通过结构化测量工具开展研究（刘丽娟和李天元，2012）。

旅游目的地品牌资产评估研究主要是基于消费者视角展开的，相关研究成果集中在两个方面：

第一，构成维度的探讨。不同学者根据文献梳理，提出了不同的构成维度。Konecnik 和 Gartner（2007）最先从消费者视角对旅游目的地品牌资产进行研究，他们通过对 Aaker（1991）和 Keller（1993）提出的消费者品牌资产模型进行修改，构建了涵盖品牌形象、品牌质量、品牌知名度和品牌忠诚的旅游目的地品牌资产四维模型。Pike（2007）认为，应从目的地品牌显著度（品牌知名度）、品牌联想、品牌共鸣及品牌忠诚四个维度来构建旅游目的地品牌资产模型，其中新增了“品牌共鸣”这一维度。Boo 等（2009）提出，目的地品牌知名度、品牌体验（品牌形象和品牌质量）、品牌价值和品牌忠诚四个维度，其中新增“品牌价值”这一维度，其观点也得到了诸多学者的认同。Evangelista 和 Dioko（2011）认为，旅游目的地品牌资产包括品牌绩效、品牌形象、品牌价值、品牌依恋和品牌信任五个维度，其中新增了“品牌绩效”“品牌依恋”和“品牌信任”等维度。Im（2012）提出了品牌知名度、品牌联想、品牌形象、品牌忠诚、整体品牌资产五个维度，其中新增“整体品牌资产”这一维度。由表 2-2 可知，此后旅游目的地品牌资产主要参考上述维度展开研究的。

表 2-2　　旅游目的地品牌资产维度研究

文献	目的地	目的地品牌资产维度
Konecnik & Gartner（2007）	斯洛文尼亚	品牌知名度、感知质量、品牌形象、品牌忠诚
Pike（2007）	澳大利亚	品牌知名度、品牌联想、品牌共鸣、品牌忠诚
Boo et al.（2009）	拉斯维加斯、大西洋城	品牌知名度、品牌体验、品牌价值、品牌忠诚

续表

文献	目的地	目的地品牌资产维度
Pike（2009）	澳大利亚	品牌显著度、品牌形象、品牌质量、品牌忠诚
Kim et al.（2009）	韩国、日本	品牌知名度、品牌价值
Chen & Myagmarsuren（2010）	蒙古国	品牌知名度、感知质量、品牌形象、品牌忠诚
Pike et al.（2010）	澳大利亚	品牌显著性、品牌形象、品牌质量、品牌忠诚
Gartner et al.（2011）	斯洛文尼亚	品牌知名度、品牌形象、品牌质量和品牌忠诚
Evangelista & Dioko（2011）	中国澳门	品牌绩效、品牌形象、品牌价值、品牌信任、品牌依恋
Bianchi & Pike（2011）	澳大利亚	品牌显著度、品牌形象、品牌价值、品牌忠诚
Ferns & Walls（2012）	美国	品牌知名度、感知质量、品牌形象、品牌忠诚
Horng et al.（2012）	中国台湾	品牌知名度、感知质量、品牌形象、品牌忠诚
Im et al.（2012）	韩国	品牌知名度、品牌形象、品牌联想、品牌忠诚、整体品牌资产
Kladou & Kehagias（2014）	瑞典	品牌知名度、感知质量、品牌形象、品牌忠诚
Bianchi，Pike & Lings（2014）	意大利	品牌知名度、感知质量、品牌形象、品牌价值、品牌忠诚
Kim，Im & King（2015）	韩国	品牌知名度、品牌形象、品牌联想、品牌忠诚
Pike & Bianchi（2016）	澳大利亚	品牌知名度、感知质量、品牌形象、品牌价值、品牌忠诚
Chekalina et al.（2018）	瑞典	品牌知名度、品牌承诺（目的地资源、使用价值、性价比）、品牌忠诚
Dedeoğlu et al.（2019）	土耳其	品牌知名度、品牌质量、品牌价值、品牌信任度、品牌满意度和品牌忠诚度
Chi et al.（2020）	越南	品牌知名度、品牌形象、感知质量、品牌忠诚度
Kusumaningrum（2021）	印度尼西亚	品牌知名度、品牌形象、质量感知、品牌忠诚度
Shi et al.（2022）	中国桂林	品牌真实性、目的地熟悉度、目的地忠诚度
Ekinci et al.（2023）	印度尼西亚、英国	品牌知名度、实体质量（Physical Quality）、服务互动质量、品牌自我一致性、品牌认同、品牌信任和品牌忠诚度
Guleria et al.（2024）	印度	品牌形象、总体满意度、目的地忠诚度

综上所述，学界对目的地品牌资产构成维度的研究结论尚未形成一致意见，但基本赞同将其划分为目的地品牌知名度（显著度）、感知质量、品牌形象、品牌价值、品牌忠诚五个方面，也有部分学者提出品牌联想、品牌共鸣、品牌信任、品牌依恋、品牌绩效、品牌认同、整体品牌资产等维度。

第二，效果比较与历时性评估。随着研究的深入，学界对目的地品牌化效果的评估聚焦于同一目的地不同类型游客的比较或不同目的地游客的比较，以及对具体目的地品牌化效果的历时性追踪评估（庄德林、伍翠园和王春燕，2014）。Gartner 和 Ruzzie（2011）通过对比首次到访和多次到访斯洛文尼亚的德国游客，发现两者的目的地品牌资产评估存在显著差异。Boo 等（2009）运用目的地品牌资产模型对同一类型、有竞争关系的旅游目的地品牌化效果进行比较研究，验证了目的地品牌资产构成维度的恒等性。Pike（2007）基于消费者的目的地品牌资产模型，率先对昆士兰州的班达伯格市于 2002 年发起的“班达伯格，珊瑚海岸”这一目的地品牌化活动的绩效进行了追踪研究，为目的地品牌化的历时性评估提供了参考。

（二）国内目的地品牌化相关研究

相对于国外，国内对目的地品牌化的研究在广度和深度均有所欠缺，研究内容涵盖概念及辨析、构建、策略及评估等方面。

1. 目的地品牌化概念及辨析。

国内关于目的地品牌化概念的研究多沿用 Blain 的界定，部分学者从不同的视角对 Blain 的研究进行延伸。吴小天（2013）从治理视角，基于 Blain、Levy 和 Ritchie 的研究，提出旅游目的地品牌化是通过当地旅游政府部门和非政府部门形成的治理网络展开的市场营销过程，具体包括旅游目的地定位、品牌要素设计、品牌传播和价值交付四个部分，旨在降低游客的搜寻成本和感知风险，从而连贯而一致向游客传达与旅游目的地相关的品牌承诺，加强游客与目的地间的情感联结，最终塑造良好的目的地形象以影响游客的出游选择。

同时，在研究目的地品牌化中，往往出现与目的地形象相混淆的现象，故相关学者对两者进行了辨析。国内学者高静（2009）、曲颖和李天元（2011）也先后对两者的关系进行了阐释，他们均认同目的地品牌的含义大于目的地形象，且目的地形象是目的地品牌化的核心。但在目的地品牌化的终极指向上，他们存在分歧，高静认为其终极指向是目的地形象，而曲颖认为其终极指向是塑造目的地品牌资产而不仅是目的地形象。目前，后者的观点应用较多。此外，曲颖和李天元进一步分析了两者的区别，认为传统的目的地形象研究应主要关注需求方（旅游者）的现实感知形象，而目的地品牌化研究则强调目的地供给方（目的地营销主体）开发的品牌本体对形象的引导作用。

2. 目的地品牌化构建。

旅游目的地品牌化构建主要包括品牌形象、品牌个性和品牌设计等方面。

（1）旅游目的地品牌形象。旅游目的地品牌形象塑造作为目的地品牌化的重要环节，其研究内容主要涉及品牌基因筛选、影响因素和作用机制。邹统钎等（2021）从目的地代表力、客源地吸引力和目的地竞争力构建了旅游目的地品牌基因筛选的“三力”模型。陈晔、李天元和赵帆（2014）指出，旅游目的地网络界面可透过功能体验和情感体验两个中介变量间接影响游客对目的地品牌形象的感知。陆朋（2015）通过分析游客感知形象与旅游目的地品牌形象的关系，指出游客感知形象的变化会积极或消极地影响旅游目的地品牌形象。张红梅等（2019）利用扎根理论建构了葡萄酒旅游目的地品牌形象的影响因素，即认知形象、情感形象、感知质量、感知价值、满意度、行为意愿等。余明阳等（2005）认为，良好的目的地品牌形象不仅能增加目的地旅游产品和服务质量的附加价值，还能对目的地旅游资源进行营销整合。辛璐琦和王兴元（2016）分析了旅游目的地品牌形象识别要素对游客行为意愿的影响。

（2）旅游目的地品牌个性。近年来，品牌个性受到学界和业界的广泛关注，其研究内容主要集中在目的地品牌个性的驱动因素、维度测量及其对游客行为意向的影响等方面。周永博、程德年等（2016）以苏州古城为例，指出生活型目的地形象对目的地品牌个性产生正向显著影响。汪京强等（2018）利用事件相关电位技术，探讨了游客与潜在游客对目的地品牌个性认知的神经机制。唐小飞等（2011）认为，束河古镇、周庄古镇、阆中古镇、平遥古镇要突出高雅、诚信、智慧等个性。李湘云等（2017）认为，成都要突出“智”“仁”“雅”“乐”的品牌个性。此外，唐小飞等（2011）、李薇薇和白凯（2014）、王兆峰等（2019）以不同类型的旅游目的地为例，分析了品牌个性对游客行为意向的影响。李创新等（2024）基于自我调节态度理论，验证了目的地品牌个性对游客行为意愿的“评价—情绪—行为”过程。

（3）旅游目的地的品牌设计。旅游目的地品牌设计包括品牌名称、品牌标识、品牌口号（标语）等方面，但现有研究内容还集中在对品牌口号的探讨。曲颖和李天元（2008）通过对优秀旅游城市的口碑进行分类评价，提出了定位主题口号的评价标准，以充分发挥其在目的地品牌化中的作用。李天元和曲颖（2010）分析了目的地定位主题口号在品牌化中的具体作用，并提出了主题口号的设计方法、流程及注意事项等。董皓（2013）运用语言学的分析方法对 85 个省域和城市的旅游推广口号进行案例分析，提出了目的地品牌口号创意及规范使用的建议。徐尤龙（2015）指出，旅游口号的本质是传递目的地品牌承诺，因而要保持统一、连贯，不能频繁变更，这样才能够强化人们对目的地形象的感知。

3. 目的地品牌化策略。

高静（2009）将影响目的地品牌化成功的关键因素归为目的地战略执行和管理支持两个层面，前者主要包括目的地品牌的识别、定位、沟通、检测、评价和审计，后者则包括强有力、坚定的品牌化领导，目的地利益相关者的沟通、参与、合作，以及目的地品牌化的文化氛围等。王鉴忠、徐虹和杨钥（2011）从顾客体验的视角，提出了集中一点、文化嫁接、新概念和体验营销等策略。耿松涛和张凤鸣（2015）认为，目的地品牌化的建设路径包括目的地品牌定位、品牌识别、品牌形象塑造、品牌化领导以及利益相关者管理等。石玉等（2018）提出，目的地品牌化驱动因素主要由国家发展战略、目的地定位、旅游市场需求、目的地地方特质、竞争对手营销态势、营销传播理论与技术、受众信息接收行为特征等因素构成。许峰和詹崔婧（2024）从目的地品牌内涵扩充、品牌价值共创、品牌跨度延伸、品牌口碑建设、品牌传播力提升等方面提出桂林打造世界级旅游城市的目的地品牌提升策略。

4. 目的地品牌化评估。

目前，国内旅游目的地品牌化评估主要基于消费者的目的地品牌资产进行评估，其内容聚焦于目的地品牌资产的构成维度和不同类型目的地的对比分析。

一是构成维度方面。国内研究主要是在国外研究基础上，结合当地的特点和研究样本而定的。针对不同的目的地类型，相关学者提出不同的构成维度。黄洁（2012）运用深入访谈和扎根理论等研究方法，指出国家级风景名胜区品牌资产包括区位条件、核心品质、品牌知名度、品牌支持、所在地形象、感知价值和品牌忠诚 7 个维度。许春晓（2014）构建了涵盖品牌知名度、品牌质量、品牌形象、品牌价值、品牌忠诚在内的景区品牌资产模型。张宏梅等（2013）运用结构方程模型，最终确定国际旅游区品牌资产包括品牌知晓、品牌质量、品牌形象和品牌忠诚 4 个维度。刘丽娟（2013）利用结构方程模型，构建了包含区域形象、品牌知名度、感知质量、品牌形象、感知价值和品牌忠诚的民族自治区品牌资产模型。苑炳慧和辜应康（2015）通过深度访谈和扎根理论的定性研究和分析方法，指出目的地品牌资产包括品牌形象、品牌意识、品牌体验、感知质量、品牌联想和品牌忠诚 6 个维度。吴博等（2024）从品牌意识、品牌形象、感知质量、品牌忠诚构建了夜间旅游目的地的品牌资产的评价模型。

二是对比分析方面。沈鹏熠（2014）通过对不同类型的目的地进行了对比分析，将品牌知名度、品牌质量、品牌价值、品牌信任和品牌忠诚作为旅游目的地品牌资产的维度。研究结果表明，在山岳型旅游、红色旅游、休闲旅游和民宿旅游四个目的地的品牌资产对比中，山岳型旅游目的地最高，红色旅游目的地最低，休闲旅游和民俗旅游目的地介于两者之间。

二、旅游目的地居民行为研究

（一）国外旅游目的地居民行为研究

居民作为旅游目的地的重要组成部分，其行为直接影响到旅游业能否实现可持续发展，因而目的地居民行为一直是学界研究的重点。相关研究主要涉及目的地居民品牌行为、旅游参与行为、旅游支持行为、环境及文化保护行为等。

1. 目的地居民品牌行为。

关于“居民”一词，在旅游目的地居民品牌行为研究中，“citizen”“resident”的含义基本相同，故将目的地居民品牌行为归纳为目的地品牌公民行为、居民品牌建设行为、居民品牌大使行为。Zenker 和 Rütter（2014）从城市视角探讨公民满意度、场所依恋、场所品牌态度与积极公民行为的关系，研究发现公民满意度是积极公民行为的有力驱动力。Wassler（2015）分析了目的地居民品牌大使行为的四大驱动因素，即居民的品牌心理赋权、对目的地品牌管理机构的信任、自我—品牌一致性、品牌认同；Taecharungroj（2016）指出，目的地品牌公民行为的前因主要包括满意、承诺、认同三个方面。Zenker（2017）探讨了居民对旅游地品牌复杂性、地方态度与积极行为之间的关系。Chen 和 Dwyer（2018）分析了地方满意度和地方依恋对目的地居民品牌建设行为的影响。

2. 目的地居民旅游参与行为。

社区参与旅游发展对目的地的可持续发展是至关重要的。相关研究指出，参与旅游活动的居民比未参与的居民能够感知到更多的旅游负面影响（Perdue、Long and Allen，1987）。有学者则持相反的观点，认为居民参与行为越多，其感知到的正面影响越多，感知的负面影响越少（Lee，2013）。然而，在对一些旅游目的地调研中发现，仅有少数居民参与旅游开发，而造成参与度低的主要原因是缺少有利的就业机会、经济效益不足等（Moswete、Thapa and Toteng et al.，2008）。相关研究以印度尼西亚龙目岛地区的社区居民为研究对象，指出旅行社、旅游设施的私营供给者等表现不佳，导致旅游设施配套不足，故限制了目的地居民参与旅游经营和发展，进而提出了对旅行社员工加强训练，强化政府部门协作以及注重对旅游供应商和旅游从业人员的教育和培训等建议（Saufi、O'Brien and Wilkins，2014）。

3. 目的地居民旅游支持行为。

旅游支持行为，亦称为亲旅游行为（pro - tourism behavior），居民旅游支持行为研究主要集中在该行为的影响因素上。社会交换理论认为，当居民感知旅游利益大于旅游成本时，则会支持旅游业发展，反之则会阻碍旅游业发展（Perdue、Long and Allen，1990）。Wang（2015）运用社会交换理论和地方认同理论，分析了目的地居民的自我效能感、旅游影响感知和旅游支持行为意向的关系。Moghavvemi 等（2017）以马来西亚居民为研究对象，探讨了居民个性、情感凝聚和社区承诺对旅游影响感知的影响，进而影响旅游发展支持行为。Ouyang、Gursoy 和 Sharma（2017）以社会交换理论和认知评价理论为基础，探讨了居民对政府的信任不仅直接影响其旅游支持行为，还通过居民对旅游影响的感知或情绪体验间接地影响居民的旅游支持行为。Qin、Shen 和 Ye 等（2021）指出，个人利益和积极旅游影响感知会正向影响居民对旅游发展的支持度，而居民对旅游的容忍度在负面旅游影响感知与旅游发展支持关系中扮演了显著的调节角色。Lança、Silva 和 Andraz 等（2024）依托社会交换理论和溢出理论，分析居民旅游影响感知对旅游满意度、主观幸福感及其旅游支持行为的影响，并探讨了旅游强度作为调节变量对上述关系的调节作用。

4. 目的地环境保护行为。

环境保护行为包括亲环境行为和环境责任行为等。目前，国外关于环境保护行为的研究多聚焦于旅游者角度，而从目的地居民角度研究得较少，其主要研究成果集中在亚洲地区。Liu 等（2014）从社会资本理论视角，指出高水平的社会资本能够有效提升居民的环境保护行为。Zhang 等（2014）指出，居民对灾难后果的认知、价值观及地方依恋均会积极影响其环境保护行为，其中以地方依恋的影响最大。此外，他也指出利他主义价值观较之于利己价值观能更好地预测环境保护行为。Lee 和 Oh（2018）探讨了沿海居民的地方依恋和旅游发展的态度等对居民环保行为的影响，结果发现，地方认同和感知利益对居民环保行为具有直接影响，地方依赖通过地方认同间接影响居民环保行为，而感知关注对感知利益和环境保护行为具有调节作用。Safshekan、Ozturen 和 Ghaedi（2020）以居住在法马古斯塔的 300 名塞浦路斯居民为研究对象，发现社区依恋、社区参与和环境态度均会影响居民的环保行为。Wu、Wang 和 Ramkissoon 等（2024）从政府与居民互动视角，探讨了乡村旅游地地方政府的资源动员和权力重分配如何影响个体层面的环境心理和社会因素，以塑造居民在垃圾分类中的亲环境行为。

（二）国内旅游目的地居民行为研究

目前，国内学术界关于旅游目的地居民行为的研究主要集中在旅游参与行为、旅游支持行为与旅游保护行为 4 个方面。

1. 目的地居民旅游参与行为。

在国内研究中，社区居民参与旅游一直是学界关注的热点，其研究内容涵盖居民参与内容、参与层次、影响因素、后果等方面。从参与内容和层次来看，相关学者将社区居民参与旅游业发展分为初级、提高和高级三个层次（李东和、张捷和赵玉宗，2006），其中，初级和提高两个层次主要涉及参与发展决策、参与有关利益知识的教育培训、参与利益分配（刘纬华，2000）、参与经营（唐晓云，2015）等，这一阶段以关注经济效益为主；高级层次则关注社会、经济、生态等整体效益。从影响因素来看，可以分为三类：一是居民自身因素，如人口统计学特征、获益感知、对政府的信任、旅游影响感知（卢小丽，2012）、参与态度和参与能力（杨兴柱、陆林和王群，2005）；二是社区因素，如资源禀赋（刘春济和高静，2012）、社区权力（时少华、李享和吴泰岳，2017）、差错管理氛围（宋云涛、胥兴安和肖洪磊，2024）等；三是参照群体的影响，主要是受其他社区居民带动而参与旅游（张安民和赵磊，2019）。此外，相关学者指出，社区居民参与程度越高，对旅游社会文化影响的正面感知越强。

2. 目的地居民旅游支持行为。

居民旅游支持行为是当地旅游业可持续发展的关键，其研究内容主要集中在驱动因素上。路幸福和陆林（2015）指出，边缘型地区旅游地居民的环境认同较高，对旅游发展持相对谨慎的态度，且居民对旅游积极影响的态度会影响其对旅游的支持度。陈晓艳、黄震方和胡小海等（2016）以第八届中国花博会为例，分析了居民对事件旅游影响的感知、总体态度与支持行为之间的关系。范莉娜（2016）以黔东南侗族村寨为例，研究发现民族村寨居民的文化适应对旅游支持行为意愿具有显著的影响，其中，文化适应中的民族认同和社会交往交流对旅游支持行为意愿具有负向影响，文化适应中的日常生活行为维度对居民的真实性旅游支持行为意愿具有正向影响。龙春凤和柴寿升（2021）以崂山风景区内为例，探讨了情感凝聚对社区居民亲旅游行为具有正向影响。何莽等（2022）以康养旅游地为例，指出居民对康养旅游的感知价值能显著提升其旅游支持行为。王忠和李来斌（2024）以澳门历史城区为例，考察了社会嵌入对社区居民亲旅游行为的影响。

3. 目的地居民环境保护行为。

近年来，有关目的地居民的环境保护行为成为学界研究的热点。程绍文等（2010）指出，九寨沟的社区居民一旦感觉到当地的自然环境因旅游开发而变差，其自然保护行为会更加积极。刘静艳等（2014）探讨了旅游经济收益和旅游影响感知对社区居民环保意向的影响。研究结果表明，旅游经济收益必须通过正面的旅游影响感知才能间接正向影响居民的环保意向，而负面的旅游影响感知将会负向影响居民的环保意向。张玉玲、张婕和赵文慧（2014）指出，旅游地环境保护行为可分为日常保护行为、景区生态关注、高级保护行为三个维度，并进一步运用 NAM 模型研究居民环境后果认知对保护旅游地环境行为的影响。范香花、黄静波和程励（2016）指出，居民环境态度中的环境信念和环境敏感均对环境友好行为产生显著的正向影响，且后者的影响程度大于前者。伽红凯、吴嘉玲和卢勇（2024）以农业文化遗产旅游地的居民为研究对象，发现居民的积极旅游影响感知和生活质量对环境责任行为具有显著的正向影响，消极旅游影响感知对环境责任行为具有显著的负向影响。

4. 目的地其他居民行为。

除上述旅游目的地居民行为以外，近年来相关研究也开始关注居民的文化保护行为、公民行为、非遗责任行为和助人行为等。相关学者探讨了居民对目的地文化保护行为，指出认知因素、情感因素、利益因素、政策因素以及文化依恋均会对文化保护行为产生影响（胡小海和黄震方，2016；蔡溢、杨洋和殷红梅等，2017）。李志飞、敖昆砚和李江敏（2024）探讨了社区居民公民行为，指出居民利益感知能够促进居民的社区认同、对游客的感恩和乡村旅游地的社区居民公民行为。吕宛青和杨俊宜（2024）聚焦民族旅游社区居民非遗责任行为，认为影响民族旅游社区居民非遗责任行为的关键因素主要涵盖综合利益、社会力量、理性权衡、情感联结、道德规范、政策支持和感知行为控制等方面。巨英英和程励（2023）利用模糊集定性比较分析法，分析了文化遗产地旅游社区居民遗产责任行为的形成机制。董楠、白长虹和妥艳媜（2023）利用扎根理论建构了目的地居民对游客的帮助行为，其主要包括指导型帮助、参与型帮助和替代型帮助。

三、旅游目的地居民品牌大使行为研究

（一）国外居民品牌大使行为研究

1. 居民品牌大使行为的内涵。

目的地居民品牌大使行为的研究源于企业内部品牌建设行为的相关理论，即将居民视为旅游目的地的内在消费者，在目的地品牌化中承担雇员的角色。关于居民品牌大使行为的内涵，不同学者提出了不同观点，主要可以概括为三类：第一，居民品牌大使行为等同于居民的口碑行为，即目的地居民作为当地品牌大使，将目的地推介给亲朋好友的行为（Simpson and Siguaw，2008）。第二，居民品牌大使行为可视为目的地居民品牌建设行为的一种。Chen 和 Dwyer（2010）借鉴 Morhart、Herzog and Tomczak（2009）关于内部品牌建设行为的

分类（包括保留、角色内品牌建设行为和角色外品牌建设行为），将其运用到旅游目的地品牌建设情境中，并进一步细化了三种行为的内涵，即保留行为是指居民维持与目的地的居住关系，角色内品牌建设行为是指居民作为旅游目的地品牌的代表，角色外品牌建设行为是指参与旅游服务活动和口碑宣传。Chen 和 Dwyer（2018）在此基础上，将目的地居民品牌建设行为分为参与、口碑、大使行为和居住意向四个维度，其中居民大使行为是指居民在与游客接触中会保持自我形象与目的地形象的一致性，并遵守目的地品牌的相关行为准则。第三，居民品牌大使行为是指居民品牌推广和发展行为。其中，品牌推广行为包括现实口碑、网络口碑、使用宣传材料、参与品牌相关宣传活动，品牌发展行为包括参与品牌未来发展活动，如建议、会议及评论等（Wassler，2015）。Wang、Xiong 和 Gage（2021）借鉴了 King 等（2012）关于员工品牌资产的量表，将居民目的地品牌大使行为分为品牌倡导行为和品牌一致行为。

2. 居民品牌大使行为的维度。

由上述分析可知，Simpson 和 Siguaw（2008）、Chen 和 Dwyer（2018）认为，居民品牌大使行为是单维度的。但 Wassler（2015）、Wang、Xiong 和 Gage（2021）则认为居民品牌大使行为是多维度，其具体测量题项见表 2－3。

表 2－3　　旅游目的地居民品牌大使行为维度及题项汇总

类型	测量题项	文献来源
单维度	在社交场合（如谈话中）向朋友和熟悉的人传递当地的正面信息	Simpson & Siguaw（2008）
	在旅游接触中，我会确保自我形象与心中目的地形象一致 我遵守目的地要求的行为准则 我发现我在旅游接触中的行为与目的地所要求的并不矛盾	Chen & Dwyer（2018）
多维度	如果有机会，我会在网上介绍 X 品牌，让线上朋友了解这个品牌 如果有机会，我会在网上分享 X 品牌的相关信息 如果有机会，我会尽量在网上传播 X 品牌，让线上的朋友都知道 我会参与有关 X 品牌的推广节事和活动（如节庆、展览） 如果有机会，我会致力于 X 品牌发展（如表达意见、参与在线活动） 如果有机会，我会频繁使用 X 品牌的宣传资料 如果有机会，我会在适当的时候使用 X 品牌的宣传资料 如果有机会，我会在不久的将来使用 X 品牌的宣传资料	Wassler（2015）

续表

类型	测量题项	文献来源
多维度	我会对他人说出关于目的地品牌的积极事情 如果有人征求我的意见，我会推荐目的地品牌 我会对他人积极地谈论目的地品牌 我展现出与目的地品牌承诺一致的行为 在任何情况下，在沟通或采取行动之前，我会考虑对目的地品牌的影响 我总是有兴趣了解目的地品牌以及它对我在我的角色中意味着什么	Wang，Xiong & Gage（2021）

3. 居民品牌大使行为的影响因素。

Choo、Pak 和 Petrick（2011）运用社会认同理论，验证了目的地居民的品牌认同与居民帮助游客提高体验满意度、积极的口碑意图以及参与旅游和休闲活动等行为呈正相关；Zenker 和 Rütter（2014）运用满意度理论和地方依恋理论，探讨了地方满意度、地方依恋、品牌认同对口碑行为及离开意向的影响程度；Wassler（2015；2019；2021）综合运用地方依恋理论、心理授权理论、品牌一致性理论等，提出目的地居民品牌大使行为的影响因素，主要包括品牌心理赋权、居民对政府的信任、自我—品牌一致性、品牌认同等，并发现了地方依恋在品牌认同对目的地居民品牌大使行为影响路径中起着调节作用。Chen、Dwyer 和 Firth（2015）运用地方依恋理论，探讨并比较悉尼和上海两个城市居民的地方依恋对其口碑行为的影响，研究结果表明，两个城市的居民口碑行为受地方依恋不同维度的影响，即上海居民的地方认同和社会联结能够有效预测一对一的口碑行为，悉尼居民的情感依恋则影响其一对一口碑行为。Taecharungroj（2016）指出，目的地居民品牌大使行为与其品牌公民行为的影响因素基本一致，主要包括满意、承诺、认同三个方面。Chen 和 Dwyer（2018）运用满意度理论和地方依恋理论，阐明了地方满意度和地方依恋对一系列居民目的地品牌建设行为的影响，其中品牌建设行为包括口碑行为、大使行为、参与行为和停留意向四个维度，研究结果显示，地方满意度主要影响居民停留或离开意向，地方依恋则对居民口碑行为、大使行为和参与目的地旅游规划的影响较大。Styvén、Mariani 和 Strandberg（2020）运用地方依恋和一致性理论，分析了地方依恋对居民地方品牌信息分享意愿的影响，结果表明地方依恋对分享意愿具有显著正向影响，广告—品牌一致性和自我表达在两者间起部分中介作用。Wang、Xiong 和 Gage（2021）运用情感凝聚理论，分析了居民对游客的欢迎程度和主客互动质量会显著影响其目的地品牌大使行为。Amani（2022）利用价值共创理论分析了居民在社交媒体中对目的地品牌参与度通过目的地品牌爱国主义影响其目的地品牌价值共创。Amani（2023）运用社会学习理论，分析了目的地品牌导向型领导、公众信任对居民品牌大使行为的影响机制（见表2－4）。

表2－4　　旅游目的地居民品牌大使行为的影响因素相关研究

年份	作者	相关理论	影响因素
2011	Choo，Pak & Petrick	社会认同理论	品牌认同
2014	Zenker & Rütter	满意度理论、地方依恋理论	地方满意度、地方依恋、品牌认同
2015	Wassler	地方依恋理论、心理授权理论、品牌一致性理论	品牌心理赋权、自我—品牌一致性、品牌认同、居民对政府的信任、地方依恋
2015	Chen，Dwye & Firth	地方依恋理论	地方依恋
2016	Taecharungroj	满意度理论、社会认同理论、组织承诺理论	目的地特征（活动、经济、自然、社会、交通）、满意度、品牌承诺、品牌认同
2018	Chen & Dwyer	满意度理论、地方依恋理论	地方满意度、地方依恋
2019	Wassler，Wang & Hung	品牌一致性理论	自我—品牌一致性、品牌态度
2020	Styvén，Mariani，Strandberg	地方依恋理论、一致性理论	地方依恋、广告—品牌一致性、自我表达
2021	Wassler，Wang，Hung	心理授权理论	品牌赋权、公众信任
2021	Wang，Xiong，Gage	情感凝聚理论	欢迎程度、互动质量
2022	Amani	价值共创理论	品牌参与、品牌爱国主义
2023	Amani	社会学习理论	品牌导向型领导、公众信任

资料来源：根据相关文献整理。

综上所述，目的地居民品牌大使行为的影响因素可归为三类：一是居民自身因素，包括居民满意度（总体生活满意、地方满意度）、地方依恋、对政府的信任；二是居民与品牌联结的因素（以下简称品牌因素），主要包括品牌认同、品牌承诺、品牌心理赋权、自我—品牌一致性；三是目的地因素，主要包括各类休闲节事活动、经济、自然、社会、交通以及地方领导类型等方面的因素。

（二）国内居民品牌大使行为

近年来，居民品牌大使行为作为旅游目的地面向国内外市场进行形象推广的一种营销手段愈加普遍，但较之于国外丰富的研究成果，我国在该领域的研究仍相对薄弱。熊元斌和李海娥（2012）通过案例研究发现，社区居民是旅游目的地公共营销的天然代言人，其行为表现对旅游目的地营销有直接影响，且不同层次、类型的社区居民的行为表现对旅游目的地营销影响的作用存在明显差异。李海娥（2014）指出，居民营销在目的地营销中具有重要作用，并提出了增强居民地方依恋和强化居民对旅游发展支持可以促进这一作用。张辉（2018）指出，当地居民是目的地品牌的关键利益相关者，居民对目的地的熟悉、感知控制会影响其目的地品牌心理所有权感知。王京传（2018）强调，居民在目的地品牌化中发挥的重要作用，并分析了目的地品牌内化的重要意义。

四、文献述评

综上所述，通过系统梳理国内外相关文献，发现学界在目的地品牌化、目的地居民行为两个领域的研究成果颇为丰富，但将两者结合的研究相对较少，且主要成果源自国外学者。国内外关于目的地品牌化的研究内容基本趋同，主要涉及目的地品牌化的概念界定、构建过程、策略制定以及效果评估等方面。然而，国外学者在旅游目的地品牌内化方面的研究更为深入。在旅游目的地居民行为研究方面，国内外研究主要集中在居民参与行为、品牌行为、保护行为和支持行为等积极行为。国外对旅游目的地居民保护行为研究较少，而国内对目的地居民品牌行为的研究相对不足。关于目的地居民品牌大使行为的研究主要集中在国外，研究内容涉及行为的内涵、维度和影响因素，但在响应机制方面的研究尚显不足。具体而言，在构成维度方面，现有研究多借鉴相关行为量表，缺少针对性研究；在影响因素方面，仅对个别影响因素进行了识别，缺乏对各因素之间关系的系统、深入研究。同时，国内外学者普遍认识到居民在目的地品牌化中的重要作用，但对其具体作用的测评尚未涉及，缺乏从居民品牌大使行为各维度分析其响应机制研究。基于上述分析，未来研究可从以下 3 方面展开：

1. 旅游目的地居民品牌大使行为的维度构建。现有研究中，目的地居民品牌大使行为量表多为单维度，以借鉴目的地居民口碑行为和品牌公民行为的量表为主，即使个别学者提出了多维度量表，也未进行实证检验，故现有研究缺乏具有针对性的居民品牌大使行为的维度构建。因此，为解决居民品牌大使行为缺乏理论积累的现实问题，未来研究可以运用扎根理论进行质性研究，通过扎根提取居民品牌大使行为的维度，开发符合本土化情境的量表，并通过实证检验分析量表的合理性。

2. 旅游目的地居民品牌大使行为的形成机理。经相关文献梳理，发现目的地居民品牌大使行为的影响因素可归为个人因素、品牌因素及目的地因素三类。从个人因素来看，目前缺乏对居民心理层面的深入研究，如居民产生该行为的动机、居民的品牌知识和品牌传播技能等，这些因素在很大程度上影响居民品牌大使行为。从目的地因素来看，目前缺乏对目的地政府支持这一情境的相关研究。在目的地品牌化中，政府处于主导地位，其支持力度、激励政策等也会影响该行为的发生。因此，未来应将个人的动机和能力、目的地的政府支持等纳入研究框架中，将其与现有的地方依恋、品牌认同等因素整合起来，系统考察这些因素与目的地居民品牌大使行为的影响关系，总结归纳该行为的形成机理。

3. 旅游目的地居民品牌大使行为的响应机制。现有研究对居民品牌大使行为的形成机制进行了大量的探索和实证研究，而鲜有学者对该行为的响应机制进行分析。一方面，旅游目的地居民品牌大使行为属于主客交往的范畴，其直接作用于游客，而对游客响应的评估，通常采用游客忠诚度来测度。另一方面，旅游目的地居民品牌大使行为是居民参与目的地品牌建设的重要途径，是目的地品牌化的重要组成部分，因而居民品牌大使行为也会直接影响目的地品牌化。通过文献梳理可知，目的地品牌化效果评估主要通过目的地品牌资产进行评估。因此，未来研究居民品牌大使行为的响应机制可以从游客和目的地两个视角进行分析，具体测度该行为各维度对游客忠诚度及目的地品牌资产的影响程度及其差异。

第三节　理论基础

一、动机—机会—能力理论

1989 年，MacInnis 和 Jaworski 提出了"动机（Motivation）—机会（Opportunity）—能力（Ability）"理论（以下简称为 MOA 理论），这一理论最初用于解释个体如何处理品牌信息（Macinnis and Jaworski，1989）。随后，MOA 理论被广泛应用于广告效果、社会营销等多个研究领域。凭借其良好的稳定性和行为预见性，MOA 理论不仅适用于解释信息接收行为，还在公共管理、社会资本、人力资源管理、知识管理、行为决策等领域得到广泛应用。

MOA 理论由动机、机会、能力三个核心构念组成，这三个要素相互关联，共同推动了特定行为的发生。动机是一种内在的驱动力量，代表引发行为的抽象过程，是行为发生的重要因素。个体的动机是复杂多样的，它们相互关联，构成一个动机体系。在 MOA 理论中，动机是结合意愿、兴趣和渴望进行有说服力的沟通内容。机会则是指抑制或推动某项行为进行的外部环境因素，这些因素与行为有关但不受行为主体控制。在 MOA 理论中，机会是指行为决策除因决策者个人特质有所不同外，也受决策时的情境与内容等外部环境因素的影响。这一定义包含两层含义：一是强调机会的客观环境属性；二是强调主体对于客观环境的认知（陈则谦，2013）。能力是个人自身较为稳定的一种个性心理特征，也是促使行为发生的必要资源，例如技能和知识等。在 MOA 理论中，能力是指行为决策会受资源的限制以及实施该行为需具备知识的影响，即能力包含资源、知识、技能等因素。综上所述，MOA 理论指出行为的发生受到个人特性（动机、能力）和外部环境（机会）的影响。其中，动机是行为发生的内在原因和直接动力，机会是主体对行为客观环境的认知，而能力是指直接影响人们完成某种行为的内在可能性。

当前，国内外学者在运用 MOA 理论分析行为时，除了最初提出的基本模型外，还衍生出了多个模型变式，以更全面地解释各种行为的成因。图 2－2

展示了基本模型，该模型认为动机是影响行为的核心要素，而能力和机会对动机与行为的关系起着调节作用；而图 2－3、图 2－4、图 2－5 均在基本模型基础上衍生出来的变式。其中衍生模型 1 认为动机、机会和能力均会影响行为，机会作为外部因素会影响动机和能力，同时动机也会影响能力；衍生模型 2 认为动机、机会、能力对行为均有重要影响，而不需考虑三者之间的相互关系；衍生模型 3 则认为动机、机会和能力会影响行为，且机会和能力也会影响动机。

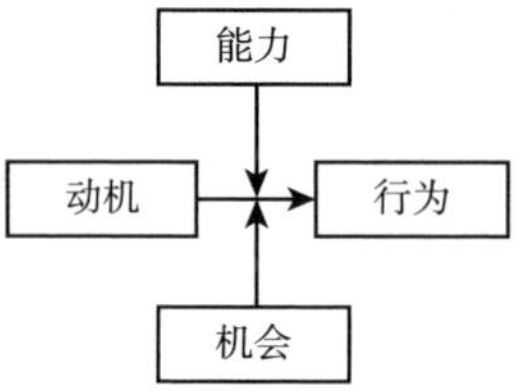

图 2－2　基本模型

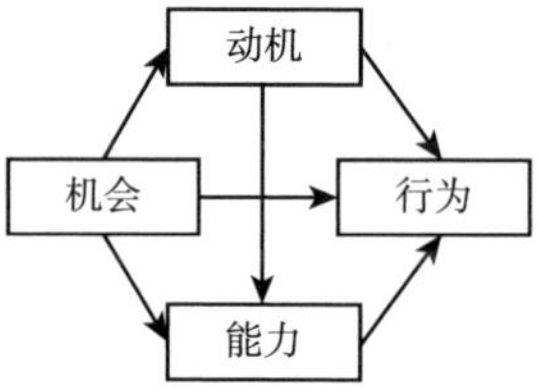

图 2－3　衍生模型 1

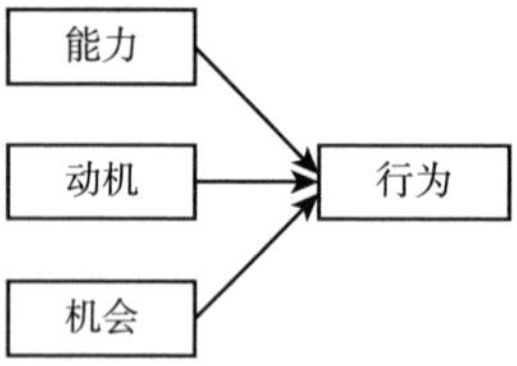

图 2－4　衍生模型 2

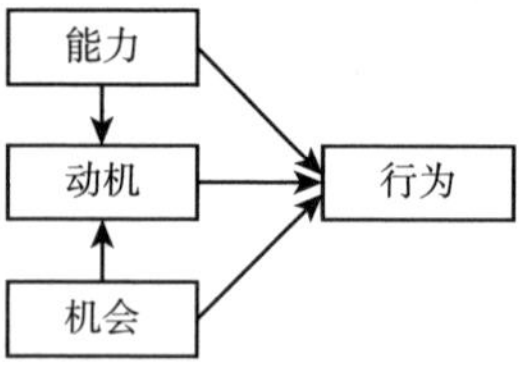

图 2－5　衍生模型 3

本书的研究主题是旅游目的地居民品牌大使行为，在实际操作中这一行为具有双重性，既是一种利他行为，又是一种利己行为，因而从动机方面来分析该行为的驱动因素是非常必要的。但是居民品牌大使行为本身是一种较为复杂的行为，它需要居民具备一定的品牌知识和技能，因而需要将能力因素纳入考虑范畴。此外，我们还需要考虑哪些外部因素会促进或抑制该行为的发生。综上所述，运用 MOA 理论来分析目的地居民品牌大使行为的形成机理具有较好的适切性。同时，借鉴相关学者在旅游目的地居民行为中的应用（王兆峰和向秋霜，2017），选取衍生模型 3 来研究旅游目的地居民品牌大使行为的形成机理。

二、情绪评价理论

情绪评价理论是当前研究情绪体验的主流理论之一。该理论最初由美国心理学家 Arnold（1960）提出，他认为人的情绪并非仅由刺激情境决定，而是在刺激产生出现后，经过个体对刺激的估量和评价才能产生。换言之，情绪是个体对外部环境刺激评价的结果，其产生的基本过程为“刺激情境—评价—情绪”。Lazarus（1991）进一步完善了情绪评价理论，提出认知评价是情绪的前因，个体对事件的不同认知评价产生不同情绪，并指出情绪认知受情境因素和个体心理因素的双重影响。然而，由于个体自身（如信仰、态度、人格特征）存在的差异性，致使其对外部环境刺激的认知评价具有较强的主观性，进而导致个体情绪体验也存在较大差异。因而，情绪评价理论为分析外部环境中个体情绪体验产生的原因奠定了理论基础。Bagozzi（1999）、Johnson 和 Stewart（2005）在总结前人研究的基础上，进一步阐释了情绪与行为的关系，指出情绪评价理论是研究市场营销领域中情绪体验的一种有效途径。该理论旨在解决三大问题：一是阐明评价事件所固有的潜在特征；二是评价过程会产生怎样的情绪体验；三是情绪体验会诱发何种行为反应。综上所述，在特定环境状态下，个体通过对该环境认知评价会产生相关情绪并诱发特定行为。

近年来，情绪评价理论在旅游者行为研究领域的应用逐渐受到旅游学界与业界的关注。Hosany（2012）将该理论引入旅游研究中，指出游客对快乐、目标一致性和内部兼容性的评价是引发其积极情绪反应（快乐、喜爱、惊喜）的主要因素。同时，旅游目的地的新奇性、目标相关性和目标实现性也是引发游客积极情绪（愉悦）的重要因素。然而，游客对不道德事件严重程度、目的地塑造形象以及责任归属的认知等，会引发游客消极情绪（愤怒、轻蔑、厌恶），导致负面口碑和拒绝再次访问目的地。

在旅游目的地情境中，不同居民所具备的目的地品牌知识和传播技能也有所差异。在与游客交往过程中，居民通过介绍或推荐目的地，潜移默化地将当地的特色清晰而准确地传递给游客，让游客对居民品牌大使行为给予良好评价，使游客产生愉快、兴趣、期待等积极情绪，进而诱发游客产生积极行为。但当居民与游客交往时，生硬地或突兀地向游客推荐当地的特色，则会引发游客不满、反感、厌烦等消极情绪，从而影响游客对整个目的地的感知和访问意向。综上所述，运用情绪评价理论来分析目的地居民品牌大使行为的游客响应机制具有较好的适切性，能够深入探讨哪些具体行为驱动游客产生不同的情绪体验，以及这些情绪体验又如何影响游客的行为意向。

三、品牌内化理论

品牌内化，亦称为内部品牌化或内部品牌建设，属于内部营销的一种延伸（Mosley，2007）。该理论基于一种由内而外的策略观点。根据资源基础论，企业的竞争优势来源于组织内部资源，通过资源运作能够有效提升企业发展能力。若企业资源的价值性、稀有性、独特性越高，且替代性越低时，企业资源将变成核心资源，形成打败竞争对手的核心竞争力（Barney，1991）。在企业中，员工既是企业的内部资源，又是企业产品的重要组成部分，因此管理者的首要营销对象是员工，旨在使员工了解并支持品牌目标、具备完成工作所需的技能与训练，并维持顾客满意度。品牌内化可以分员工品牌内化和组织品牌内化两大类（白长虹和邱玮，2008）。员工品牌内化涉及员工对企业品牌的认知和理解，这些认知和理解会影响员工的品牌认同，进而在工作中传递品牌理念和品牌精神。员工品牌内化具体包括员工的品牌知识、品牌认同、品牌承诺、品牌支持行为、品牌公民行为、品牌建设性行为和品牌一致行为等。组织品牌内化则是指整个组织系统通过内部各部门的调整及生产流程的优化来实现企业的品牌价值，主要包括内部沟通、品牌领导和品牌培训。

品牌内化的结果主要体现在员工的心理和行为层面。从心理层面来看，表现为员工在心理上将品牌价值转化为个人价值并接受企业品牌承诺的过程；从行为层面来看，表现为员工在行为上将品牌价值转化为个人价值并将企业品牌承诺付诸实践的过程（陈晔、白长虹和曹振，2011）。员工所表现出的特定品牌行为是检验员工品牌内化成效的外在依据，相关研究仍以员工的品牌行为为主。根据员工的品牌表现行为，通常将其分为品牌拥护者、品牌模糊者、品牌旁观者和品牌破坏者四类。品牌拥护者是指员工按照企业品牌内涵和意义行事；品牌模糊者是指员工对品牌感兴趣，但是不承诺在工作中全力以赴；品牌旁观者是指员工不了解企业品牌内涵和意义；品牌破坏者是指员工在工作中违背企业品牌承诺（Ind，2001）。

在旅游目的地品牌化的进程中，游客对目的地品牌的认知与体验既依赖于旅游目的地开发的旅游产品，又依赖于目的地的特色资源，如自然环境、社会生活、文化氛围、好客精神等。当地居民作为旅游产品与服务的提供者和特色资源的展示者，是推动目的地品牌内化的关键利益相关者。目的地品牌内化通常包括三个方面：一是直接利益相关者的品牌内化；二是参与旅游经营的当地居民的品牌内化；三是品牌融入当地文化之中（王京传，2018）。其中，目的地品牌与当地文化的融合是目的地品牌内化的最高境界，也是实现目的地品牌化的重要标志。目的地品牌内化要求当地居民能够理解、认同、支持目的地品牌，并根据品牌要求为旅游者提供产品与服务；同时，在日常生产生活中加强与地方政府和旅游企业的合作，自觉展示、宣传和维护目的地品牌，为旅游者提供真正与目的地品牌承诺相一致的产品与服务（王京传，2018）。因而，居民表现出的目的地品牌大使行为是旅游目的地品牌内化的结果。根据品牌内化理论，要推进这一行为，可从组织和居民自身两个方面来强化品牌内化，这也为从政府、企业、社区和居民自身来推进目的地居民品牌大使行为提供了理论依据。

四、利益相关者理论

利益相关者理论起源于20世纪60年代英美等国的管理学界。利益相关者的概念最初由美国斯坦福研究院提出，是指影响企业生存的利益群体。通常认为，利益相关者的概念有广义和狭义之分。美国经济学家Freeman（1984）在其著作《战略管理：利益相关者管理的分析方法》中进一步明确了利益相关者的定义，认为任何能够影响组织目标实现或受到组织目标影响的群体或个人均为利益相关者，具体包括债权人、团体、雇员、顾客、社区、组织、供应商、政府、社区成员以及自然环境等（Sautter and Leisen，1999）。这属于广义利益相关者的界定。但由于这一概念涉及的群体较为宽泛，缺乏可操作性，故有关学者从狭义角度对其进行了界定，认为利益相关者是与企业有直接关系的群体和个人（Sheehan and Ritchie，2005）。通常情况下，利益相关者可分为主要利益相关者和次要利益相关者，前者是指与组织有直接关联的群体，后者是指与组织没有直接关联的群体。

自20世纪80年代起，国外相关学者将利益相关者理论引入旅游研究中，并广泛应用于社区旅游、生态旅游、旅游目的地规划与管理、旅游可持续发展、旅游营销等研究中。国内外学者就利益相关者的主体构成进行了大量的探索。一般认为，社区参与乡村旅游的利益相关者包括旅游者、社区居民、政府部门和旅游开发商（代则光和洪名勇，2009）。旅游可持续发展的主要利益相关者包括当地社区、政府机构、旅游业、旅游者、压力集团、志愿部门和媒体等（Swardbrook，1999）。生态旅游利益相关者主要包括政府、当地社区、利益企业、保护地、旅游者、非政府组织、学术界及相关机构、媒体（宋瑞，2005），旅游目的地的利益相关者主要包括游客、地方政府、商业部门、当地居民和景点开发商等利益相关者（保继刚和钟新民，2002）。

近年来，随着利益相关者理论研究的深入，有关学者将其引入旅游营销中，其成果主要集中在旅游目的地品牌方面。鉴于目的地品牌在旅游市场竞争中发挥的重要作用，识别利益相关者成为目的地品牌化的一个关键问题。旅游目的地品牌利益相关者是指关注目的地呈现方式的个人或群体（Anholt，2009），主要包括目的地品牌塑造者、官方聘用的品牌大使和发言人、当地机构和旅游目的地居民。相关学者将完全包容性的利益相关者方法（fully - inclusive stakeholder approach，FIST）应用于目的地品牌，将目的地品牌核心利益相关者分为公共部门、私营部门和目的地居民三类（Dinnie，2008）。本书中涉及的目的地品牌利益相关者主要包括政府、旅游企业、社区和目的地居民（见图2-6）。居民品牌大使行为不仅需要居民自身主动学习品牌知识、积

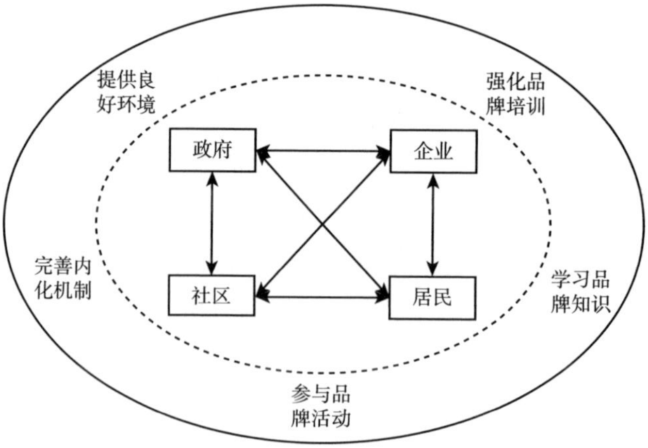

图2-6　旅游目的地品牌的利益相关者

极参与品牌活动，更需要政府、旅游企业、社区等提供品牌内化的良好环境、完善品牌内化的机制、强化品牌培训等，以更好地发挥居民在推动目的地品牌塑造、推广、维护和发展中的作用。

五、品牌资产理论

品牌资产，亦称为品牌权益，是营销管理领域的核心研究主题。作为衡量品牌价值的新兴概念，品牌资产自20世纪80年代就已受到美国营销界的广泛关注，但其定义至今仍未统一。1988年，美国营销科学学会（Marketing Science Institute，MSI）首次提出了品牌资产的概念，认为品牌资产是关于品牌消费者、渠道成员、公司的部分行为的一系列联想组合，能够使品牌商品获取更大的消费量或利润空间，从而赋予品牌商品比竞争对手更持久的差异化竞争优势。然而，在众多学者对品牌资产的界定中，Aaker（1991）提出的定义和维度最常被采用，他认为“品牌资产是一组和品牌、名称、符号相关的资产与负债的集合，能够有效地增加或减少企业提供给消费者的产品或服务的价值”，并指出品牌资产由品牌知名度、品牌联想、感知质量、品牌忠诚和其他专属品牌资产构成。在此基础上，有学者提出整体品牌资产（Overall Brand Equity，OBE）的概念，以全面反映目的地品牌资产（Yoo、Donthu and Lee，2000）。目前，品牌资产的分析主要从财务、市场、消费者三个视角进行研究（卢泰宏、黄胜兵和罗纪宁，2000）。财务视角通过现金流量、盈余折现、成本或价格溢酬等实际数据来衡量品牌资产；市场视角通过品牌自身的成长及扩张能力来衡量品牌资产；顾客视角通过消费者认知、态度或行为等来衡量品牌资产。旅游目的地品牌资产的研究视角以消费者为主，相关研究成果已涉及酒店、餐厅和目的地等领域。

Konecnik 和 Gartner（2007）将品牌资产理论引入旅游目的地领域，提出了基于消费者的目的地品牌资产模型。旅游目的地品牌资产是指游客在旅游体验中因特定旅游目的地品牌知识而引起的对旅游目的地各种营销活动的认知、情感、态度和行为意向反应（沈鹏熠，2014）。随着这一理论的推进，相关学者对旅游目的地品牌资产的维度进行了广泛探讨，迄今为止，学界对维度划分尚未达成共识，但多数学者基本赞同将其划分为品牌知名度（品牌显著度）、品牌形象、品牌质量（感知质量）、品牌价值和品牌忠诚五个方面，也有学者提出了品牌联想、品牌信任、品牌共鸣、品牌绩效、品牌依恋、目的地熟悉度和整体品牌资产等重要维度。

旅游目的地居民品牌大使行为是目的地品牌化的重要组成部分，其目的地响应机制可以通过目的地品牌资产加以评估。关于目的地品牌资产的评估方法，基于消费者视角的品牌资产评估是主流。鉴于此，本书基于消费者视角选取目的地品牌知名度、品牌形象、品牌质量和品牌信任作为目的地品牌资产构成维度，评估居民品牌大使行为对目的地品牌的影响。

第三章

旅游目的地居民品牌大使行为的维度构建

第一节　旅游目的地居民品牌大使行为的维度探索

一、扎根理论的应用

扎根理论作为一种质性研究方法，已广泛应用于社会科学各领域。该理论是由 Glaser 和 Strauss（1967）创立的，是关注如何建构理论的研究方法。他们主张研究者从原始资料中不断地进行归纳和概括以建构理论，采用自下而上的推论方式完成扎根理论，以实现理论与资料紧密结合。值得注意的是，扎根理论采用理论抽样来选取样本，这种抽样方式是旨在促进理论建构，而非基于人口代表性。因而，研究者需依据资料收集、资料编码以及资料分析的结果来确定后续的理论抽样方向。当特定类属的资料开始重复出现时，抽样则达到了理论饱和，完成了整个理论抽样。根据 Corbin 和 Strauss（1990）的扎根分析方式框架，资料编码程序分为开放式编码、主轴编码和选择性编码三个阶段。其中，开放式编码涉及从原始记录的文本资料中，搜寻意义单元，并予以概念化；主轴编码是在此基础上，以持续比较的方式，将有意义的单元概念整合成为主要范畴，并联结其他次要范畴；选择性编码是在主范畴的基础上挖掘核心范畴，分析核心范畴与主范畴及其他范畴的联系，并以“故事线”形式呈现整体现象。扎根理论特别适合于探索现象背后的深层脉络和意义。

近年来，扎根理论已被成功应用于分析不同群体的特定行为维度，如企业群体公民行为、虚拟社区组织公民行为、公务员组织公民行为以及员工工作塑造行为等。这些研究表明，扎根理论在揭示群体行为的复杂性和多维度特征方面具有显著优势。目前，旅游目的地居民品牌大使行为的研究较为笼统，缺少对该行为结构维度的深入研究，难以开展量化分析。基于此，本章扎根于丰富的数据资料和具体的研究情境中，提炼出居民目的地品牌大使行为的结构维度。

二、抽样方法、访谈对象与访谈设计

（一）抽样方法

在质性研究中，学者们经常采用随机抽样技术以获取调研样本。然而，针对居民品牌大使行为这一特定现象，并非所有居民都会表现出此类行为，随机抽样可能导致收集到的样本缺乏代表性，从而不利于后续的样本分类和维度建构。因此，本章综合运用目的性抽样、异质性抽样和滚雪球式抽样三种方法，以确保样本的质量和研究的深度。

1. 目的性抽样。目的性抽样旨在抽取那些能够为研究问题提供最大信息量的个体或事件（Levin，1992）。为了广泛采集旅游目的地居民可能呈现的品牌大使行为，本书首先采用目的性抽样。通过亲自到旅游景区观察、旅游企业体验以及获取旅游行政管理部门和旅游企业推荐等方式，选取部分旅游景区居民及旅游从业人员作为访谈对象，以确保样本能够为研究提供最大的信息量。

2. 异质性抽样。在采取目的性抽样的同时，本书辅之以异质性抽样，以覆盖不同类型的访谈对象，识别和发现焦点问题。鉴于旅游地居民职业构成的多样化，研究在目的性抽样的基础上，通过个人社交媒体（如微信朋友圈、QQ 动态、微博）及朋友推荐等方式，采用异质性抽样策略，涵盖不同职业背景的旅游目的地的居民，以期全面了解居民品牌大使行为在旅游目的地中的存在情况和具体表现形式。

3. 滚雪球式抽样。在上述两种抽样方式的基础上，本书进一步采用滚雪球式抽样作为补充，以便更接近特殊样本群体。为聚焦居民品牌大使行为，对居民进行深度访谈后，通过滚雪球抽样方法，寻找符合条件的高校旅游教师、旅游行政管理人员、旅游企业管理者等进行焦点小组讨论，以最终确定居民品牌大使行为的构成，并验证研究的理论饱和度。

（二）访谈对象

本章采用深入访谈的方法，对旅游目的地居民品牌大使行为进行了探索性研究。访谈方法包括半结构化访谈和焦点小组访谈两种形式。半结构化访谈涵盖了面对面个人访谈和网络访谈，主要针对景区居民、旅游从业人员、普通居民等关键群体，旨在通过深度访谈获取一手资料，为居民品牌大使行为的表现提供发散式答案。每位受访者的访谈时长约为 30 分钟。焦点小组访谈则针对旅游行政主管部门工作人员、旅游目的地研究学者、旅游企业管理人员等，旨在通过小组讨论确定居民品牌大使行为的具体行为表现，每次访谈时长不超过 2 小时。同时，在征得受访者同意后，所有访谈资料均进行了录音，并通过讯飞听见软件将录音资料转录为文字，随后通过人工校对和整理，最终形成了总计 10.61 万字的访谈记录。

访谈工作自 2018 年 5 月 26 日起至 2018 年 7 月 30 日结束，通过目的性抽样和异质性抽样方法，共选取了 32 名展现出目的地品牌大使行为的居民作为研究对象，他们主要分布在济南、青岛、烟台、威海、日照、临沂、枣庄等城市。为确保访谈对象能够准确理解研究问题，并围绕“居民品牌大使行为”这一主题，提供详尽信息，所有访谈对象均满足以下条件：具备专科以上学历、在旅游目的地居住一年（含）以上、对旅游目的地品牌具有一定的了解。焦点小组的访谈对象则包括青岛市高校旅游专业教师、旅发委工作人员、旅游景区管理人员等，共计 5 名，他们对旅游目的地品牌较为熟悉，能有效辨识并客观评价居民品牌大使行为。访谈对象及其基本情况见表 3－1，37 位访谈对象的年龄主要集中在 21～54 岁，其中男性 15 名（占比 40.5%），女性 22 名（占比 59.5%）；在学历分布上，本科及以上学历者共 33 名（占比 89.2%），专科学历者共 4 名（占 10.8%）；居民类型方面，普通居民 14 名（占比 37.8%），景区居民 4 名（占比 10.8%），旅游从业人员 8 名，占 21.6%，旅游目的地研究学者 4 名，（占比 10.8%），旅游行政管理人员 7 名（占比 18.9%）。

表 3－1　　访谈对象及其基本情况（N＝37）

编号	受访者	性别	年龄	居民类型	居住地	编号	受访者	性别	年龄	居民类型	居住地
01	陈女士	女	32 岁	景区居民	济宁	20	王女士	女	26 岁	普通居民	烟台
02	孙女士	女	32 岁	普通居民	青岛	21	李女士	女	21 岁	旅游从业人员	青岛
03	刘女士	女	31 岁	旅游从业人员	临沂	22	姚女士	女	22 岁	旅游从业人员	青岛
04	车先生	男	32 岁	普通居民	青岛	23	赵女士	女	32 岁	普通居民	济南
05	杨女士	女	31 岁	旅游学者	枣庄	24	张女士	女	30 岁	普通居民	泰安
06	潘先生	男	33 岁	旅游从业人员	日照	25	赵女士	女	40 岁	景区居民	青岛
07	初先生	男	37 岁	旅游行政管理人员	青岛	26	况女士	女	49 岁	旅游行政管理人员	青岛
08	马女士	女	25 岁	普通居民	济南	27	曲女士	女	47 岁	旅游行政管理人员	青岛
09	郑女士	女	25 岁	普通居民	青岛	28	闫先生	男	54 岁	旅游行政管理人员	青岛
10	徐先生	男	47 岁	旅游行政管理人员	青岛	29	王先生	男	36 岁	普通居民	青岛
11	朱女士	女	26 岁	普通居民	青岛	30	舒先生	男	36 岁	普通居民	青岛
12	韩先生	男	47 岁	旅游行政管理人员	青岛	31	刘女士	女	32 岁	景区居民	青岛
13	景先生	男	35 岁	旅游从业人员	临沂	32	赵先生	男	31 岁	旅游学者	青岛
14	姜先生	男	49 岁	旅游行政管理人员	青岛	33	纪先生	男	32 岁	普通居民	青岛
15	王女士	女	31 岁	普通居民	威海	34	朱女士	男	31 岁	旅游学者	青岛
16	魏女士	女	39 岁	旅游学者	青岛	35	张女士	女	32 岁	旅游从业人员	青岛
17	李女士	女	23 岁	普通居民	青岛	36	郭女士	女	35 岁	景区居民	青岛
18	张女士	女	27 岁	普通居民	临沂	37	徐先生	男	26 岁	旅游从业人员	青岛
19	王先生	男	33 岁	旅游从业人员	东营						

（三）访谈设计

本章的访谈对象是具有目的地品牌大使行为的居民，他们大多在宣传推广旅游目的地品牌方面积累了丰富的经验，已具有一定的内隐知识或观念。鉴于此，采用半结构化深度访谈和焦点小组访谈的方法，通过追问式的访谈设计，旨在深入挖掘访谈对象的内隐知识和观念。

根据文献梳理和研究目的，首先向访谈对象清晰解释了旅游目的地品牌及居民品牌大使行为的概念，然后根据访谈提纲，让访谈对象谈谈自己的经历。访谈提纲主要围绕以下几个核心问题展开：（1）请您谈谈对当地旅游发展的认识。当地旅游发展得怎么样？旅游发展给您的生活带来哪些变化？（2）请谈谈您是如何与游客交往的。您平常与游客聊天吗？都与游客聊什么？为什么会与游客聊这些内容？（3）请谈谈您对当地的旅游目的地品牌的看法。您是否了解当地的旅游目的地品牌？您觉得当地的旅游目的地品牌怎么样？能否体现出当地特色？如何改进？（4）请谈谈您对当地的旅游目的地品牌宣传的方式和内容。是否宣传过目的地品牌？主要通过哪些方式进行宣传？您为什么宣传目的地品牌？您主要宣传目的地品牌的哪些方面？通过上述问题，旨在深入了解居民品牌大使在实践行动中的具体表现，进而深化对居民品牌大使行为概念的理解和把握，揭示居民在品牌推广过程中的主观体验和行为动机。

三、范畴提炼

本章的原始资料来自37位访谈对象的访谈记录及相关资料。在具体的分析过程中，采用质性研究软件Nvivo11.0进行编码（节点）分析，严格遵循程序化扎根理论的步骤，对资料进行开放式编码、主轴编码和选择性编码①。

（一）开放式编码

开放式编码是将原始访谈资料中有意义的语句、段落进行编码，并从中提炼初始概念，发展概念范畴（陈向明，1999），并就其与目的地品牌建设领域的专家学者进行交流，以确保概念和范畴的准确性和相关性。最终，从整理成

---

① 该章节的部分内容《居民目的地品牌大使行为的结构探索与量表开发》已发表在《资源开发与市场》2022年第7期。

文的33份原始访谈资料中（32份个人访谈记录，1份焦点小组访谈记录），随机选取了22份访谈资料数据进行分解，由此抽取了37个概念（每个概念用“a+序号”的形式标识）。鉴于部分概念存在重叠，需进一步将这些概念提炼为更具内涵的范畴，并对每个范畴进行命名，最终形成13个核心范畴（以“A+序号”的形式进行编号），分别为“网络口碑传播”“现实口碑传播”“实物宣传”“活动宣传”“品牌形象维护”“品牌声誉维护”“行为符合品牌形象”“行为符合品牌准则”“品牌反馈意见”“品牌提升建议”“品牌提升培训”“品牌知识”“品牌传播能力”（见表3-2）。

表3-2　　开放性编码分析

编号	范畴	概念	频次	比率（%）	原始访谈资料举例（样本码）
A1	网络口碑宣传	a1 分享旅游信息	4	2.92	我喜欢在朋友圈自己编辑信息，如天气比较好的时候，就是拍海景比较多，然后会提及这里是我的家乡，这里很棒啊，欢迎大家来玩。
		a2 编写旅游攻略	3	2.19	这几年来我们这边旅游的人越来越多了，我经常在小红书、微博上编写我们当地的旅游攻略，宣传我们大美威海。
		a3 推荐旅游地	5	3.65	看到镜头下的青岛，作为青岛人真是激动又高兴！历史、现代、科技、快速、悠闲、蓝天、大海、啤酒、美食，这里的一切都让人沉醉！上合峰会即将在青岛举行，Hi朋友们，欢迎来青岛，亲身感受青岛的魅力。
		a4 创作品牌宣传软文	3	2.19	我当时参加了琅玡台的品牌宣传，这个品牌宣传主要是从文化方面的，我给当地景区写过几篇文章，就是一个文化的挖掘，这几篇文章都挂了景区的官网上。
		a5 转发旅游景点推文	11	8.03	像青山渔村这种有特色的地方，外地朋友可能不是很了解，我去玩过之后感觉还不错，当我看到“悦行崂山”公众号中有相关内容就在朋友圈里转发了。
		a6 转发旅游形象宣传片	4	2.92	因为从事与旅游相关的行业，所以当我看到我们东营的一些不错的旅游形象宣传片时，我都会在微博、微信朋友圈以及QQ空间动态里转发。

续表

编号	范畴	概念	频次	比率（%）	原始访谈资料举例（样本码）
A2	现实口碑宣传	a7 典型品牌宣传	4	2.92	作为青岛人我更多宣传的是两个品牌，第一是青岛啤酒的品牌宣传，第二是避暑胜地的宣传，这两个品牌虽然不官方，但是认可度特别高，把青岛的旅游品牌和青岛啤酒绑在一起，这样做会非常成功。
		a8 品牌特色宣传	4	2.92	有同学朋友问我来青岛旅游的话，通常都会给他们推荐玩三天：一天海边；一天崂山；一天老城区，我觉得这三天完美覆盖了整个青岛。
		a9 常规景点宣传	5	3.65	和别人在日常聊天的过程中，会口头宣传当地的一些旅游景点和旅游特色。
		a10 经典线路推荐	4	2.92	在火车站那边经常会被游客问路，如怎么样去崂山、怎么样坐车方便，我都会跟游客去讲崂山北线、南线怎么个玩法，也会去讲啤酒节的一些东西，有的也会推荐德式建筑，八大关、大学路，以及老市政府那边。
A3	实物宣传	a11 宣传册发放	4	2.92	我们酒店前台放着许多“山东十大文化旅游目的地品牌”的宣传册，有向我咨询的游客，我会让他拿一份宣传册看看。
		a12 景点介绍文章	3	2.19	写过有关青岛市旅游方面的文章，其中包括对青岛旅游景点的详细介绍，我觉得对阅读者会起到宣传作用。
		a13 展馆宣传	3	2.19	作为济南旅游品牌推广大使，马子恺先生表示将切实承担起旅游推广大使的责任，利用每年在国内外的重要展览和艺术活动，利用自己建立的十八座艺术馆，把济南丰富的文化旅游资源推介给世界各地的朋友。
		a14 特产宣传	4	2.92	经常看到茶农的崂山绿茶等产品的包装上带有“好客山东”的标识，我觉得这也是对我们当地品牌的宣传。
		a15 文创产品宣传	3	2.19	作为酒店的从业人员，销售印有“泉城”品牌特色主题的抱枕、书签、明信片、包等也是在推广泉城的品牌。

续表

编号	范畴	概念	频次	比率（%）	原始访谈资料举例（样本码）
A4	活动宣传	a16 旅游推介会宣传	5	3.65	之前参与过政府组织的赴韩国推介会，专门推介我们当地的旅游品牌，还赴北京、临沂、济南、聊城、淄博等省内外重点客源地，举办青岛国际啤酒节暨青岛西海岸度假（会展）旅游产品省内巡展推介活动。
		a17 旅游节庆宣传	3	2.19	参与过崂山茶文化节、崂山非物质文化遗产节等演出活动，向游客更多更好地展示我们当地的特色文化。
		a18 志愿者宣传	3	2.19	2018年青岛市市北区重点培育“游客服务志愿者”作为市北故事的讲解员，为市民和游客提供志愿服务，举全区之力打造“记忆市北”品牌。目前，首批培育的200名志愿者已走进青岛葡萄酒博物馆、青岛啤酒博物馆、汉画像砖博物馆等各大博物馆、展览馆。
A5	品牌形象维护	a19 纠正不当行为	3	2.19	我们要纠正旅游过程中的欺诈行为，剔除那些对旅游目的地的负面影响。
		a20 正面营销行为	3	2.19	要鼓励宣传积极的、正确的营销行为，不断树立青岛的正面品牌形象。
A6	品牌声誉维护	a21 澄清品牌误解	3	2.19	现在大家对于青岛国际啤酒节，就是哪怕没有来过的人都听说现在啤酒节很黑，但你跟他说，其实也没有那么夸张。你毕竟要消费，价格高其实也是一个正常的事情，就好比我们在泰山上买瓶水肯定高一点。你不可能说你在啤酒节喝到的啤酒，跟你在超市买的啤酒是一个价格那就不合理，那节事活动意义在什么地方。
		a22 主动为品牌辩护	3	2.19	当年的天价大虾，现在也好几年事情了，我们作为本地人可以告诉游客，这个天价大虾事件不是你想得那么黑，随着自媒体的发展，品牌负面口碑不乏夸大的成分。
A7	行为符合品牌形象	a23 个人形象与品牌形象匹配	2	1.46	在与游客接触过程中，我都会注重自身形象，因为我觉得游客接触到的我们每一个人的言行都关系到我们的城市形象。
		a24 个人行为对品牌形象影响	3	2.19	“青岛大虾”事件值得我们每一位从业人员深刻反思，宰客、欺诈行为给当地品牌形象带来了不可估量的损失，每一位从业人员都应吸取教训，严于律己。

续表

编号	范畴	概念	频次	比率（%）	原始访谈资料举例（样本码）
A8	行为遵守品牌准则	a25 个人言行符合品牌内涵	3	2.19	我们都知道"好客山东"的品牌打造得非常成功，因此作为一名旅游从业人员，我时刻要求自己对待游客要体现出我们山东人的热情好客。
		a26 个人宣传与游客品牌认同一致	3	2.19	在聊天中，发现游客对康有为提出的"红瓦绿树，碧海蓝天"的旅游品牌更为认同，所以我在宣传时，我更多的还是围绕这一品牌谈青岛的近代史，谈青岛的人文，谈青岛的旅游。
A9	品牌反馈意见	a27 个人反馈意见	4	2.92	在青岛旅游品牌宣传口号及标识的征集意见过程中，提出过自己的反馈意见。
		a28 鼓励他人反馈意见	3	2.19	同时，我也会与身边的同事和朋友探讨，哪些宣传口号和标识最能体现当地特色，鼓励他们一起反馈意见。
A10	品牌提升建议	a29 品牌推广建议	4	2.92	对于"仙境海岸"这个品牌本身我非常认同，它很好地把四个胶东半岛的城市串在一起了，这张牌打得很成功，但是很明显，省政府在宣传的时候，"仙境海岸"不是重点，主要做的是泰山和曲阜，所以我觉得应该加大对"仙境海岸"品牌推广力度，这个观点我也在相关会议上提到过。
		a30 品牌塑造建议	4	2.92	今年青岛举行了上合峰会，其实像上合这样的国际性会议与青岛啤酒、青岛旅游品牌是相互带动的，我认为这三个品牌捆绑营销将更有利于目的地品牌的打造。
		a31 品牌推进建议	3	2.19	拿青岛国际啤酒节来说，我向市政府反映过很多次，啤酒节不能遍地开花地办，现在崂山、黄岛、李沧都在办，显得太散了、不集中，这种粗放式的发展，没法将节庆做精做深。
A11	品牌提升培训	a32 品牌推广培训	3	2.19	参加旅游品牌推广培训，可以有机会认识更多的旅游界的同行，拓展下人脉，同时也可以学习到一些东西，比如关于这个景区的核心价值在哪，宣传亮点在哪以及景区到底是如何做活动推广的。

续表

编号	范畴	概念	频次	比率（%）	原始访谈资料举例（样本码）
A11	品牌提升培训	a33 品牌打造培训	3	2.19	近期刚参加一个乡村振兴高峰论坛，作为本土的民宿经营者我有幸聆听了相关专家学者对民宿及乡村旅游发展的分析，这为我们下一步打响乡村旅游品牌提供了参考。
A12	品牌知识	a34 加强学习	6	4.38	主要是能激发自己的求知欲望，想让自己更熟知本地的旅游资源，会学习到关于当地旅游品牌的更多更有趣的知识。
		a35 更新知识	3	2.19	为了更好地向游客宣传当地旅游品牌，我也会更加积极地更新自己的知识，提升自身的传播能力。
A13	品牌传播能力	a36 事先计划	3	2.19	为了更好地向游客推荐，我会事先规划游览线路，当有游客向我咨询时，会比较有针对性地告诉游客哪些线路更适合谁去玩。
		a37 个性化推荐	3	2.19	

（二）主轴编码

主轴编码是在开放式编码的基础上，以持续比较的方式将有意义的单元概念整合成为主要范畴，并联结其他次要范畴。经过对表 3－2 中概念和范畴进行反复比较，并综合考虑各范畴之间的相互关系，最终归纳出 3 个主范畴和 7 个副范畴（见表 3－3）。同时，为验证范畴归类的可靠性，特邀请两位旅游管理专业博士生对概念和范畴进行独立的重新归类。然而，由于两次归类结果存在一定的偏差，因而需采用编码信度来衡量一致性。在质性研究中，编码信度达到 0.8 以上通常被认为一致性良好，达到 0.9 以上则被认为一致性非常理想。本章采用编码信度测量的常用方法——霍斯提公式进行测度，该公式如下：

$$CA = \frac{n \times m}{m_1 + m_2 + \cdots m_n} \tag{3－1}$$

式中，CA 代表编码信度，n 代表编码者人数，m 代表编码一致的条目数，m_n 代表第 n 位编码者的编码条目数。

经计算，得到的一致性系数为0.821，这一结果表明两次编码结果之间具有良好的一致性，这为研究中范畴归类的可靠性提供了有力支持。

表3-3 主轴编码

主范畴	副范畴	范畴的内涵
品牌宣传行为	口碑宣传（A1、A2）	居民通过线上口碑（用户生成内容、社交媒体分享）、线下口碑宣传旅游目的地品牌的行为。
	实体宣传（A3、A4）	居民通过宣传册、期刊文章、展馆、特产、文创产品等实物，或通过参与推介会、节会等活动，或担当旅游活动志愿者的形式来宣传旅游目的地品牌的行为。
品牌维护行为	品牌拥护（A5、A7）	居民主动为旅游目的地品牌辩护，向游客或潜在游客澄清对旅游目的地品牌的误解，保护目的地品牌声誉的行为。
	品牌考虑（A7、A8）	居民宣传旅游目的地品牌时，会以身作则，遵循旅游目的地品牌相关的行为原则，并时刻考虑自身对旅游目的地品牌产生的影响、维护品牌形象的行为。
品牌发展行为	品牌增强（A9、A10、A11）	居民积极向旅游目的地营销组织提供有关目的地品牌的反馈意见或品牌发展的相关建议的行为。
	自我发展（A12、A13）	居民持续加强学习或更新旅游目的地品牌相关知识的行为。

（三）选择性编码

选择性编码是在主范畴的基础上挖掘核心范畴，分析核心范畴与主范畴及其他范畴的联系，并以“故事线”形式描绘整体现象。经选择性编码及深入探讨与分析，提炼出“旅游目的地居民品牌大使行为”这一核心范畴。围绕这一核心范畴，将“故事线”概括为：旅游目的地居民品牌大使行为是旅游目的地居民从自身或区域发展出发，在与游客或潜在游客交往情境中，积极地表现出品牌推广、品牌维护和品牌发展等行为。依托这一“故事线”的逻辑推演，通过“旅游目的地居民品牌大使行为”，将主范畴、副范畴、范畴和概念融合为一体，初步构建出旅游目的地居民品牌大使行为的理论构架，如图3-1所示。该理论框架不仅揭示了旅游目的地居民品牌大使行为的内在逻辑和结构，而且为进一步的实证研究和理论发展提供了坚实的基础。

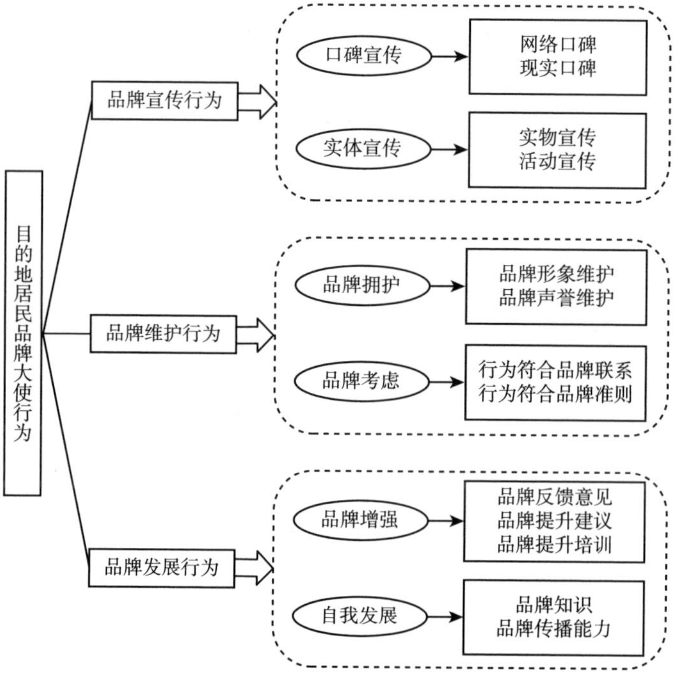

图 3－1　旅游目的地居民品牌大使行为的结构体系

（四）理论饱和度检验

为保证研究效度，将预留 1/3 的原始记录资料用于理论饱和度的检验。遵循扎根理论的编码程序，依次进行了开放式编码、主轴编码和选择性编码的分析。结果显示，所建构的各项范畴已经比较完善，未发现新的范畴，且在范畴内部也未识别出新的初始概念。因此，可以确定本章所建构的旅游目的地居民品牌大使行为模型在理论上已达到饱和状态。

第二节　旅游目的地居民品牌大使行为的维度测量

通过上述研究，初步确定了居民品牌大使行为的结构维度，主要包括“品牌宣传行为”“品牌维护行为”和“品牌发展行为”三个维度。然而，这一结构维度的划分尚未得到定量数据的支持和验证。鉴于此，在参考以往文献研究的基础上，本章结合扎根理论的研究结果，开发出居民品牌大使行为的测量问卷，并对其结构维度进行定量检验。

一、问卷设计与样本分布

（一）问卷设计

准确测量居民品牌大使行为是研究的关键。由于居民品牌大使行为研究起步较晚，现有研究尚未形成较为成熟的测量量表。当前的测量量表主要借鉴两类，一类是借鉴目的地品牌公民行为或居民品牌建设行为量表，这些量表均强调居民的自发性；另一类是借鉴目的地居民口碑行为量表，但这类量表仅反映了居民品牌大使行为的一个方面，无法全面地捕捉该行为的全貌。居民品牌大使行为既可能是自发行为，也可能是有计划的行为，与前述两种行为存在一定的区别。因此，对居民品牌大使行为量表的开发显得尤为必要。

在量表开发过程中，首先要确定测量题项。为保证问卷信度和内容效度，优先从成熟量表中进行选取（其中国外量表采用“翻译—回译”的方式），并结合居民品牌大使行为结构维度的分析结果，初步确定了 19 个题项（见表3－4）。其次，要修正、筛选测量题项。为提高量表的精简性和内容效度，特邀请了三名旅游目的地研究人员（包括一名教授和两名博士生）对题项进行讨论与筛选，综合考虑维度划分、题项表述等方面，删除了“我会建议其他人来支持旅游目的地品牌（BP6）”这一题项。根据有关问卷设计、格式及语言表达等方面的意见和建议，对问卷进行了相应的修改。同时，为确保题项能够准确反映居民品牌大使行为的表现，将修改后的问卷发放给青岛、济南等地具有品牌大使行为的居民，让他们对问卷内容进行评定，以检查题项是否能够真实反映当地居民的情况。根据他们的反馈，删除了“我会和其他人分享我对旅游目的地品牌的体会（BP5）”“我会保持个人形象与旅游目的地品牌形象的一致性（BM1）”两个题项，究其原因在于题项不易被理解，且存在语义模糊的问题。因此，最终形成了包括 16 个题项的居民品牌大使行为问卷（参见附录 2）。量表采用李克特五级评分法，从“完全不同意”到“完全同意”进行评分。

表 3－4　　旅游目的地居民品牌大使行为问卷及其来源

	测量题项	来源
BP1	我会向他人介绍旅游目的地品牌的相关信息	Okazaki，Rubio & Compo（2013）；Wassler（2015）
BP2	我会向他人分享有关旅游目的地品牌的相关信息	
BP3	我会尽量传播有关旅游目的地品牌的相关信息	
BP4	我会向他人推荐旅游目的地品牌的相关信息	Kemp et al.（2012）；Wassler（2015）；扎根理论
BP5	我会和其他人分享我对旅游目的地品牌的体会	
BP6	我会建议其他人来支持旅游目的地品牌	
BP7	我会参与有关旅游目的地品牌推广的节事和活动（如节庆、展览）	
BP8	我会建议其他人参与有关旅游目的地品牌推广的节事和活动（如节庆、展览）	Wassler（2015）；扎根理论
BP9	我会在适当的时候使用宣传材料来宣传旅游目的地品牌	
BM1	我会保持个人形象与旅游目的地品牌形象的一致性	Chen et al.（2018）；扎根理论
BM2	我会按照旅游目的地品牌的要求行事	
BM3	我会考虑自己的言行对旅游目的地品牌形象的影响	
BM4	我会主动澄清他人对旅游目的地品牌的误解	
BM5	当有人诋毁我们的旅游目的地品牌时，我会主动为其辩护	
BD1	我会向目的地营销组织提供关于旅游目的地品牌的反馈意见	
BD2	我会鼓励朋友向目的地营销组织提供关于旅游目的地品牌的反馈意见	
BD3	我会努力提高自己关于旅游目的地品牌的知识和传播能力	
BD4	我会为旅游目的地品牌发展提出改进建议	
BD5	我会参与有关旅游目的地品牌发展的培训活动	

注：Brand Promotion（BP），品牌宣传行为；Brand Maintenance（BM），品牌维护行为；Brand Development（BD），品牌发展行为。

（二）样本分布

为精准捕捉居民品牌大使的行为特征，本章在问卷设计过程中特别设置了一道筛选性问题，即“您是否宣传过当地旅游目的地品牌”，以最大限度地聚焦研究群体。调研时间为2018年9月1日至2018年9月15日，采用线上调研的方式进行数据收集。具体而言，采取了两种策略：一是将问卷链接通过微信、QQ、微博等社交平台分享问卷链接，邀请表现出居民品牌大使行为的个体参与问卷调查，并鼓励他们转发给具有相似行为特征的朋友，以便更具针对性地收集问卷；二是通过问卷星样本服务，针对特定人群进行问卷分发，以确保能够高效地收集目标群体的数据。在问卷回收后，根据问卷填写的完整性、是否所有问题均选择相同选项等标准，对回收的326问卷进行初步筛选，剔除无效问卷（筛选题回答为“否”、填写不完整或存在错误的问卷），最终得到有效问卷239份，有效问卷回收率达73.31%。有效样本的描述性统计分析如表3－5。

表3－5　　受访者的社会人口统计学基本特征（N＝239）

变量特征		频数	百分比	变量特征		频数	百分比
性别	男性	96	40.2%	年龄	20岁以下	17	7.1%
	女性	143	59.8%		21～30岁	86	35.9%
居住年限	1～5年	32	13.3%		31～40岁	98	41.0%
	6～10年	58	24.2%		41～50岁	22	9.2%
	11～20年	71	29.7%		50岁以上	16	6.7%
	20年以上	78	32.6%	居民身份	普通居民	149	62.3%
教育程度	高中及以下	16	6.7%		景区居民	20	8.3%
	大专	56	23.4%		旅游从业人员	46	19.2%
	本科	107	44.7%		旅游专家或学者	18	7.5%
	硕士及以上	60	25.1%		旅游行政管理人员	6	2.5%

由表3－5可知，就性别而言，女性（59.8%）多于男性（40.2%）；年龄方面以中青年为主，20岁以下占7.1%，21～30岁占35.9%，31～40岁占41.0%，41～50岁占9.2%，50岁以上占6.7%；从居住年限来看，以居住10年以上的居民为主，居住时间在1～5年的占13.3%，6～10年的占24.2%，11～20年的占29.7%，20年以上的占32.6%；在受教育程度方面，以本科学历为主，高中及以下占6.7%，专科占23.4%，本科占44.7%，硕士及以上占25.1%；从居民身份来看，普通居民身份为主要调研对象，普通居民占62.3%，旅游从业人员占19.2%，旅游专家或学者占7.5%，旅游行政管理人员占2.5%，景区居民占8.3%。

二、探索性因子分析

根据Anderson和Gerbin（1980）的研究，采用两个独立样本对所要开发模型进行交叉验证，有助于确保量表的准确性和稳定性。基于此，利用SPSS22.0 软件将 239 个有效样本的调研数据随机分为两组，其中一组（n = 120）作为样本 1，用于进行探索性因子分析以揭示居民品牌大使行为的初始结构维度，另一组（n = 119）作为样本 2，用于进行验证性因子分析以确认居民品牌大使行为的结构维度。本节主要聚焦于样本 1 的探索性因子分析，这一方法主要用于探讨未知构念的结构。在本章中，居民品牌大使行为测量体系中的三个维度是通过扎根理论和文献梳理而获得的，故需要以更为严谨和科学的量化分析方法进行探究，即通过探索性因子分析来挖掘居民品牌大使行为的潜在结构因子数。

（一）信度分析

信度表示测量结果的一致性和稳定性，用来衡量系统变异程度。信度分析主要包括两种常用方式，克朗巴哈系数（Cronbach's α）和纠正项目总相关系数（Corrected – Item Total Correlation，CITC）。其中，Cronbach's α 系数用来检验量表的内部一致性，α 值越大，则意味着测量题项间的相关性越高，信度也越高。吴明隆（2010）指出，该值至少应大于 0.7，若小于 0.7 则需要重新修订测量工具或重新开发量表，0.80≤α 系数 <0.90，表明量表较为理想，而 α 系数≥0.90，则表明量表非常理想。CITC 检验是净化量表题项的一种方法，用于检验量表中每个题项与其所在维度的相关性及其概念意义。根据吴明隆（2010）的建议，CITC 小于 0.5 的题项与量表的同质性较低、区分度不高，应予以删除。

如表 3 – 6 所示，居民品牌宣传行为量表的 Cronbach's α 系数为 0.926，明显大于 0.7 的标准，所有题项的 CITC 均大于 0.5，且删除任一题项后，Cronbach's α 系数未得到显著提升，这表明居民品牌宣传行为量表具有较高的信度。居民品牌维护行为量表的 Cronbach's α 系数为 0.770，大于 0.7 的标准，在纠正项目总相关系数中，仅 BM2 的 CITC 小于 0.5，且删除该题项后，Cronbach's α 系数由原来的 0.770 提升到 0.802，因此居民品牌维护行为量表删除 BM2 题项。居民品牌发展行为量表的 Cronbach's α 系数为 0.901，明显大于 0.7 的标准，所有题项的 CITC 都大于 0.5，且删除任一题项后，Cronbach's α 系数未得到显著提升，这表明居民品牌发展行为量表具有较高的信度。

表 3-6 旅游目的地居民品牌大使行为测量量表的 CITC 及信度分析

变量	Cronbach's α 系数	测量题项	CITC	删除该项后的 Cronbach's α 系数
品牌宣传行为	0.926	BP1	0.718	0.918
		BP2	0.794	0.912
		BP3	0.801	0.912
		BP4	0.800	0.912
		BP7	0.701	0.919
		BP8	0.740	0.916
		BP9	0.761	0.915
品牌维护行为	0.770	**BM2**	**0.478**	**0.802**
		BM3	0.712	0.644
		BM4	0.597	0.709
		BM5	0.582	0.713
品牌发展行为	0.901	BD1	0.774	0.875
		BD2	0.804	0.868
		BD3	0.721	0.887
		BD4	0.724	0.878
		BD5	0.726	0.889

注：表格中加粗题项是根据信度检验删除的题项。

（二）效度分析

效度分析是指量表的测量结果对测评内容的反应程度。本章主要采用 Bartlett 球形检验和 KMO 检验进行量表的效度检验。Kaiser（1974）指出，KMO 值大于 0.9 时，表示非常适合进行因子分析；大于 0.8 时，表示适合；大于 0.7 时，表示可接受；大于 0.6 时，表示不太适合；小于 0.5 时，表示不合适。Bartlett 球形检验主要用来检验数据分布及各变量间的独立性。若球形检验的 P 值（Sig）小于给定的显著性水平，则表示数据呈球形分布。

如表 3-7 所示，居民品牌大使行为测量量表的 KMO 值为 0.888，大于 0.8，近似卡方值为 1403.387，自由度为 105，Bartlett 球形检验值显著（Sig = 0.000 < 0.005），适合做因子分析。采用主成分分析法和 Kaiser 标准化的正交旋转法提取公因子，发现变量相关系数矩阵的特征值大于 1 的公因子共有 3 个，其累积贡献率达 72.486%，表明这些公因子能够共同解释方差总变异的

72.486%，显示出居民品牌大使行为测量量表具有良好的结构效度。同时，所有因子载荷值介于0.547~0.832，且不存在交叉载荷现象；各因子所含的题项具有共同特征，故3个公因子分别命名为品牌宣传行为、品牌维护行为、品牌发展行为。品牌宣传行为指旅游目的地居民通过线上线下口碑、使用宣传材料等方式向游客或潜在游客推广旅游目的地品牌及其相关信息的行为，该维度包括7个题项，因子载荷介于0.596~0.827，解释方差总变异的28.839%。品牌维护行为指旅游目的地居民主动为旅游目的地品牌辩护，向游客或潜在游客澄清对旅游目的地品牌的误解，并时刻考虑自身对旅游目的地品牌产生影响、维护品牌形象的行为，该维度包含3个题项，因子载荷值介于0.547~0.797，解释方差总变异的25.952%。品牌发展行为则指旅游目的地居民积极向旅游目的地营销组织提供有关目的地品牌的反馈意见或品牌发展的相关建议，并不断加强自身学习相关知识的行为，该维度包含5个题项，因子载荷介于0.550~0.832，解释方差总变异的17.695%。总体而言，居民品牌大使行为的15个题项可归属于上述3个公因子，各公因子与其对应的题项在内容具有一致性，能够全面覆盖居民品牌大使行为的内涵。

表3-7　　旅游目的地居民品牌大使行为探索性因子分析结果

维度及题项	因子载荷	特征值	方差贡献率（%）
公因子1：品牌宣传行为		4.326	28.839
BP1 我会向他人介绍旅游目的地品牌的相关信息	0.827		
BP2 我会向他人分享有关旅游目的地品牌的相关信息	0.806		
BP3 我会尽量传播有关旅游目的地品牌的相关信息	0.800		
BP4 我会向他人推荐旅游目的地品牌的相关信息	0.743		
BP7 我会参与有关旅游目的地品牌推广的节事和活动（如节庆展览）	0.623		
BP8 我会建议其他人参与有关旅游目的地品牌推广的节事和活动（如节庆、展览）	0.596		
BP9 我使用旅游手册等宣传材料来宣传旅游目的地品牌	0.688		
公因子2：品牌维护行为		3.893	25.952
BM3 我会考虑自己的言行对旅游目的地品牌形象的影响	0.547		
BM4 我会主动澄清他人对旅游目的地品牌的误解	0.797		
BM5 当有人诋毁旅游目的地品牌时，我会主动为其辩护	0.795		

续表

维度及题项	因子载荷	特征值	方差贡献率（%）
公因子 3：品牌发展行为		2.654	17.695
BD1 我会向目的地营销组织提供关于旅游目的地品牌的反馈意见	0.832		
BD2 我会鼓励朋友向目的地营销组织提供关于旅游目的地品牌的反馈意见	0.821		
BD3 我会努力提高自己关于旅游目的地品牌的知识和传播能力	0.550		
BD4 我会为旅游目的地品牌发展提出改进建议	0.648		
BD5 我会参与有关旅游目的地品牌发展的培训活动	0.728		
KMO = 0.888	Approx. Chi - Square = 1403.387	df = 105	Sig. = 0.000

三、验证性因子分析

为进一步确认和验证居民品牌大使行为的结构维度，运用 Amos22.0 软件对样本 2（n = 119）进行居民品牌大使行为测量模型的验证性因子分析。在验证性因子分析与结构方程模型建模之前，首先需要筛选模型的整体拟合度指标。拟合程度指标一般包括绝对拟合指数和相对拟合指数。其中，绝对拟合指数涵盖了 x^2/df（卡方值/自由度）、RMSEA（近似误差均方根）、GFI（拟合优度指数）、AGFI（修正拟合优度指数）和 SRMR（标准化残差均方和平方根）；相对拟合指数则主要包括 NFI（规范拟合指数）、IFI（增量拟合指数）、CFI（比较拟合指数）等，具体的指标及评判标准见表 3 - 8。验证性因子分析主要通过拟合程度指数和结构效度（包括收敛效度和区别效度）来评估模型的有效性。其中，收敛效度反映了同一潜变量的题项收敛于该潜变量上的程度，其主要测量指标包括因子载荷、组合信度（CR）和平均方差提取量（AVE）。因子载荷通常要求大于 0.5，组合信度一般应大于 0.7，大于 0.6 也视为可接受，平均方差提取量则应大于 0.5。区别效度则衡量两个构面之间的差异程度，其判断标准为每个构面的 AVE 平方根值要大于该构面与其他构面的相关系数。

表 3-8　　整体模型的拟合度判断指标及标准

类型	指标	适配标准	检验结果					
			宣传行为	拟合判断	维护行为	拟合判断	发展行为	拟合判断
绝对拟合指数	x^2/df	1~3（理想）	1.973	符合	—	—	2.052	符合
		3~5（可接受）	0.090	符合	—	—	0.094	符合
	RMSEA	<0.05（理想） 0.05~0.10（可接受）	0.960	符合	—	—	0.983	符合
	GFI	>0.9（理想） >0.9（理想）	0.895	符合	—	—	0.913	符合
	AGFI	>0.8（可接受）	0.029	符合	—	—	0.026	符合
	SRMR	<0.05（理想）						
相对拟合指数	NFI	>0.9（理想）	0.968	符合	—	—	0.984	符合
	IFI	>0.9（理想）	0.984	符合	—	—	0.992	符合
	CFI	>0.9（理想）	0.984	符合	—	—	0.992	符合

（一）拟合度分析

采用 AMOS22.0 软件对居民品牌宣传行为进行验证性因子分析，并利用最大似然法进行适配函数估计，得到初始拟合度不佳，因此根据模型修正指数 MI，删除题项 BP8，并将误差 eBP7 与 eBP9 建立共变关系，修正后的绝对适配度 $x^2/df=1.973$（<3）、AGFI = 0.895（>0.8）、GFI = 0.960（>0.9）、RMSEA = 0.090（<0.1）、SRMR = 0.029（<0.05）；增值适配度指标为 NFI = 0.968（>0.9）、IFI = 0.984（>0.9）、CFI = 0.984（>0.9）。各拟合指数基本符合标准，模型拟合度较好（见表 3-8）。同时，由于居民品牌维护行为仅包含 3 个题项，模型恰好识别，因而不再进行进一步的模型适配度检验。最后，运用软件对居民品牌发展行为进行验证性因子分析，得到初始拟合度同样不佳；根据模型修正指数 MI，删除 BD4，得到修正后的绝对适配度指标为 $x^2/df=2.052$（<3）、AGFI = 0.913（>0.9）、GFI = 0.983（>0.9）、RMSEA = 0.094（<0.1）、SRMR = 0.026（<0.05）；增值适配度指标为 NFI = 0.984（>0.9）、IFI = 0.992（>0.9）、CFI = 0.992（>0.9）。所有拟合指标均达到理想标准，表明模型拟合度良好（见表 3-8）。

（二）收敛效度分析

如表3－9所示，居民品牌宣传行为的修正模型中，标准化载荷量均介于0.614～0.896，均大于0.5的标准，且T值均超过1.96，表明显著性高；组合信度CR为0.909，超过0.7的标准；平均提取方差AVE为0.629，符合大于0.5的标准，表明量表具有较好的收敛效度。对于居民品牌维护行为，标准化载荷量均介于0.627～0.832，均大于0.5的标准，且T值均大于1.96，显著性高；组合信度CR为0.811，超过了0.7的标准；平均提取方差AVE为0.592，符合大于0.5的标准，表明量表具有较好的收敛效度（见表3－9）。居民品牌发展行为的修正模型中，标准化载荷量介于0.717～0.913，大于0.5的标准，且T值均大于1.96，显著性高；组合信度CR为0.881，超过0.7的标准；平均提取方差AVE为0.651，符合大于0.5的标准，表明量表具有较好的收敛效度。

表3－9　　　　验证性因子分析

构面	编号	题项	因子载荷	T值	CR	AVE
品牌宣传行为	BP1	我会向他人介绍旅游目的地品牌的相关信息	0.769	—	0.909	0.629
	BP2	我会与他人分享有关旅游目的地品牌的相关信息	0.875	10.336		
	BP3	我会尽量传播有关旅游目的地品牌的相关信息	0.896	10.619		
	BP4	我会向他人推荐旅游目的地品牌的相关信息	0.857	10.085		
	BP7	我会参与有关旅游目的地品牌的推广节节事和活动（如节庆、展览）	0.614	6.815		
	BP9	我会在适当的时候使用宣传材料来宣传旅游目的地品牌	0.708	8.022		
品牌维护行为	BM3	我会考虑自己的言行对旅游目的地品牌形象的影响	0.627	—	0.811	0.592
	BM4	我会主动澄清他人对旅游目的地品牌的误解	0.831	6.431		
	BM5	当有人诋毁我们的旅游目的地品牌时，我会主动为其辩护	0.832	6.429		
品牌发展行为	BD1	我会向目的地营销组织提供关于旅游目的地品牌的反馈意见	0.854	—	0.881	0.651
	BD2	我会鼓励朋友向目的地营销组织提供关于旅游目的地品牌的反馈意见	0.913	12.001		
	BD3	我会努力提高自己关于旅游目的地品牌的知识和传播能力	0.717	8.856		
	BD5	我会参与有关旅游目的地品牌发展的培训活动	0.727	9.023		

（三）区别效度

运用 Person 相关分析法来考察变量间的相关程度。如表 3－10 所示，分析结果表明所有变量间的相关系数均小于0.7，并且在0.01 水平上显著。具体而言，品牌宣传行为的 AVE 平方根值为0.793，大于品牌宣传行为与品牌维护行为之间的相关系数（0.595）与品牌宣传行为和品牌发展行为之间的相关系数（0.647）；品牌维护行为的 AVE 平方根值为0.769，大于品牌维护行为和品牌宣传行为之间的相关系数（0.595）与品牌维护行为和品牌发展行为之间的相关系数（0.678），品牌发展行为的 AVE 平方根值为0.806，大于品牌发展行为和品牌宣传行为之间的相关系数（0.647）与品牌发展行为和品牌维护行为之间的相关系数（0.678），即变量两两之间的相关系数均小于各变量的 AVE 平方根，据此判断各变量间具有良好的区分效度。

表 3－10　　区别效度检验

变量	均值	标准差	BP	BM	BD
品牌宣传行为（BP）	3.818	0.865	**0.793**		
品牌维护行为（BM）	4.300	0.616	0.595**	**0.769**	
品牌发展行为（BD）	3.888	0.805	0.647**	0.678**	**0.806**

注：** 表示 $P<0.01$，对角线上的粗体数值代表各变量 AVE 值的平方根，对角线下方数值为变量间的相关系数。

第三节　旅游目的地居民品牌大使行为的维度确立

本章采用扎根理论构建了居民品牌大使行为理论模型，并在三级编码的基础上，借鉴相关成熟量表，形成了居民品牌大使行为的初始量表，尝试通过探索性和验证性因子分析等方法，对居民品牌大使行为的量表进行检验。通过检验，发现量表具有良好的信度和效度，最终确立了居民品牌大使行为的三维结构模型（见图 3－2），即居民品牌大使行为包括品牌宣传行为、品牌维护行为和品牌发展行为。就三个维度的关系而言，由表 3－10 可知，三者间相互影响、相互促进，其中以居民品牌维护行为和品牌发展行为的相关系数最高，其次是品牌宣传行为与品牌发展行为的相关系数，而品牌宣传行为与品牌维护行为的相关系数最低。以品牌宣传行为与品牌发展行为的关系为例，品牌宣传行为会推动品牌发展行为，而品牌发展行为，尤其是提升品牌知识和品牌技能等行为又能够反过来促进品牌宣传行为。

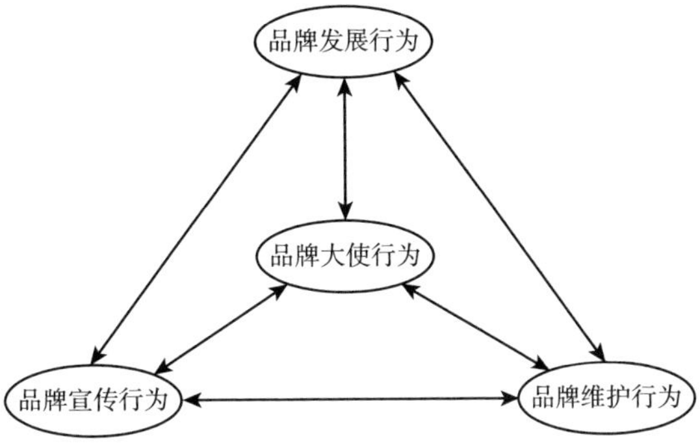

图 3－2　旅游目的地居民品牌大使行为的三维结构模型

一、居民品牌宣传行为

居民品牌宣传行为是指旅游目的地居民通过线上线下口碑、使用宣传材料等向游客或潜在游客推广旅游目的地品牌及其相关信息的行为。该行为的测量主要包括 6 个题项，即“我会向他人介绍旅游目的地品牌的相关信息”“我会同他人分享有关旅游目的地品牌的相关信息”“我会尽量传播有关旅游目的地品牌的相关信息”“我会向他人推荐旅游目的地品牌”“我会参与有关旅游目的地品牌推广的节事和活动（如节庆、展览）”“我会在适当的时候使用宣传材料等宣传旅游目的地品牌”。同时，在访谈过程中发现，品牌宣传行为是居民品牌大使行为发生频率最高的行为，甚至一些品牌宣传行为是无意识的，而且随着社交媒体的发展，居民越来越多地倾向于通过微信、微博、抖音等社交平台来宣传当地的旅游目的地品牌，尤其是用户生成内容（UGC）直接将游客同居民联系起来，有助于推动旅游目的地品牌的推广。

二、居民品牌维护行为

居民品牌维护行为是指旅游目的地居民主动为旅游目的地品牌辩护，向游客或潜在游客澄清对旅游目的地品牌的误解，并时刻考虑自身对旅游目的地品牌产生影响、维护品牌形象的行为。该行为的测量主要包括3个题项，即“我会考虑自己的言行对旅游目的地品牌形象的影响”“我会主动澄清他人对旅游目的地品牌的误解”“当有人诋毁我们的旅游目的地品牌时，我会主动为其辩护”。需要指出的是，品牌维护行为应注意方式方法和适度原则，让游客易于接受，而一些过激的品牌维护行为不但不利于目的地品牌的发展，还会严重损害目的地品牌形象。

三、居民品牌发展行为

居民品牌发展行为是指旅游目的地居民积极向当地营销组织提供有关目的地品牌的反馈意见或品牌发展的相关建议，并不断加强自身学习相关知识的行为。通过内涵分析可知，品牌发展行为是居民有意识地采取相关措施来推动目的地品牌的发展，是较高层次的居民品牌大使行为。该行为主要包括4个测量题项，“我会向目的地营销组织提供关于旅游目的地品牌的反馈意见”“我会鼓励朋友向目的地营销组织提供关于旅游目的地品牌的反馈意见”“我会努力提高自己关于旅游目的地品牌的知识和传播能力”“我会参与有关旅游目的地品牌发展的培训活动”。

第四章

旅游目的地居民品牌大使行为的形成机理

心理学家勒温指出，行为取决于内在需要和周围环境的相互作用。由此居民品牌大使行为也是目的地居民内在需求和周围环境相互作用的结果。然而，目前关于居民品牌大使行为的研究仍比较零散和薄弱，尚未厘清该行为的形成机理。因此，本章将根据相关理论推导出居民品牌大使行为形成机理的理论模型和研究假设，并运用相关数据资料对理论模型和研究假设进行检验①。

第一节　旅游目的地居民品牌大使行为的驱动因素

近年来，居民在旅游目的地品牌化过程中的作用日益显著，如何激发居民品牌大使行为已成为学界和业界的研究重点。然而，旅游目的地居民身份的多重性决定了其品牌大使行为的多样性和复杂性。要持续推进这一行为，首先需要深入理解其背后的驱动因素。以往研究运用社会认同、地方依恋、满意度、心理授权、品牌一致性、组织承诺等理论，分析了影响旅游目的地居民品牌大使行为的多种因素，这些因素包括居民自身因素、居民与品牌联结以及目的地相关因素。诚然，学术界在探讨居民品牌大使行为的驱动因素方面已取得了一

① 该章节的部分内容《旅游目的地居民品牌大使行为形成机制——基于 MOA 模型的实证分析》已发表在《经济问题》2023 年第 6 期。

定进展，但现有研究缺乏对驱动因素更深层次的挖掘，如居民采取品牌大使行为的动机是什么？当前背景下，有哪些机会促使居民开展这一行为？居民是否具备实施品牌大使行为的能力？居民的地方依恋是否会影响其品牌大使行为？居民的品牌认同在其中发挥着何种作用？为深入探究这一系列的问题，本书在借鉴前人研究的基础上，引入 MOA 理论、社会认同理论、地方依恋理论来探究居民品牌大使行为的影响因素。

一、行为动机

动机是指个人花费努力或精力来满足某一需求或达成某一目的的行为历程（Herbert，1976）。然而，看似相同行为的背后可能隐藏着不同的动机，因而准确识别不同动机对于管理者来说至关重要（Eastman，1994）。传统的组织行为学认为，组织公民行为是一种角色外行为，其动机是无私利他的。但随着管理实践的演进，学者们发现组织公民行为并非仅限于单一的利他动机，而是由多重动机共同作用的结果。相关研究表明，员工品牌大使行为作为一种品牌建设行为，其理论基础源于组织公民行为（张辉和牛振邦，2015），其行为动机可分为利他动机和利己动机（Ma、Qu、Wei et al.，2015）。利他动机是指个人的道德义务，帮助、服务或造福他人，必要时牺牲自身利益；利己动机是指个人为了获得奖励或防止受罚（Batson and Shaw，1991）。若将旅游目的地视为企业，社区居民则可视为该企业的员工。因而，居民品牌大使行为动机也可从利他动机和利己动机两方面进行探讨。Rehmet 和 Dinnie（2013）指出，居民品牌大使行为的动机主要包括利益驱动动机和利他动机，其中70%的受访者是基于利益驱动而进行社会交换，希望通过该行为获得良好回报，如增加所在企业的新闻曝光度、获取个人优势及商业优势等，这实际上体现了居民品牌大使行为的利己动机；30%的受访者则是受社会价值观、公民自豪感以及代表地方参与公共事务等因素的驱动，这实际上体现了居民品牌大使行为的利他动机。综上所述，本书基于相关访谈资料和研究成果，将居民品牌大使行为动机归为两类：利他动机和利己动机（Rioux and Penner，2001；Rehmet and Dinnie，2013；Ma、Qu、Wei et al.，2015）。其中利己动机包括个人获益和印象管理，利他动机包括个人责任感和地方自豪感，如图 4－1 所示。

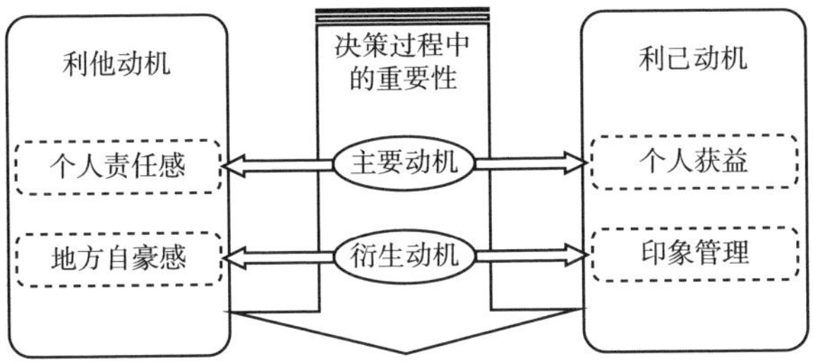

图4-1 旅游目的地居民品牌大使行为动机

（一）利他动机

1. 个人责任感。

责任是一个学界广泛关注的主题，不同学科基于其独特的逻辑和范式对其进行了深入探讨，积累了丰富的理论成果。在哲学、伦理学、社会学和教育学中，学者们根据社会依存理论，提出责任源自人际的社会依存性，是特定社会之于个人思想、行为的规定性，这一观点在当前学术界得到了广泛的应用和认可。责任感是指个体对国家、集体和他人能够自觉承担并完成应该做好的分内之事的心情（戴树根，2004），同时也是个体积极承担社会责任或帮助他人的一种比较稳定的心理品质（黄四林、韩明跃和张梅，2016）。在本书中，个人责任感是指当地居民承担旅游目的地品牌宣传、维护、发展等义务的行为规范或自我规定性。

根据规范激活理论，个人责任感是影响利他行为的关键因素。旅游目的地居民品牌大使行为，无论是居民主动还是被动地宣传、维护和发展旅游目的地品牌，均可视为一种利他行为。因此，可推知个人责任感是影响旅游目的地居民品牌大使行为的重要动机。质性研究的相关资料也印证了这一观点。例如，受访者表示“我推荐这个地方，想让游客对它产生一个更好的印象，也希望我们当地能够通过旅游这种途径变得更好”“作为本地人的一种自觉吧，宣传家乡、宣传自己生活的地方，向他人展示自己居住地比较美好的一些东西，希望更多人了解、认识我的家乡，到我的家乡来旅游”“出于对地方的一种热爱，就算它有一些发展不足的地方，但作为当地居民，也有义务宣传一下”“我们身在一线，手里掌握最新的旅游资讯和动态，本身就有推广当地旅游的优势和义务”。综上所述，个人责任感是影响居民品牌大使行为的重要因素。

2. 地方自豪感。

自豪感作为一种自我意识情绪，在近年来的情绪研究中备受关注。亚里士多德（公元前384~322年）是最早提及自豪感这一概念的思想家之一，他认为自豪感是基本的道德和美德。心理学家 Lea 和 Webley（1997）指出，自豪感是个体在意识到自己的绩效超出自我预期、他人预期或社会默认标准时产生的一种积极情绪。在我国《汉语大词典》则将自豪感定义为不仅是指因个体本身具备良好品质或取得成绩而引发的光荣感，更是指与自身息息相关的集体或个体在获得一定的成功、成就之后而引发的光荣感。简而言之，自豪感主要来源于个体自身成就和与个体有关的人或组织的成就。本书中的地方自豪感属于后者，特指居民因对目的地发展认同而产生的光荣感。

根据品牌内化理论，目的地的品牌传播既包括面向游客的对外传播，又包括面向目的地居民的对内传播。对内传播旨在增强目的地居民的认同感，提升其地方自豪感和参与感，进而促进居民与政府共建旅游目的地品牌。居民的地方自豪感与其城市品牌大使行为存在关联。当城市举办重大节会活动时，居民的地方自豪感会愈发凸显，成为目的地对外宣传的窗口，如2012年伦敦的奥运会、2014年利兹的环法自行车赛、2016年杭州的G20峰会、2018年青岛的上合组织峰会等均证实这一结论。质性研究的相关资料也印证了这一观点。居民在阐述其品牌大使行为的动机时提道，“我抱着一种很自豪的心情，就是我的家乡真的很美，很想给大家分享这个地方”“我觉得自己作为当地人比较自豪，会向游客去宣传”“没有什么特别考虑，就是单纯的热情，加上一点居民自豪感”“我觉得可能是源自当地的一种自豪感吧，我们当地有很多的特色，值得外地人过来看一看”。由此可知，地方自豪感是推进旅游目的地居民品牌大使行为的重要动机，而这种自豪感源于对当地发展的认同感。

（二）利己动机

1. 印象管理。

印象管理作为一种社会心理学概念，其理论渊源可追溯至美国心理学家 William James 的著作《心理学原理》。他认为人类行为可以通过多重自我来描述，个体在不同场合中会表现出不同的侧面。换言之，个人为了迎合不同对象的期待，会巧妙地表现出多重社会自我。在此基础上，社会学家 Gooffman

(1959) 在其著作《日常生活中的自我呈现》中进一步发展了这一观点，将个体看作生活在舞台上的“演员”，他们为实现预期目标而努力控制其他人对自身的印象。印象管理理论认为，个体在人际互动的场域中，透过语言和肢体讯息，操纵或引导他人对自我形成某种良好印象或有利归因的行为与意图，旨在创造良好的人际关系、塑造影响力以及获得正向回馈。在中国传统文化中，社会和谐与人际关系融洽是最突出的特征之一，作为保护面子、人情及关系的印象管理策略是被文化与社会所期待的（李琼和郭德俊，1999）。通常情况下，个体总是倾向于以一种与当前社会情境或人际背景相吻合的形象来展示自己，以确保他人对自己做出良好的评价，避免产生负面形象，进而从好印象中获取回报。

本书将印象管理界定为旅游目的地居民试图管理和控制他人对自己所形成印象的过程。当目的地居民发现品牌大使行为是其获取良好印象的可行手段时，他们会更多地呈现出该行为，以期给游客及目的地相关管理部门留下好的印象，从而获取相关利益，提升其在当地的声誉以及在组织竞选竞聘中获胜可能性。质性研究的相关资料也支持了这一观点。居民在阐述其呈现品牌大使行为的动机时提道，“当我考虑在朋友圈转发一些目的地品牌的相关信息时，最先想到的是我转发这条朋友圈会让自己显得有面子”。面子本身就是一种典型的印象管理，由此可见，印象管理也是影响居民品牌大使行为的重要因素。

2. 个人获益。

利益层次理论认为，利益是按照一定的等级排列的，个人利益占支配地位，只有在个人利益缺失的情况下，人们才会考虑其他的理性选择，如集体利益和社会观点倾向（卢丹蕾、王文忠和罗跃嘉，2004）。社会交换理论亦指出，人类任何行为均受到能够为自身带来奖励和报酬的交换活动的支配，其中奖励和报酬本质上就是一种个人利益。可见，个人利益是驱动个体行为的关键动机之一。

在旅游目的地研究中，社会交换原则也同样适用于探讨居民对游客的态度。相关研究表明，居民在从事旅游业过程中，当所获取的利益超过其成本时，他们与游客的互动意愿更为积极（Madrigal，1993）。居民品牌大使行为主要通过与游客的互动实现，因此个人获益是推动居民品牌大使行为的重要因素。质性研究的相关资料也印证了这一观点。居民在阐述其品牌大使行为的动机时提道，“我希望更多的人来该地旅游，这对提高自身收益也是有益的”“景区附近的不少居民具有当地居民和旅游从业者双重身份，他们经常主动对当地进行宣传，一方面宣传自己家的农家宴，另一方面也会对当地旅游进行宣传，因为他们意识到自己跟目的地是‘一荣俱荣，一损俱损’的关系”“其实我宣传不会得到经济效益，更多的是心理满足和文化交流”。综上所述，居民之所以会形成品牌大使行为，是基于对该行为所带来利益回报的预期和感知，如物质层面的经济收益、就业机会和其他预期收益，以及精神层面的满足感和提升声誉等。本书将个人获益界定为旅游目的地居民从自身品牌大使行为中获取的物质收益或精神收益。

二、政府支持

根据互动理论，行为是个体自身与周围环境共同作用的结果。人类的行为因人、因时、因地、因环境不同而有不同表现。MOA 理论认为，机会是指抑制或推动个人行为的环境因素和情境因素。在组织行为学领域，机会通常是指组织氛围、组织支持和政府支持等客观的外部环境因素。借鉴相关研究，本书将政府支持作为测量机会的重要指标。一般认为，政府支持是指政府机构为减少因现有制度不完善对事物产生的不利影响而给予的支持（Li and Atuahene - Gima，2001）。通常分为政府政策性支持与政府引导性支持（关志民等，2014），也有研究将其分为政府补贴、税收优惠、土地优惠等支持方式（蔡卫星和高明华，2013）。

旅游目的地品牌具有公共产品属性，因而在目的地品牌化的实践中，政府作为公共管理部门发挥着主导作用。尤其对一些大尺度空间的旅游目的地而言，依托政府机构打造和推广旅游目的地品牌是至关重要的，即便在欧美发达国家，行政力量对目的地品牌化的调控也起到了显著作用（高静，2014）。居民品牌大使行为是目的地品牌化的重要组成部分，该行为的产生离不开政府的支持、引导和鼓励。本书借鉴社区居民参与旅游行为的相关成果（王兆峰和向秋霜，2017），将政府支持界定为在旅游目的地品牌化中，当地政府为推动目的地居民品牌大使行为的开展所提供的引导支持和政策支持等有利因素。例如，当地政府重视居民对目的地品牌的意见建议、举办有关目的地品牌的会议或论坛、提供居民参与目的地品牌建设机会以及给予居民推广旅游目的地品牌的奖励等。因此，政府支持是影响旅游目的地居民品牌大使行为的外在驱动力。

三、自我效能

个体行为的形成不仅受到外部环境的塑造，还涉及个体自我能力的组织、调节和反思（Bandura，1977）。MOA 理论中的能力是指作为主体的人所具有的，在一定的社会关系中从事某种行为的内在可能性。个体能力大小决定了其能够完成行为的程度，只有个体具备相关行为领域的能力，才能有效地完成指定行为。通常情况下，完成行为的能力可通过自我效能来衡量（Hung and Petrick，2012；张维亚，2013）。学界一般将自我效能感分为三类，即特定领域自我效能感、特定任务自我效能感和一般自我效能感（Bandura，1997；Maurer，2001）。特定任务自我效能感是个体对完成指定行为所需能力的认知；特定领域自我效能感是指在特定职能范围或情境下个体对自身完成行为活动能力的信念；而一般自我效能感则指个体在总体上对自己所具备的完成行为活动能力的评估和信心（Perrewe and Spector，2002），这也是当前应用较为广泛的一种。本书中的自我效能采用的是一般自我效能感。

在旅游目的地品牌化背景下，居民品牌大使行为的产生在很大程度上取决于居民自身所具备的个人能力，如目的地品牌知识储备、目的地品牌传播能力等。如果居民仅凭满腔热情宣传目的地品牌，而缺乏对目的地品牌相关知识的深入了解以及与游客有效沟通的能力，其宣传效果可能会受到限制，甚至产生负面效果。因而，并非所有居民都能呈现出目的地品牌大使的行为，想要完成该行为，必须具备一定的品牌知识和相应的能力。基于此，本书将自我效能界定为旅游目的地居民对自身所具备的能够形成目的地品牌大使行为能力的评估和信心，并以此来衡量完成该行为的能力。

四、地方依恋

地方依恋最初是环境心理学描述人与地方情感联结的概念。Williams 和 Roggenbuck（1989）率先在旅游和休闲研究领域中引入了地方依恋这一概念。近年来，地方依恋已成为旅游市场营销研究领域的热点问题（范钧、邱宏亮和吴雪飞，2014）。地方依恋是指个人对特定环境的情感纽带（Eisenhauer et al.，2000；Hidalgo and Hernandez，2001）、情感投资（Hummon，1992）或在某种程度上个人对特定环境的价值与特征认同（Roger et al.，1994）。通常认为，地方依恋包括地方依赖和地方认同两个维度，其中地方依赖是指个体对特定区域的功能性依恋（Gu and Ryan，2008），而地方认同则是个体对特定区域的情感性依恋（Williams et al.，1992）。有学者进一步指出，地方依赖和地方认同主要研究人地关系的认知联系和功能价值，未能充分考虑人地关系中的情感成分，为此，Kyle、Graefe 和 Manning（2005）提出，地方依恋可分为地方认同、地方依赖和社会联结三个维度；Yuksel 等（2010）则提出，地方依恋可分为地方认同、地方依赖、社会联结和情感依恋四个维度。情感社会学认为，人类的认知、行为以及社会组织的任一方面都要受到情感的驱动。居民对目的地的喜爱、依赖和认同感越强烈，他们越可能积极地参与到当地的经济发展和地区建设，也越容易成为目的地对外宣传的窗口，从而产生居民品牌大使行为。可见，地方依恋也是影响居民品牌大使行为形成的重要因素。

五、品牌认同

品牌认同是消费者自我形象与品牌形象的契合程度，它反映了消费感知自己隶属于某个品牌的心理状态（Donavan、Janda and Suh，2006）。社会认知理论认为，个人会进行自我归类，即当个人对某品牌产生认同，并将自我归类为同一群体时，会自动从事有利于该群体的事务，而不需要经过情感反应（Tajfel and Turner，1986）。因此，当消费者对品牌产生归属感与认同感时，将有助于提升重复购买意向和正面口碑。同时，消费者对某一品牌产生的认同感常与消费者本身的自我概念有关，如消费者倾向于选择能够表达自我或是符合自身概念的品牌。鉴于此，消费者通常会基于本身对品牌的认同感而选购各类品牌产品，品牌认同会影响消费者购买产品的动机，品牌的精神内涵、所欲传达的品牌理想、品牌的观感，均会使消费者产生购买意向、推荐意向及溢价支付意向。

旅游业不同于一般服务业，它超越了一般服务业的特征（如无形性、不可分割性、异质性和不可贮藏性等）。当游客来到旅游目的地时，他们不仅会遇到旅游企业服务人员，还会遇到当地普通居民，热情好客的居民与训练有素的旅游业从业人员所提供的良好服务同等重要。本书借鉴熊元斌和吕丹（2014）的研究，从居民角度来界定旅游目的地品牌认同，认为品牌认同是指居民对所居地的旅游目的地品牌归属感的认知、感受、评估等系列心理状态和过程。居民在目的地品牌化中的重要作用主要体现在三方面（Braun、Kavaratzis and Zenker，2013）：一是作为地方品牌的组成部分，居民与游客的交往具有社会性；二是作为地方品牌大使，居民会传达所居城市可靠而有趣的信息给潜在游客；三是作为当地公民，居民积极参与决策过程，为地方发展提供支持和帮助。而发挥这一系列作用的前提是目的地居民认同该品牌，因此，旅游目的地居民具有地方归属感，认同其所居城市的旅游目的地品牌，则更有可能表现出好客的态度和行为（例如，渴望与到访者分享当地的知识和经验，必要时为其提供帮助等）。综上所述，目的地品牌是地方持续发展的重要资产，如何让当地居民对目的地品牌产生共鸣和认同是目的地成功的关键。

第二节　旅游目的地居民品牌大使行为形成机理的研究假设

一、驱动因素与居民品牌大使行为的关系

（一）动机与居民品牌大使行为的关系

动机与行为之间的关系一直是学界研究的热点。心理学家通常用动机来解释行为强度，将强烈的行为视为高动机水平的结果。居民品牌大使行为的动机包括利他动机（个人责任感、地方自豪感）和利己动机（个人获益、印象管理）两个方面。在利他动机和利己动机之间，何者为居民品牌大使行为最重要的动机？在利他动机和利己动机内部，各动机对居民品牌大使行为的影响是否存在显著差异？为厘清这一系列问题，本书将进一步探究利他、利己动机与居民品牌大使行为的关系。

1. 利他动机与居民品牌大使行为的关系。

个人责任感与居民品牌大使行为的关系。责任感是个体内化了的行为规

范。韦伯斯特（1975）指出，个体在采取某种行为时会考虑道德和道义方面的问题，权衡是否实施该行为或行动。Romani 和 Grappi（2014）认为，责任感能够影响与组织倡议的社会关切有关的次级结果，如环境责任行为、组织公民行为、品牌公民行为等利他行为。同时，规范激活理论也指出，个人责任感是影响利他行为的关键因素。居民品牌大使行为也是一种利他行为，因而可推知个人责任感越强，越有可能采取居民品牌大使行为。综合上述分析，提出如下假设：

H4－1：个人责任感对居民品牌大使行为具有正向显著影响

地方自豪感与居民品牌大使行为的关系。相关研究表明，居民地方自豪感与城市是密切相关的，它既是城市形象塑造的重要组成部分，也是城市管理水平的具体体现（Collins，2016）。Merrilees、Miller 和 Herington（2012）进一步指出，地方自豪感是测度居民对城市品牌认同的重要指标。居民地方自豪感越强烈，其对城市品牌认可度越高，相应的城市品牌大使行为也越凸显。该观点也得到相关学者的支持，Rehmet 和 Dinnie（2013）在调查居民参与柏林城市品牌大使项目时，发现诸多受访者提到他们的行为是受到地方自豪感的驱动。情绪一致性理论认为，积极情绪能够引发积极行为，自豪感如同一个助推器，与一系列积极的社会结果相关，并能促进个体产生具有社会价值的行为（Lea and Webley，1997），如主动行为、利他行为、亲社会行为、组织公民行为（Brosi、Spörrle and Welpe，2018；Hart and Matsuba，2007；Swanson and Kent，2016）。由此可推知，地方自豪感越高，越有利于推动居民对目的地品牌的宣传、维护和发展，进而强化居民品牌大使行为。综合上述分析，提出如下假设：

H4－2：地方自豪感对居民品牌大使行为具有正向显著影响

2. 利己动机与居民品牌大使行为的关系。

个人获益与居民品牌大使行为的关系。在“柏林公民城市品牌大使项目(2008)”中，研究发现获取个人利益是驱动居民城市品牌大使行为最重要的因素（Rehmet and Dinnie，2013），这些利益包括因新闻曝光度而增加的个人优势以及为个人提供的商业机会等。在现实情境中，居民品牌大使行为是一个主客互动的过程。根据社会资本理论，旅游目的地居民在工具性需求或表达性需求的驱动下，会积极与游客互动，以期获得更好的资源回报和结果（Lin，

2002)，如权力、信息、金钱、荣誉等（Lin，1999）。社会交换理论认为，社区居民作为目的地的核心利益相关者，能够从目的地旅游发展中获得利益，如增加收入、提高生活质量、改善生活环境等，相应地他们也会通过反馈行为支持目的地（McGehee and Andereck，2004），如亲旅游行为、环境责任行为等。综上所述，可以推知居民实施品牌大使行为可能是期待以此来获得一定的个人利益。综合上述分析，提出如下假设：

H4－3：个人获益对居民品牌大使行为具有正向显著影响

印象管理与居民品牌大使行为的关系。印象管理理论认为，当员工具有印象管理的动机时，他们会采取一些正面的行为来整饰或美化自身公共形象（Jones and Pittman，1982；Tedeschi and Melburg，1984）。在旅游目的地背景下，由自我提升策略所驱动的居民品牌大使行为是当地居民获得良好印象的可行手段。研究表明，当个体意识到印象与他们想要实现的目标相关时，他们更有可能参与到印象管理活动中（Leary and Kowalski，1990）。当居民意识到他们给游客、居民或政府留下好印象，可以帮助自身塑造良好的个人形象或获取额外的奖励时，可能会采取一些积极行为进行印象管理。因此，可以推知居民可能通过居民品牌大使行为进行印象管理，目的是在当地政府、游客和其他居民中留下深刻印象，并期望未来可能获得回报。综合上述分析，提出如下假设：

H4－4：印象管理对居民品牌大使行为具有正向显著影响

（二）自我效能与居民品牌大使行为的关系

自我效能是个体在进行某一行为之前对自己能在何种程度上完成该行为所持有的信念、判断或自我感受（Bandura，1997）。社会认知理论认为，自我效能是影响个体行为的关键因素之一。不同领域的大量研究成果表明，自我效能感与休闲参与行为、绿色消费行为、创新行为、组织公民行为等有着密切的联系（崔健，2017）。居民品牌大使行为，作为一种组织公民行为的表现形式，对居民的地方品牌知识和品牌传播能力也有一定的要求。由此可推知，居民对自己在品牌知识和品牌传播能力方面的自我评价和判断将影响其品牌大使行为的产生。综合上述分析，提出以下研究假设：

H4－5：自我效能对居民品牌大使行为具有正向显著影响

（三）政府支持对居民品牌大使行为的影响

社会心理学视角下，个体行为的产生不仅受到内在动机和自我效能的影响，还受到社会环境的制约（张高亮、张璐璐和邱咸等，2015）。旅游目的地居民所处的外部环境对自身行为起着至关重要的作用，尤其是政治法律因素。政治法律因素主要体现为政府通过制定政策和立法来支持和引导居民行为，相关研究涉及居民低碳行为、绿色出行行为和节能行为等亲社会行为。居民品牌大使行为是居民为提升目的地品牌形象而采取的一系列行动，本质上也是一种亲社会行为。政府支持在居民品牌大使行为中扮演着不可或缺的角色。政府的支持和激励是居民产生品牌大使行为的外源性因素。居民品牌大使行为的产生离不开政府的引导和支持。若当地政府及相关机构未能为居民提供目的地品牌宣传推广的平台、渠道以及相应的奖励政策，那么居民品牌大使行为产生的可能性将大大降低。综合上述分析，提出如下假设：

H4 -6：政府支持对居民品牌大使行为具有正向显著影响

（四）地方依恋对居民品牌大使行为的影响

在旅游研究领域，地方依恋常被用来探讨旅游者的情感和行为（Chen、Wu and Huang，2012）。近年来，学者们逐渐意识到居民地方依恋对目的地发展的重要性。相关研究表明，居民的地方依恋程度越高，越倾向于展现出对地方有益的行为（Florek，2011），如旅游支持行为、品牌建设行为和环境保护行为等。在目的地品牌研究中，大量学者也开始探讨居民与地方的关系。Rehmet 和 Dinnie（2013）在调查柏林品牌大使项目时，众多受访者表示其行为受“地方归属感”的影响。Hammitt（2005）则指出地方依恋感从浅到深依次可分为熟悉感、归属感、认同感、依赖感和根深蒂固感，地方归属感属于地方依恋的一部分。相关学者也构建了地方依恋对居民大使行为的驱动模型（Chen and Šegota，2015），并在随后研究中验证了这一假设（Chen et al.，2018）。因此，可推知居民品牌大使行为受到地方依恋的驱动。综合上述分析，提出如下假设：

H4 -7：地方依恋对目的地居民品牌大使行为具有正向显著影响

二、驱动因素内部之间的关系

（一）地方依恋对居民品牌大使行为动机的影响

地方依恋本质上是人与地方的一种情感的联结，通常指人与地方相互作用而形成的正性情感，如地方带来安全感，增加积极情绪，并提供自我连贯性

（古丽扎伯克力、辛自强和李丹，2011）。相关学者指出，地方依恋对个体行为动机具有显著的正向影响，如游客的地方依恋对其购物动机具有重要影响（钱树伟、苏勤和祝玲丽。2010）。尹立杰、张捷、韩国圣（2012）指出，地方感（地方依恋）较强的居民对当地社区赋予了更高的发展期望，这也使他们对社区发展有了更多的责任感。相关研究指出居民的地方依恋与地方自豪感密切相关（Bonaiuto、Albers and Ariccio et al.，2019）。根据社会交换理论和符号互动理论，居民对地方依赖的程度越高，越容易注重自身行为可能带来的个人利益，而为了获取个人利益也会恰当地进行印象管理。综上所述，可推知地方依恋会对居民品牌大使行为动机（个人责任感、地方自豪感、个人获益和印象管理）产生影响。基于此，提出如下假设：

H4－8a：地方依恋对个人责任感具有正向显著影响

H4－8b：地方依恋对地方自豪感具有正向显著影响

H4－8c：地方依恋对个人获益具有正向显著影响

H4－8d：地方依恋对印象管理具有正向显著影响

（二）自我效能与居民品牌大使行为动机的关系

大量研究成果已验证了自我效能与行为动机的关系。王楠等（2015）以创新行业为例，验证了较高的自我效能感能够增强工作人员创新行为的外部动机和内部动机。柴寿升和龙春凤（2019）年以海洋休闲渔业为例，提出了消费者的自我效能正向影响其参与海洋休闲活动的行为动机。Jepson、Clarke 和 Ragsdell（2014）的研究也表明，居民的自我效能也会对自身行为动机产生重要影响。当目的地居民具有较强的品牌知识和品牌传播能力时，他们在与游客互动过程中，更容易激发品牌大使行为的动机。综上所述，可推知自我效能会对居民品牌大使行为动机（个人责任感、地方自豪感、个人获益和印象管理）产生影响。基于此，提出如下假设：

H4－9a：自我效能对个人责任感具有正向显著影响

H4－9b：自我效能对地方自豪感具有正向显著影响

H4－9c：自我效能对个人获益具有正向显著影响

H4－9d：自我效能对印象管理具有正向显著影响

（三）政府支持对居民品牌大使行为动机的影响

相关研究指出，政府支持是影响居民积极行为动机的重要因素（耿纪超，

2017）。在旅游目的地品牌化中，政府越来越重视居民所发挥的重要作用。为加快目的地品牌化进程，有地方政府提出激励政策和措施调动居民积极性，使其产生作为目的地品牌大使的行为动机。例如，政府广泛征集当地居民对目的地品牌的意见和建议，并提供其参与目的地品牌建设的机会，激发起个人责任感和地方自豪感，或者通过相关的精神或物质奖励措施激发居民的个人获益和印象管理动机。综上所述，可推知政府支持会对居民品牌大使行为动机（个人责任感、地方自豪感、个人获益和印象管理）产生影响。基于此，提出如下假设：

H4－10a：政府支持对个人责任感具有正向显著影响

H4－10b：政府支持对地方自豪感具有正向显著影响

H4－10c：政府支持对个人获益具有正向显著影响

H4－10d：政府支持对印象管理具有正向显著影响

三、行为动机的中介效应

现有研究表明，行为动机在地方依恋与行为意向间起中介作用（王楠、张立艳和王洋，2016）。地方依恋对居民品牌大使行为动机具有显著的正向影响，地方依恋主要包括地方认同和地方依赖两个维度。居民的地方认同感越强，其对社区发展的个人责任感和地方自豪感越强；而居民的地方依赖感越强，则会更加注重个人获益和印象管理，从而通过这些行为动机进一步影响居民品牌大使行为。高鹏等（2016）在其研究中指出，内生动机在自我效能与行为之间起中介作用。自我效能对居民品牌大使行为动机同样有显著的影响。居民自我效能感越强，如具备丰富的品牌知识和较好的品牌传播能力，将更有利于激发居民参与目的地品牌宣传、维护和发展的动机，并通过这些动机使其最终产生品牌大使行为。关新华（2018）的研究也表明，动机在外部刺激和员工行为之间起中介作用。政府支持对居民品牌大使行为动机也有显著的正向影响。政府支持能够激励居民基于利他动机（个人责任感、地方自豪感）或利己动机（个人获益、印象管理）来展现出目的地品牌大使行为。综合上述分析，提出如下假设：

H4－11a：行为动机在地方依恋对居民品牌大使行为影响中具有中介作用

H4－11b：行为动机在自我效能对居民品牌大使行为影响中具有中介作用

H4－11c：行为动机在政府支持对居民品牌大使行为影响中具有中介作用

四、品牌认同的调节效应

品牌认同是消费者感知到的自我概念与品牌概念的重叠程度（Donavan、Janda and Suh，2006），以及由此引发的行为态度和情感反应（颜慧，2011）。旅游目的地品牌认同是指居民对旅游目的地品牌归属感的认知、感受、评估等系列心理状态和过程（熊元斌和吕丹，2014）。居民对目的地品牌的认同促使他们更愿意为提升游客满意而付出努力，并通过主客情感互动为游客提供建议或参与旅游休闲活动等（Choo et al.，2011）。可见，居民对目的地品牌的认同能有效促使其品牌大使行为的产生。相关研究指出，居民对居住地的认同感越高，其对该地的依恋感越强（Zenker and Rütter，2014；Zenker et al.，2017）。根据认知一致性理论，个人倾向于保持认知、情感和行为的一致性。当品牌认同度较高时，居民越容易对目的地品牌产生归属感，增强居民的地方依恋，形成正面口碑效应，从而推动居民产生品牌大使行为，因此会强化地方依恋对居民品牌大使行为的正向作用；当品牌认同度较低时，居民对目的地品牌缺少归属感，影响其地方依恋，难以形成口碑效应，因此会削弱地方依恋对居民品牌大使行为的影响。

社会认同理论认为，当居民对目的地品牌产生认同时，会主动采取目的地品牌建设行为，如透过个人与游客的情感互动提供建议、参与相关活动帮助游客提高体验满意度、进行积极的口碑宣传以及参与目的地的旅游休闲活动等（Choo、Park and Petrick，2011）。已有研究也发现，居民品牌大使行为是居民目的地品牌建设的重要组成部分，因而居民对目的地品牌的认同，也会促使其采取品牌大使行为（Wassler、Wang and Hung，2019）。当品牌认同度较高时，居民更有意愿将所拥有的品牌知识应用到目的地宣传中，因此会强化自我效能对居民品牌大使行为的正向作用（Zouganeli、Trihas and Antonaki et al.，2012）；当品牌认同度较低时，居民即使具备一定的品牌知识，但其应用到目的地宣传和推广中的意愿不强，因此会削弱自我效能对居民品牌大使行为的影响（Kemp、Williams and Bordelon，2012）。

相关研究表明，认同在外部刺激与个体行为中存在调节作用（占小军、陈颖和罗文豪等，2019）。在目的地品牌建设中，当地政府作为主导者和管理者，其支持程度是居民产生品牌大使行为的重要外部因素（Perkins、Khoo and Arcodia，2020）。当品牌认同度更高时，居民更愿意配合政府推动目的地品牌化而展开一系列的品牌大使行为，因此强化了政府支持对居民品牌大使行为的正向作用（Wassler，2015）；当品牌认同度较低时，即使政府出台一系列的推动目的地品牌化进程的支持措施，也难以激发居民产生品牌大使行为，从而削弱了政府支持对居民品牌大使行为的影响（Kemp、Williams and Bordelon，2012）。综合上述分析，提出如下假设：

H4－12a：品牌认同会正向调节地方依恋与居民品牌大使行为的关系

H4－12b：品牌认同会正向调节自我效能与居民品牌大使行为的关系

H4－12c：品牌认同会正向调节政府支持与居民品牌大使行为的关系

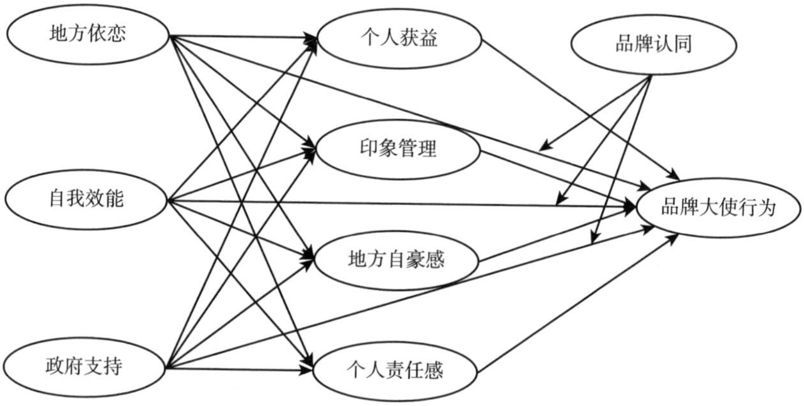

图4－2　旅游目的地居民品牌大使行为形成机理的概念模型

第三节　旅游目的地居民品牌大使行为形成机理的实证分析

一、问卷设计与变量测量

（一）问卷设计

调查问卷主要由三部分构成：第一部分是以“是否宣传过当地的旅游目的地品牌”作为前提条件过滤无效问卷，若受访者选择“否”，即视为无效问卷。第二部分为问卷的主体，由研究模型中所涉及的47个题项构成。第三部分是游客的人口统计特征，主要由“性别”“年龄”“职业”“月均收入”“居住年限”“受教育程度”“是否从事旅游行业”构成。

（二）变量测量

本书涵盖了利他动机、利己动机、政府支持、自我效能、品牌认同、地方依恋、居民品牌大使行为等变量。除第三章新开发的旅游目的地居民品牌大使行为测量量表外，其他变量的测量工具均借鉴了国内外已有成熟量表，从而确保研究的科学性和有效性。在这些变量中，政府支持、自我效能、地方依恋作为自变量；行为动机作为中介变量，进一步细分为利他动机和利己动机，其中利他动机由地方自豪感和个人责任感构成，利己动机则由个人获益和印象管理构成；居民品牌大使行为作为因变量；品牌认同则作为调节变量。所有研究变量均采用李克特5点量表进行测量。

1. 利他动机。

本书将居民品牌大使行为的利他动机细分为地方自豪感和个人责任感两个维度。自豪感作为一种积极的评价情绪，能够促使个体因自身或所属组织的成就而感到自己处于更高的社会地位。自豪感的定义涵盖了组织和个体两个层面，相应地，其测量也有两类视角：一类是聚焦于组织层面的集体自豪感、团队自豪感；另一类是个人自豪感，包括个体的自负自豪感和真实自豪感。Lai（2014）提出了组织自豪感和个体自豪感的量表。Tracy 和 Robins（2004）则提出了自负自豪感和真实自豪感量表。本书的地方自豪感主要源于情感地理学，参考 Chang（2016）的量表，具体包括“当告诉别人我是某地人时，我感觉自身地位提升”“成为某地的居民让我感到地位提升”“我为自己是某地人而感到骄傲和自豪”3个题项。

个人责任感是指个体遵守和维护所属群体的共同活动、行为规范及对其所承担任务的认同和负责态度。目前，国内外应用最广泛的责任感量表主要采用 John、Donahue 和 Kentle（1991）编制的大五人格问卷（Big Five Inventory，BFI）中的“尽责性”分量表进行测量，该量表共包含12个题项，但该量表在应用到具体行为情境中仍有所欠缺。因而，本书的个人责任感测量既参考了 John 等（1991）的研究成果，又借鉴了 Bamberg 等（2007）和 Abrahamse（2009）等利他行为中的责任感量表，具体包括“我有责任尽自己的努力去宣传仙境海岸”“不管别人怎么做，我都会去宣传仙境海岸”“虽然我个人的影响很小，我也要为仙境海岸品牌发展出一份力”“如果我不维护仙境海岸品牌，我会有一些负罪感”4 个题项。

2. 利己动机。

结合居民品牌大使行为的实践探索，本书将利己动机归纳为个人获益和印象管理两大维度。个人获益是指个体采取某种行为能为自身带来的预期利益，是影响个体态度和行为的重要动机。在个人获益的研究中，学者们提出这一指标应涵盖社会获益（如提高生活质量、遇到有趣的人和个人满意）、经济获益（如收入、就业）和总体个人获益等方面（Perdue、Long and Allen，1990）。此外，也有观点认为个人获益可划分为物质获益和精神获益两大类（孙天厌，2003）。因此，本书在测量个人获益时，参考了 Perdue、Long 和 Allen（1990）与 Rehmet 和 Dinnie（2013）的研究，具体包括“该行为能帮我形成个人优势”“该行为能给我带来一些发展机会”“该行为能增加我的经济收益”“该行为能让我感到心理满足”4 个题项。

印象管理是指个人试图管理和控制他人对自己形成印象的过程。在印象管理的测量工具中，Rioux 和 Penner（2001）所发展的 CMS 量表（Citizenship Motives Scale）中的 IMMS（Impression Management Motives Scale）分量表应用较为广泛，包含 10 个题项。Ma 和 Qu（2018）将该量表应用到中国酒店员工的印象管理动机的研究中，并将量表缩减为 3 个题项。本书参考 Rioux 和 Penner（2001）与 Ma 和 Qu（2018）的量表，并结合具体语境进行调整，包括“该行为能帮助我在他人面前保持良好形象”“该行为能使我显得比其他居民更友好”“该行为会使我避免显得自己不负责任”3 个题项。

3. 政府支持。

关于政府支持的量表多集中在政府对企业的支持方面，较少涉及居民方面。本书采用 Lavergne 等（2010）开发的量表，并结合相关语境进行调整，具体包括“当地政府有兴趣听取我对仙境海岸品牌的意见”“当地政府为我提供了参加有关仙境海岸活动的机会”“当地政府为我参与仙境海岸活动提供了奖励”3 个题项。

4. 自我效能。

关于自我效能感的测量方法，学界存在多种不同见解。其中，Schwarzer 等（1981）编制的一般自我效能量表（General Self - Efficacy Scale，GESE）

在组织行为学中得到了广泛应用，最初该量表有 20 个题项，后经改进缩减为 10 个题项。张建新和 Schwarzer（1995）开发了该量表的中文版，进一步推动一般自我效能量表在国内的应用。本书采用一般自我效能量表，并参照 Shahzalal 和 Font（2018）的研究，结合具体语境进行调整，包括“我会向需要帮助的游客提供有用信息”“我有信心让游客接受我的推荐”“我有能力参与促进仙境海岸发展的活动”“我有能力主动向游客传播关于仙境海岸的相关信息”“我有必要的时间、精力和技能协助目的地营销组织来展示仙境海岸的品牌文化”5 个题项。

5. 品牌认同。

在游客和居民的目的地品牌研究中，有关品牌认同的量表较少。其中，辛璐琦和王兴元（2016）借鉴金立印（2006）的量表，测量了游客目的地品牌认同。Wassler（2015）从居民角度提出了目的地品牌—自我一致性的量表。为了减少测量偏差，真实反映居民对目的地品牌的认同感，本书借鉴 Wassler（2015）和 Tuškej、Golob 和 Podnar（2013）开发的量表，具体包括“仙境海岸品牌能体现出我的个性”“仙境海岸品牌在很多方面与我的个人形象符合”“仙境海岸品牌能体现我的价值观”“仙境海岸这一品牌所传达的理念与我的信念是一致的”“我认同仙境海岸这一品牌”5 个题项。

6. 地方依恋。

地方依恋是个体与场所之间基于感情、认知和实践的一种联系。目前，国内外应用较为普遍的地方依恋量表主要包括两维度、三维度和四维度量表（Williams，1992；Kyle、Graefe and Manning，2005；Yuksel et al.，2010）。其中，以 Williams 提出的两维度量表应用最为广泛。本书参考 Kyle 等（2004）、Wassler（2015）和 Chen 等（2018）的研究成果，将地方依恋分为地方认同和地方依赖两个维度。地方认同包括“我觉得这里最能体现我的个人价值观”“我对这里有很深的认同感”“这里让我更加了解自己”“我感觉这里已经成为我的一部分”4 个题项。地方依赖包括“相比其他地方，我更愿意在这里进行我喜欢的活动”“其他地方都赶不上这里”“当我离开这里太久时，会非常想念”3 个题项。

7. 居民品牌大使行为。

本书采用第三章开发的居民品牌大使行为量表，该量表主要由品牌宣传行为、品牌维护行为和品牌发展行为三个维度构成。其中，品牌宣传行为包括 6

个题项，具体为“我会介绍仙境海岸品牌的相关信息”“我会分享有关仙境海岸品牌的相关信息”“我会尽量传播有关仙境海岸品牌的相关信息”“我会推荐仙境海岸品牌”“我会参与有关仙境海岸品牌的推广节事和活动（如节庆、展览）”“我会在适当的时候使用宣传材料等宣传仙境海岸品牌”；品牌维护行为包括3个题项，具体为“我会考虑自己的言行对仙境海岸品牌形象的影响”“我会主动澄清他人对仙境海岸品牌的误解”“当有人诋毁仙境海岸品牌时，我会主动为其辩护”。品牌发展行为包括4个题项，具体为“我会向目的地营销组织提供关于仙境海岸品牌的反馈意见”“我会鼓励朋友向目的地营销组织提供关于仙境海岸品牌的反馈意见”“我会努力提高自己关于仙境海岸品牌的知识和传播能力”“我会参与有关仙境海岸品牌发展的培训活动”。

二、数据收集及描述性统计分析

（一）数据收集

在系统梳理前期文献的基础上，经旅游管理专业的多位教授和博士的深入探讨和反复修订，最终形成了调研问卷，并以“仙境海岸”品牌的支撑城市（青岛、烟台、威海、日照）为旅游目的地展开调查。问卷调查时间为2018年10月1日至10月19日，通过实地调研和网络发放两种途径进行问卷收集。在实地调研中，采用随机抽样的方法，面向青岛前海一线、崂山风景区的青山社区、雕龙嘴社区，烟台第一海水浴场、蓬莱阁周边的水城社区、抹直口社区，威海金海滩浴场、刘公岛，日照万平口海滨旅游区的万平社区、奥林匹克水上公园等地的居民发放问卷200份，回收问卷176份；同时，采用便利抽样的方式，通过问卷星向青岛、烟台、威海、日照地区居民发放网络问卷，回收问卷281份。为确保问卷的有效性，在问卷第一部分设置跳转题，以“是否宣传过当地的旅游目的地品牌”作为筛选条件，若受访者选择“否”，则结束问卷，视为无效问卷。经过筛选，剔除无效、填写不完整或前后矛盾的问卷46份，最终两种途径共回收有效问卷411份，其中烟台116份，青岛112份，威海95份，日照88份。

（二）描述性统计分析

样本特征分布情况如表4－1所示。从性别来看，女性（64%）多于男性（36%）；从年龄来看，20 岁以下占 16.5%，21～30 岁占 27.5%，31～40 岁占 30.9%，41～50 岁占 17.3%，50 岁以上均占 7.8%。从居住年限来看，1～5 年的占 30.7%，6～10 年的占 10.5%，11～20 年的占 16.1%，20 年以上的占 42.8%。从月均收入来看以 5001～10000 元居多，占 41.1%，2001～5000 元占 30.7%，2000 元以下占 23.8%，10000 元以上占 4.4%。从受教育程度来看，初中及以下占 8.3%，高中/中专/技校占 20.4%，大专占 24.8%，本科占 33.8%，硕士及以上占 12.7%。从职业分布来看，政府、事业单位职工占 28.2%，企业职员占 29.4%，个体工商户占 6.3%，自由职业者占 8.3%，学生占 19.2%，离退休人员占 2.9%，其他职业占 5.6%。从是否从事旅游业来看，11.7% 的受访者从事旅游业，88.3% 的受访者未从事旅游业。

表 4-1　调研样本特征分布情况

项目	组别	频数（人）	百分比（%）	项目	组别	频数（人）	百分比（%）
性别	男	148	36	受教育程度	初中及以下	34	8.3
	女	263	64		高中/中专/技校	84	20.4
年龄	20 岁以下	68	16.5		大专	102	24.8
	21～30 岁	113	27.5		本科	139	33.8
	31～40 岁	127	30.9		硕士及以上	52	12.7
	41～50 岁	71	17.3	职业分布	政府或事业单位人员	116	28.2
	50 岁以上	32	7.8				
居住年限	1～5 年	126	30.7		企业职员	121	29.4
	6～10 年	43	10.5		个体工商户	26	6.3
	11～20 年	66	16.1		自由职业者	34	8.3
	20 年以上	176	42.8		学生	79	19.2
月均收入	2000 元以下	98	23.8		离退休人员	12	2.9
	2001～5000 元	126	30.7		其他	23	5.6
	5001～10000 元	169	41.1	是否从事旅游业	是	48	11.7
	10000 元以上	18	4.4		否	363	88.3

三、信效度分析

（一）信度分析

由表4－2可知，印象管理量表的Cronbach's α 系数为0.865，符合大于0.7的标准，所有题项的CITC都大于0.5，且删除任一题项后，Cronbach's α 系数均未得到显著提升，这表明印象管理量表通过了信度检验。个人获益量表的Cronbach's α 系数为0.874，符合大于0.7的标准，所有题项的CITC都大于0.5，且删除任一题项后，Cronbach's α 系数均未得到显著提升，这表明个人获益量表通过了信度检验。地方自豪感量表Cronbach's α 系数为0.893，符合大于0.7的标准，所有题项的CITC都大于0.5，且删除任一题项后，Cronbach's α 系数均未得到显著提升，这表明地方自豪感量表通过了信度检验。个人责任感量表的Cronbach's α 系数为0.632，小于0.7的标准，CITC中RE5题项的纠正项目总体相关系数小于0.5，且删除该题项后，Cronbach's α 系数均由原来的0.632显著提升到0.867，故个人责任感量表删除RE5题项，量表通过了信度检验。自我效能量表的Cronbach's α 系数为0.890，符合大于0.7的标准，所有题项的CITC都大于0.5，且删除任一题项后，Cronbach's α 系数均未得到显著提升，这表明自我效能量表通过了信度检验。政府支持量表的Cronbach's α 系数为0.917，符合大于0.7的标准，所有题项的CITC都大于0.5，且删除任一题项后，Cronbach's α 系数均未得到显著提升，这表明政府支持量表通过了信度检验。地方依恋量表的Cronbach's α 系数为0.953，符合大于0.7的标准，所有题项的CITC都大于0.5，且删除任一题项后，Cronbach's α 系数均未得到显著提升，这表明地方依恋的量表通过了信度检验。品牌认同量表的Cronbach's α 系数为0.953，符合大于0.7的标准，所有题项的CITC都大于0.5，且删除任一题项后，Cronbach's α 系数均未得到显著提升，这表明品牌认同量表通过了信度检验。

表4－2　旅游目的地居民品牌大使行为影响因素量表的CITC及信度分析

变量	Cronbach's α 系数	测量题项	CITC	删除该项后的 Cronbach's α 系数
印象管理	0.865	IM1	0.762	0.793
		IM2	0.757	0.797
		IM3	0.711	0.841

续表

变量	Cronbach's α 系数	测量题项	CITC	删除该项后的 Cronbach's α 系数
个人获益	0.874	PB1	0.778	0.822
		PB2	0.825	0.803
		PB3	0.680	0.867
		PB4	0.665	0.864
地方自豪感	0.893	PR1	0.800	0.842
		PR2	0.804	0.836
		PR3	0.779	0.863
个人责任感	0.632	RE1	0.581	0.516
		RE2	0.661	0.478
		RE3	0.618	0.516
		RE4	0.601	0.449
		RE5	0.021	0.867
自我效能	0.890	SE1	0.593	0.895
		SE2	0.724	0.868
		SE3	0.831	0.843
		SE4	0.832	0.842
		SE5	0.725	0.875
政府支持	0.917	GS1	0.797	0.909
		GS2	0.861	0.859
		GS3	0.848	0.872
地方依恋	0.953	PA1	0.786	0.950
		PA2	0.877	0.943
		PA3	0.810	0.949
		PA4	0.878	0.943
		PA5	0.805	0.949
		PA6	0.858	0.945
		PA7	0.870	0.944

续表

变量	Cronbach's α 系数	测量题项	CITC	删除该项后的 Cronbach's α 系数
品牌认同	0.953	BI1	0.888	0.939
		BI2	0.887	0.940
		BI3	0.857	0.945
		BI4	0.890	0.939
		BI5	0.836	0.949

注：表格中加粗题项是根据信度检验删除的题项。

（二）效度分析

1. 探索性因子分析。

旅游目的地居民品牌大使行为动机的探索性因子分析。由表 4－3 可知，居民品牌大使行为动机的 KMO 值为 0.920，显著性为 0.000，适合进行因子分析。采用主成分分析法，提取 4 个特征值大于 1 的公因子，分别为个人获益、个人责任感、印象管理和地方自豪感，可共同解释方差总变异的 79.213%，说明居民品牌大使行为动机的测量量表具有良好的结构效度。同时，所有因子载荷均介于 0.534～0.868，均大于 0.5 的标准。因此，居民品牌大使行为动机的 14 个题项归属为 4 个公因子，每个公因子与其对应的题项在内容具有一致性，能够涵盖居民品牌大使行为动机的内容。

表 4－3　旅游目的地居民品牌大使行为动机探索性因子分析结果

因子	题项	因子载荷	特征值	方差贡献率（%）	累积方差贡献率（%）
个人获益	PB1 该行为能帮我形成个人优势	0.731	3.036	21.687	21.687
	PB2 该行为能给我带来一些发展机会	0.836			
	PB3 该行为能增加我的经济收益	0.776			
	PB4 该行为能让我感到心理满足	0.651			
个人责任感	RE1 我有责任尽自己的努力去宣传仙境海岸	0.840	2.948	21.054	42.741
	RE2 不管别人怎么做，我都会去宣传仙境海岸	0.868			
	RE3 虽然我个人的影响很小，我也要为仙境海岸品牌发展出一份力	0.849			
	RE4 如果我不维护仙境海岸品牌，我会有一些负罪感	0.534			

续表

因子	题项	因子载荷	特征值	方差贡献率（%）	累积方差贡献率（%）
印象管理	IM1 该行为能帮助我在他人面前保持良好形象	0.841	2.604	18.598	61.339
	IM2 该行为能使我显得比其他居民更友好	0.856			
	IM3 该行为会使我避免显得自己不负责任	0.797			
地方自豪感	PR1 当我告诉别人我是某地人时，我感觉自身地位提升	0.839	2.502	17.873	79.213
	PR2 成为某地的居民让我感到地位提升	0.849			
	PR3 我为自己是某地人而感到骄傲和自豪	0.768			
KMO = 0.920　　sig = 0.000					

政府支持的探索性因子分析。如表 4 - 4 所示，政府支持的 KMO 值为 0.720，显著性为 0.000，适合进行因子分析。采用主成分分析法，提取 1 个特征值大于 1 的公因子，即政府支持。政府支持共有 3 个题项，因子载荷介于 0.908 - 0.940（>0.50），方差贡献率达 86.005%，因此，每个公因子与其对应的题项在内容具有一致性，能够涵盖政府支持这一量表的内容。

表 4 - 4　　政府支持探索性因子分析结果

因子	题项	因子载荷	特征值	方差贡献率（%）
政府支持	GS1 当地政府有兴趣听取我对仙境海岸品牌的意见	0.908	2.580	86.005
	GS2 当地政府为我提供了参加仙境海岸活动的机会	0.940		
	GS3 当地政府为我参与仙境海岸活动提供了奖励	0.934		
KMO = 0.720　　sig = 0.000				

自我效能的探索性因子分析。如表 4 - 5 所示，自我效能的 KMO 值为 0.832，显著性为 0.000，适合进行因子分析。采用主成分分析法，提取 1 个特征值大于 1 的公因子，即自我效能。自我效能共有 5 个题项，因子载荷介于 0.728 - 0.901（>0.50），方差贡献率达 70.334%，因此，每个公因子与其对应的题项在内容具有一致性，能够涵盖自我效能这一量表的内容。

表 4-5　　自我效能探索性因子分析结果

因子	题项	因子载荷	特征值	方差贡献率（%）
自我效能	SE1 我会向需要帮助的游客提供有用信息	0.728	3.517	70.334
	SE2 我有信心让游客接受我的推荐	0.828		
	SR3 我有能力参与促进仙境海岸发展的活动	0.901		
	SE4 我有能力主动向游客传播关于仙境海岸的相关信息	0.900		
	SE5 我有必要的时间、精力和技能协助目的地营销组织来展示仙境海岸的品牌文化	0.825		
KMO=0.832　　sig=0.000				

地方依恋的探索性因子分析。由表 4-6 可知，地方依恋的 KMO 值为 0.893，显著性为 0.000，适合进行因子分析。运用主成分分析法，提取 1 个特征值大于 1 的公因子，即地方依恋，这表明预设的地方认同与地方依赖两个维度在本研究中区别不大。地方依恋共有 7 个题项，各测量题项的因子载荷均介于 0.806～0.914（>0.50），方差贡献率达 78.344%，因此，每个公因子与其对应的题项在内容具有一致性，能够涵盖地方依恋这一量表的内容。

表 4-6　　地方依恋的探索性因子分析结果

因子	题项	因子载荷	特征值	方差贡献率（%）
地方依恋	PA1 相比其他地方，我更愿意在这里进行我喜欢的活动	0.839	5.484	78.344
	PA2 其他地方都赶不上这里	0.914		
	PA3 当我离开这里太久时，会非常想念	0.806		
	PA4 我觉得这里最能体现我的个人价值观	0.914		
	PA5 我对这里有很深的认同感	0.857		
	PA6 这里让我更加了解自己	0.900		
	PA7 我感觉这里已经成为我的一部分	0.908		
KMO=0.893　　sig=0.000				

品牌认同的探索性因子分析。如表 4-7 所示，品牌认同的 KMO 值为 0.906，显著性为 0.000，适合进行因子分析。运用主成分分析法，提取 1 个的特征值大于 1 的公因子，即品牌认同。品牌认同共有 5 个题项，各测量题项的

因子载荷介于 0.893 ~0.932（>0.50），方差贡献率达 84.508%，因此，每个公因子与其对应的题项在内容具有一致性，能够涵盖品牌认同这一量表的内容。

表 4-7　　品牌认同探索性因子分析结果

因子	题项	因子载荷	特征值	方差贡献率（%）
品牌认同	BI1 仙境海岸品牌能体现出我的个性	0.931	4.225	84.508
	BI2 仙境海岸品牌在很多方面与我的个人形象符合	0.929		
	BI3 仙境海岸品牌能体现我的价值观	0.910		
	BI4 仙境海岸品牌所传达的理念与我的信念是一致的	0.932		
	BI5 我认同仙境海岸这一品牌	0.893		
KMO =0.906　　sig =0.000				

2. 验证性因子分析。

采用 AMOS22.0 对居民品牌大使行为动机进行验证性因子分析，以最大似然法进行适配函数估计，发现个别拟合指标有待改进，故根据修正指数 MI，删除残差相关度较高的题项 PB2，得到绝对适配度指标为 x^2/df =4.150（<5）、AGFI = 0.868（> 0.8）、GFI = 0.915（> 0.9）、RMSEA = 0.088（< 0.1）、SRMR =0.051（接近 0.05）；增值适配度指标为 NFI =0.935（>0.9）、IFI =0.949（>0.9）、CFI =0.949（>0.9）。除个别拟合指数接近标准外，其他拟合指数基本符合标准，模型拟合度较好。

如表 4-8 所示，个人获益的标准化载荷量介于 0.756 ~0.893，符合大于 0.5 的标准，且 T 值均大于 1.96，显著性高；组合信度 CR 为 0.817，超过 0.7 的标准；平均提取方差 AVE 为 0.602，符合大于 0.5 的标准，表明量表具有较好的收敛效度。个人责任感的标准化载荷量介于 0.624 ~0.924，符合大于 0.5 的标准，且 T 值均大于 1.96，显著性高；组合信度 CR 为 0.905，超过 0.7 的标准；平均提取方差 AVE 为 0.709，符合大于 0.5 的标准，表明量表具有较好的收敛效度。印象管理的标准化载荷量介于 0.775 ~0.855，符合大于 0.5 的标准，且 T 值均大于 1.96，显著性高；组合信度 CR 为 0.866，超过 0.7 的标准；平均提取方差 AVE 为 0.684，符合大于 0.5 的标准，表明量表具有较好的收敛效度。地方自豪感的标准化载荷量介于 0.839 ~0.875，符合大于 0.5 的标准，且 T 值均大于 1.96，显著性高；组合信度 CR 为 0.896，超过 0.7 的标准；平均提取方差 AVE 为 0.741，符合大于 0.5 的标准，表明量表具有较好的收敛效度。

表 4－8　　旅游目的地居民品牌大使行为动机的验证性因子分析

观测变量	路径	潜在变量	标准化回归系数	非标准化回归系数	S. E.	C. R.	P	SMC	CR	AVE
PB1	<---	个人获益	0.893	1.000	—	—	—	0.797		
PB3	<---	个人获益	0.661	0.890	0.072	12.325	***	0.437	0.817	0.602
PB4	<---	个人获益	0.756	0.826	0.062	13.353	***	0.572		
RE1	<---	个人责任感	0.903	1.000	—	—	—	0.815		
RE2	<---	个人责任感	0.924	1.067	0.037	28.789	***	0.854	0.905	0.709
RE3	<---	个人责任感	0.882	0.882	0.033	26.359	***	0.778		
RE4	<---	个人责任感	0.624	1.068	0.074	14.502	***	0.389		
IM1	<---	印象管理	0.855	1.000	—	—	—	0.731		
IM2	<---	印象管理	0.848	0.992	0.055	18.028	***	0.719	0.866	0.684
IM3	<---	印象管理	0.775	0.939	0.056	16.909	***	0.601		
PR1	<---	地方自豪感	0.868	1.000	—	—	—	0.753		
PR2	<---	地方自豪感	0.875	0.973	0.046	21.329	***	0.766	0.896	0.741
PR3	<---	地方自豪感	0.839	0.818	0.040	20.478	***	0.704		

如表 4－9 所示，对政府支持进行验证性因子分析，由于政府支持只有 3 个观测变量，模型恰好识别，不再进行模型的适配度检验。政府支持的标准化载荷量介于 0.835～0.925，明显大于 0.5 的标准，且 T 值均大于 1.96，显著性高；组合信度 CR 为 0.919，超过 0.7 的标准；平均提取方差 AVE 为 0.792，符合大于 0.5 的标准，表明量表具有较好的收敛效度。

表 4－9　　政府支持的验证性因子分析

观测变量	路径	潜在变量	标准化回归系数	非标准化回归系数	S. E.	C. R.	P	SMC	CR	AVE
GS1	<---	政府支持	0.835	1.000	—	—	—	0.697		
GS2	<---	政府支持	0.925	1.090	0.046	23.676	***	0.856	0.919	0.792
GS3	<---	政府支持	0.907	1.209	0.052	23.256	***	0.823		

如表4-10所示，对自我效能进行验证性因子分析，以最大似然法进行适配函数估计，得到初始拟合度不佳，根据模型修正指数MI，删除题项SE1，修正后的绝对适配度指标为$x^2/df=4.210$（<5）、AGFI=0.952（>0.8）、GFI=0.990（>0.9）、RMSEA=0.088（<0.1）、SRMR=0.013（<0.05）；增值适配度指标为NFI=0.992（>0.9）、IFI=0.994（>0.9）、CFI=0.994（>0.9）。各拟合指数基本符合标准，模型拟合度较好。自我效能的标准化载荷量介于0.715~0.905，符合大于0.5的标准，且T值均大于1.96，显著性高；组合信度CR为0.900，超过0.7的标准；平均提取方差AVE为0.695，符合大于0.5的标准，表明量表具有较好的收敛效度。

表4-10　自我效能的验证性因子分析

观测变量	路径	潜在变量	标准化回归系数	非标准化回归系数	S. E.	C. R.	P	SMC	CR	AVE
SE2	<---	自我效能	0.715	1.000	—	—	—	0.511	0.900	0.695
SE3	<---	自我效能	0.895	1.339	0.077	17.287	***	0.801		
SE4	<---	自我效能	0.905	1.421	0.082	17.429	***	0.819		
SE5	<---	自我效能	0.805	1.479	0.094	15.654	***	0.648		

如表4-11所示，对地方依恋进行验证性因子分析，以最大似然法进行适配函数估计，得到初始拟合度不佳，根据模型修正指数MI，删除题项PA1、PA3、PA7，修正后的绝对适配度指标为$x^2/df=4.737$（<5）、GFI=0.993（>0.9）、RMSEA=0.095（<0.1）、SRMR=0.014（<0.05）；增值适配度指标为NFI=0.993（>0.9）、IFI=0.994（>0.9）、CFI=0.994（>0.9）。各拟合指数基本符合标准，模型拟合度较好。地方依恋的标准化载荷量均在0.838~0.918，明显大于0.5的标准，且T值均大于1.96，显著性高；组合信度CR为0.933，超过0.7的标准；平均提取方差AVE为0.776，符合大于0.5的标准，表明量表具有较好的收敛效度。

如表4-12所示，对品牌认同进行验证性因子分析，得到绝对适配度指标为$x^2/df=4.369$（<5）、AGFI=0.940（>0.8）、GFI=0.980（>0.9）、RMSEA=0.091（<0.1）、SRMR=0.012（<0.05）；增值适配度指标为NFI=0.990（>0.9）、IFI=0.992（>0.9）、CFI=0.992（>0.9）。各拟合指数基本符合标准，模型拟合度较好。品牌认同的标准化载荷量均在0.860~0.924，明显大

于0.5的标准，且T值均大于1.96，显著性高；组合信度CR为0.955，超过0.7的标准；平均提取方差AVE为0.811，符合大于0.5的标准，表明量表具有较好的收敛效度。

表4-11　　地方依恋的验证性因子分析

观测变量	路径	潜在变量	标准化回归系数	非标准化回归系数	S. E.	C. R.	P	SMC	CR	AVE
PA2	<---	地方依恋	0.910	1.000				0.828	0.933	0.776
PA4	<---	地方依恋	0.918	1.017	0.034	29.551	***	0.843		
PA5	<---	地方依恋	0.838	0.902	0.037	24.124	***	0.702		
PA6	<---	地方依恋	0.855	0.955	0.038	25.186	***	0.731		

表4-12　　品牌认同的验证性因子分析

观测变量	路径	潜在变量	标准化回归系数	非标准化回归系数	S. E.	C. R.	P	SMC	CR	AVE
BI1	<---	品牌认同	0.915	1.000	—	—	—	0.837	0.955	0.811
BI2	<---	品牌认同	0.912	0.905	0.029	30.863	***	0.832		
BI3	<---	品牌认同	0.889	0.852	0.030	28.781	***	0.790		
BI4	<---	品牌认同	0.924	0.994	0.031	26.065	***	0.854		
BI5	<---	品牌认同	0.860	0.920	0.035	26.450	***	0.740		

居民品牌大使行为的二阶验证性因子分析。在第三章已详细对居民品牌大使行为进行了探索性因子分析和验证性因子分析，且通过了信效度检验。相关学者指出，如果潜在变量之间的相关系数大于0.6，则可以尝试进行二阶验证性因子分析。根据第三章的表3-10可知，在居民品牌大使行为各维度之间的相关系数中，品牌宣传行为与品牌维护行为的相关系数为0.595，品牌宣传行为和品牌发展行为的相关系数0.647，品牌维护行为和品牌发展行为的相关系数为0.678，可见除品牌宣传行为与品牌维护行为的相关系数接近0.6外，其他均大于0.6。鉴于此，为避免研究的重复性，本章直接对居民品牌大使行为进行二阶因子验证。采用AMOS22.0对居民品牌大使行为进行二阶验证性因子分析，以最大似然法进行适配函数估计，得到初始拟合度不佳，根据模型修正指数MI，依次删除题项BD4、BP6、BP3，修正后的绝对适配度指标为$x^2/df=$

2.210（<3）、AGFI = 0.940（>0.8）、GFI = 0.983（>0.9）、RMSEA = 0.054（<0.1）、SRMR = 0.038（<0.05）；增值适配度指标为 NFI = 0.983（>0.9）、IFI = 0.990（>0.9）、CFI = 0.991（>0.9）。各拟合指数基本符合标准，模型拟合度较好。如表 4 - 13 所示，居民品牌大使行为的标准化载荷量均在 0.895 ~ 0.942，明显大于 0.5 的标准，且 T 值均大于 1.96，显著性高；组合信度 CR 为 0.943，超过 0.7 的标准；平均提取方差 AVE 为 0.847，符合大于 0.5 的标准，表明量表具有较好的收敛效度。

表 4 - 13　　旅游目的地居民品牌大使行为的二阶验证性因子分析

观测变量	路径	潜在变量	标准化回归系数	非标准化回归系数	S. E.	C. R.	P	SMC	CR	AVE
BP	<---	居民品牌大使行为	0.942	1.000	—	—	—	0.887		
BM	<---	居民品牌大使行为	0.924	0.824	0.044	18.927	***	0.854	0.943	0.847
BD	<---	居民品牌大使行为	0.895	0.895	0.044	20.162	***	0.801		

3. 区别效度分析。

区分效度指不同变量测量之间的差异化程度。各潜变量的相关系数低于 0.8，各潜变量之间的相关系数均小于其对应的 AVE 平方根，表明模型的区分效度较好（吴明隆，2010）。通过表 4 - 14 检验结果可知，各变量之间的相关系数小于对应的 AVE 平方根，但 BI 与 DBAB 的相关系数超过 0.8。因此，需要进一步验证其区别效度的可靠性，本章继续运用信赖区间法（bootstrap）进行判断，其判断标准为各潜变量相关系数的信赖区间最高值和最低值之间不包括 1，则认为具有较好的区别效度。根据 Preacher 和 Hayes（2004）的研究，设定重复抽样为 5000 次，在 95% 置信区间下，采用 Bias - Corrected 和 Percentile 两种方法进行检验，结果如表 4 - 15 所示。通过研究发现，各潜变量的相关系数在两种方法中均不包括 1。因此，各潜变量之间具有良好的区别效度。

表 4 - 14　　区别效度检验（AVE 与相关系数法）

潜变量	PB	RE	IM	PR	PA	BI	SE	GS	DBAB
PB	**0. 775**								
RE	0. 607	**0. 842**							
IM	0. 623	0. 476	**0. 827**						
PR	0. 636	0. 656	0. 462	**0. 861**					
PA	0. 538	0. 652	0. 400	0. 698	**0. 881**				
BI	0. 598	0. 791	0. 623	0. 628	0. 744	**0. 901**			
SE	0. 685	0. 740	0. 450	0. 565	0. 584	0. 680	**0. 834**		
GS	0. 597	0. 608	0. 349	0. 513	0. 518	0. 549	0. 716	**0. 890**	
DBAB	0. 688	0. 790	0. 487	0. 663	0. 753	0. 859	0. 781	0. 699	**0. 920**

注：对角线上的粗体数值代表各构面 AVE 值的平方根，对角线下方数值为构面间的相关系数。

表 4 - 15　　区别效度检验（置信区间法）

Parameter	Piont Estimate	Bias - Corrected 95% CI		Percentile 95% CI	
		Lower	Upper	Lower	Upper
RE <- - -> PR	0. 656	0. 552	0. 753	0. 548	0. 750
RE <- - -> IM	0. 476	0. 367	0. 583	0. 369	0. 585
PR <- - -> IM	0. 462	0. 342	0. 579	0. 338	0. 576
RE <- - -> PB	0. 636	0. 518	0. 700	0. 516	0. 696
PR <- - -> PB	0. 636	0. 547	0. 718	0. 544	0. 715
IM <- - -> PB	0. 623	0. 498	0. 736	0. 498	0. 737
RE <- - -> PA	0. 652	0. 574	0. 726	0. 573	0. 725
PR <- - -> PA	0. 698	0. 616	0. 773	0. 612	0. 770
PB <- - -> PA	0. 538	0. 450	0. 624	0. 446	0. 620
IM <- - -> PA	0. 400	0. 295	0. 497	0. 294	0. 496
RE <- - -> SE	0. 740	0. 668	0. 805	0. 667	0. 804
PR <- - -> SE	0. 565	0. 470	0. 654	0. 466	0. 651
PB <- - -> SE	0. 685	0. 615	0. 752	0. 613	0. 751
IM <- - -> SE	0. 450	0. 341	0. 553	0. 343	0. 555
PA <- - -> SE	0. 584	0. 504	0. 661	0. 501	0. 659
BI <- - -> SE	0. 680	0. 614	0. 742	0. 613	0. 740
RE <- - -> BI	0. 791	0. 715	0. 852	0. 716	0. 852
PR <- - -> BI	0. 628	0. 531	0. 715	0. 526	0. 713
PB <- - -> BI	0. 597	0. 516	0. 676	0. 51	0. 673
IM <- - -> BI	0. 510	0. 402	0. 612	0. 402	0. 612

续表

Parameter	Piont Estimate	Bias - Corrected 95% CI		Percentile 95% CI	
		Lower	Upper	Lower	Upper
PA <--> BI	0.744	0.676	0.803	0.675	0.801
RE <--> GS	0.608	0.522	0.679	0.528	0.683
PR <--> GS	0.513	0.429	0.595	0.426	0.591
IM <--> GS	0.349	0.232	0.456	0.236	0.460
PB <--> GS	0.597	0.497	0.684	0.501	0.687
PA <--> GS	0.518	0.432	0.603	0.430	0.601
SE <--> GS	0.716	0.621	0.795	0.626	0.797
BI <--> GS	0.549	0.467	0.627	0.464	0.624
RE <--> DBAB	0.790	0.730	0.844	0.730	0.845
PR <--> DBAB	0.663	0.587	0.726	0.585	0.725
PB <--> DBAB	0.688	0.616	0.757	0.614	0.755
IM <--> DBAB	0.487	0.372	0.590	0.373	0.593
PA <--> DBAB	0.753	0.696	0.807	0.695	0.804
SE <--> DBAB	0.781	0.718	0.836	0.718	0.837
GS <--> DBAB	0.699	0.613	0.769	0.616	0.772
BI <--> DBAB	0.859	0.817	0.894	0.815	0.893

四、假设检验

（一）主效应检验

采用结构方程模型对假设模型进行验证，以最大似然法（Maximum Likelihood，ML）进行适配函数估计，检测各构面之间的因果关系。研究结果发现卡方值较大，个别拟合指标有待改进。因此，进一步分析卡方值过大是由于样本数大造成的，还是模型拟合不佳造成的。根据王建明（2015）的建议，通过系统运行，发现卡方值是因样本数较大而被高估，导致模型适配度变差、假设模型被拒绝。因此，本章参考 Bolle 和 Stine（1992）的建议，运用 Bollen - Stine bootstrap 法对模型拟合度进行修正，得到绝对适配度指标为 $x^2/df=1.469$（<3）、AGFI = 0.943（>0.9）、GFI = 0.955（>0.9）、RMSEA = 0.034（<0.08）；增值适配度指标为 NFI = 0.955（>0.9）、IFI = 0.985（>0.9）、CFI = 0.985（>0.9）。各拟合指数均符合标准，模型拟合效果良好。

表 4-16　影响路径及假设检验

假设	影响路径	Std(β)	Unstd	S. E.	T 值	P	假设检验
H4-1	RE→DBAB	0.092	0.087	0.03	2.879	0.004	接受假设
H4-2	PR→DBAB	0.109	0.087	0.03	2.879	0.004	接受假设
H4-3	PB→DBAB	0.139	0.119	0.043	2.764	0.006	接受假设
H4-4	IM→DBAB	0.003	0.003	0.029	0.091	0.927	拒绝假设
H4-5	SE→DBAB	0.278	0.245	0.056	4.418	***	接受假设
H4-6	GS→DBAB	0.161	0.122	0.034	3.588	***	接受假设
H4-7	PA→DBAB	0.286	0.272	0.049	5.504	***	接受假设
H4-8a	PA→RE	0.326	0.327	0.049	6.639	***	接受假设
H4-8b	PA→PR	0.542	0.644	0.065	9.854	***	接受假设
H4-8c	PA→PB	0.266	0.295	0.061	4.836	***	接受假设
H4-8d	PA→IM	0.215	0.246	0.072	3.411	***	接受假设
H4-9a	SE→RE	0.51	0.475	0.063	7.561	***	接受假设
H4-9b	SE→PR	0.212	0.234	0.074	3.183	0.001	接受假设
H4-9c	SE→PB	0.439	0.453	0.075	6.015	***	接受假设
H4-9d	SE→IM	0.373	0.395	0.088	4.471	***	接受假设
H4-10a	GS→RE	0.077	0.062	0.044	1.402	0.161	拒绝假设
H4-10b	GS→PR	0.082	0.078	0.059	1.333	0.182	拒绝假设
H4-10c	GS→PB	0.149	0.132	0.059	2.249	0.024	接受假设
H4-10d	GS→IM	0.024	0.022	0.07	0.321	0.749	拒绝假设

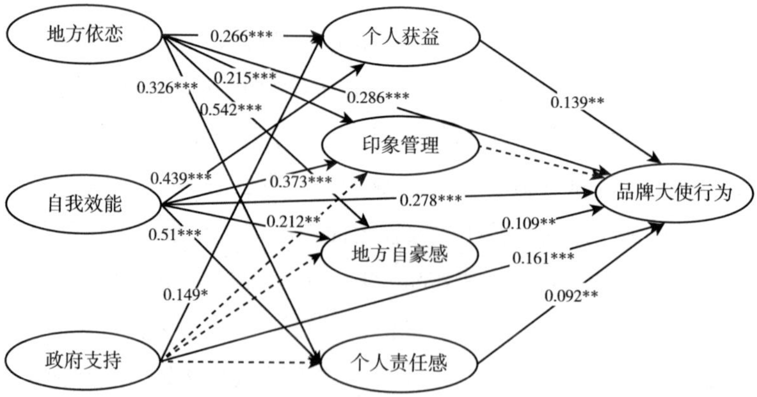

图 4-3　旅游目的地居民品牌大使行为驱动机制的模型验证结果

由表4－16和图4－3可知，个人责任感对居民品牌大使行为有正向显著影响（$\beta = 0.092$，$p < 0.010$），H4－1成立，表明目的地居民所具有的个人责任感越强，越容易激发居民产生品牌大使行为。地方自豪感对居民品牌大使行为具有正向显著影响（$\beta = 0.109$，$p < 0.010$），H4－2成立，表明目的地居民的地方自豪感越强，越容易产生居民品牌大使行为。个人获益对居民品牌大使行为具有显著的正向影响（$\beta = 0.139$，$p < 0.010$），H4－3成立，表明目的地居民从品牌大使行为中获益是影响其采取该行为的重要因素。印象管理对居民品牌大使行为的影响不显著（$\beta = 0.003$，$p > 0.05$），H4－4不成立，表明印象管理对居民品牌大使行为的影响不明显。自我效能对居民品牌大使行为具有显著的正向影响（$\beta = 0.278$，$p < 0.001$），H4－5成立，表明目的地居民自我效能感越高，越容易产生品牌大使行为。政府支持对居民品牌大使行为具有显著的正向影响（$\beta = 0.161$，$p < 0.001$），H4－6成立，表明居民感知到政府对居民品牌大使行为的支持度越高，越容易产生品牌大使行为。地方依恋对居民品牌大使行为具有显著的正向影响（$\beta = 0.286$，$p < 0.001$），H4－7成立，表明目的地居民地方依恋是居民品牌大使行为产生的关键。

地方依恋对个人责任感具有正向显著影响（$\beta = 0.326$，$p < 0.001$），H4－8a成立，表明目的地居民对当地的依恋程度越高，越容易激发个人责任感。地方依恋对地方自豪感具有正向显著影响（$\beta = 0.542$，$P < 0.001$），H4－8b成立，表明目的地居民对当地的依恋程度越高，越容易激发其地方自豪感。地方依恋对个人获益具有正向显著影响（$\beta = 0.266$，$p < 0.010$），H4－8c成立，表明目的地居民对当地的依恋程度越高，越有助于激发其从品牌大使行为中获益的动机。地方依恋对印象管理具有显著的正向影响（$\beta = 0.215$，$p < 0.001$），H4－8d成立，表明目的地居民对当地的依恋程度越高，越有助于激发其自身印象管理动机。

自我效能对个人责任感具有显著的正向影响（$\beta = 0.510$，$p < 0.001$），H4－9a成立，表明目的地居民的自我效能感越强，越容易激发个人责任感。自我效能对地方自豪感影响具有显著的正向影响（$\beta = 0.212$，$p < 0.010$），H4－9b成立，表明目的地居民的自我效能感越强，越有助于激发其地方自豪感。自我效能对个人获益具有显著的正向影响（$\beta = 0.439$，$p < 0.001$），H4－9c成立，表明目的地居民的自我效能感越强，越有助于激发其从品牌大使行为中获益的

动机。自我效能对印象管理具有显著的正向影响（$\beta = 0.373$，$p < 0.001$），H4 - 9d 成立，表明目的地居民的自我效能感越强，越有助于激发其印象管理的动机。

政府支持对个人责任感的影响不显著（$\beta = 0.077$，$p > 0.05$），H4 - 10a 不成立，表明目的地政府的支持程度对居民个人责任感的影响不明显。政府支持对地方自豪感的影响不显著（$\beta = 0.082$，$p > 0.05$），H4 - 10b 不成立，表明目的地政府支持程度对居民地方自豪感的影响不明显。政府支持对个人获益影响显著（$\beta = 0.149$，$p < 0.05$），H4 - 10c 成立，表明目的地政府的支持程度有助于激发居民从品牌大使行为中获益的动机。政府支持对印象管理的影响不显著（$\beta = 0.024$，$p > 0.05$），H4 - 10d 不成立，表明目的地政府支持程度对居民印象管理动机的影响不明显。

（二）中介效应检验

在主效应分析中，发现地方依恋→居民品牌大使行为、自我效能→居民品牌大使行为、政府支持→居民品牌大使行为三条路径均成立，因此需进一步验证个人获益、印象管理、个人责任感和地方自豪感在上述影响路径中的中介作用。本章采用 Bootstrapping 法进行中介效应检验，样本量选择 1000。根据 Preacher 和 Hayes（2004）的研究，bootstrap 置信区间不含 0，则对应的间接效应存在。如表 4 - 17 和表 4 - 18 所示，在 95% 置信区间下，采用 Bias - Corrected、Percentile 两种方法进行检验，结果如下：

地方依恋与居民品牌大使行为的中介作用。个人获益在地方依恋与居民品牌大使行为间的置信区间不含 0，说明间接效应显著，且地方依恋对居民品牌大使行为的直接效应显著，故个人获益在地方依恋与居民品牌大使行为中起部分中介作用；同理，地方自豪感和个人责任感也在地方依恋与品牌大使行为中起部分中介作用。结果表明，地方依恋不仅能直接影响居民品牌大使行为，还可以通过个人获益、地方自豪感和个人责任感来间接影响居民品牌大使行为。然而，印象管理在地方依恋与居民品牌大使行为间的置信区间包含 0，说明间接效应不显著，即地方依恋无法通过印象管理来影响居民品牌大使行为。综上所述，H4 - 11a 部分成立。

自我效能与居民品牌大使行为的中介作用。个人获益在自我效能与居民品牌大使行为间的置信区间不含 0，说明间接效应显著，且自我效能对居民品牌大使行为的直接效应显著，故个人获益在自我效能与居民品牌大使行为中起部分中介作用；同理，地方自豪感和个人责任感也在自我效能与居民品牌大使行为中起部分中介作用。结果表明，自我效能不仅直接影响居民品牌大使行为，还通过个人获益、地方自豪感和个人责任感来间接影响居民品牌大使行为。然而，印象管理在自我效能与品牌大使行为间的置信区间包含0，说明间接效应不显著，即自我效能无法通过印象管理来影响居民品牌大使行为。综上所述，H4－11b部分成立。

政府支持与居民品牌大使行为的中介作用。个人获益在政府支持与居民品牌大使行为间的置信区间包含0，说明间接效应不显著，即个人获益在政府支持与品牌大使行为间不起中介作用；同理，印象管理、地方自豪感在政府支持与品牌大使行为间也不起中介作用，这说明政府支持无法通过个人利益、印象管理、地方自豪感、个人责任感来影响居民的品牌大使行为。综上所述，H4－11c不成立。

从总效应来看，地方依恋、自我效能和政府支持对居民品牌大使行为的影响程度依次为：地方依恋 > 自我效能 > 政府支持；从直接效应和间接效应来看，其影响程度与总效应一致。综上可知，地方依恋是影响居民品牌大使行为的关键，其次是自我效能，最后是政府支持。

表4－17　　中介作用检验

中介路径	系数值	标准误	t值	Bias－Corrected 95%CI		Percentile 95%CI	
				Lower	Upper	Lower	Upper
地方依恋→个人获益→品牌大使行为	0.035	0.017	2.059	0.008	0.076	0.008	0.076
地方依恋→印象管理→品牌大使行为	0.001	0.007	0.143	－0.014	0.015	－0.014	0.015
地方依恋→地方自豪感→品牌大使行为	0.056	0.026	2.154	0.012	0.118	0.012	0.118
地方依恋→个人责任感→品牌大使行为	0.028	0.007	1.867	0.005	0.066	0.005	0.066
自我效能→个人获益→品牌大使行为	0.054	0.037	1.459	0.016	0.119	0.01	0.109
自我效能→印象管理→品牌大使行为	0.001	0.013	0.077	－0.026	0.025	－0.025	0.026
自我效能→地方自豪感→品牌大使行为	0.020	0.013	1.538	0.003	0.054	0.001	0.049
自我效能→个人责任感→品牌大使行为	0.041	0.007	5.857	0.013	0.078	0.009	0.073
政府支持→个人获益→品牌大使行为	0.016	0.021	0.762	－0.001	0.054	－0.004	0.048
政府支持→印象管理→品牌大使行为	0.000	0.003	0.000	－0.006	0.005	－0.005	0.006
政府支持→地方自豪感→品牌大使行为	0.007	0.009	0.778	－0.006	0.028	－0.009	0.025
政府支持→个人责任感→品牌大使行为	0.008	0.007	1.143	0.000	0.027	0.000	0.027

表 4-18　　研究模型的总效应、直接效应和间接效应

路径	总效应		直接效应		间接效应	
	系数值	t 值	系数值	t 值	系数值	t 值
地方依恋→品牌大使行为	0.392***	7.396	0.272***	4.690	0.120**	2.857
自我效能→品牌大使行为	0.362***	5.656	0.245**	3.311	0.117**	2.854
政府支持→品牌大使行为	0.152**	3.234	0.122**	2.596	0.030	1.154

注：** 表示 P<0.01，*** 表示 P<0.001。

（三）调节效应检验

1. 品牌认同在地方依恋对居民品牌大使行为影响中的调节作用。

根据 Aiken & West 的建议，首先将相关变量进行标准化，从而降低多重共线性对结果的干扰。在此基础上，运用层级回归，将地方依恋、品牌认同以及两者的交互项放入回归方程，进一步分析品牌认同在地方依恋对居民品牌大使行为影响中的调节作用，根据表 4-19 模型 3 的验证结果，品牌认同在地方依恋对品牌大使行为影响中的起正向调节作用（β=0.182，P<0.001）。为进一步了解品牌认同的调节作用，由交互作用图（图 4-4）可知，对于品牌认同度较高的居民来说，地方依恋对居民品牌大使行为正向影响作用较大；对于品牌认同度较低的居民来说，地方依恋对居民品牌大使行为正向影响作用相对较小，因此 H4-12a 得到检验。

表 4-19　　品牌认同在地方依恋对居民品牌大使行为影响中的调节作用分析

模型		非标准化系数		标准化系数	t 值	显著性	R^2	ΔR^2
		B	标准误	Beta				
1	常量	4.205	0.023		182.675	0.000	0.555	—
	地方依恋	0.522	0.023	0.746	22.650	0.000		
2	常量	4.205	0.018		227.540	0.000	0.713	0.158
	地方依恋	0.260	0.025	0.372	10.240	0.000		
	品牌认同	0.382	0.025	0.546	15.052	0.000		
3	常量	4.145	0.020		205.313	0.000	0.738	0.025
	地方依恋	0.271	0.024	0.387	11.108	0.000		
	品牌认同	0.439	0.026	0.627	16.912	0.000		
	地方依恋 * 品牌认同	0.089	0.014	0.182	6.215	0.000		

注：因变量为旅游目的地居民品牌大使行为。

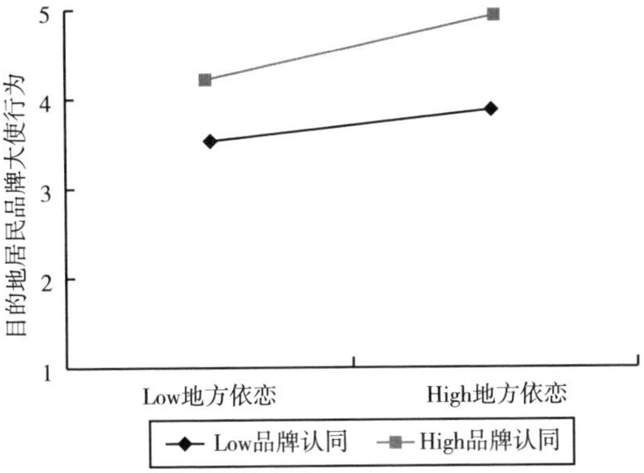

图 4 – 4　品牌认同在地方依恋对居民品牌大使行影响中的调节效应

2. 品牌认同在自我效能对居民品牌大使行为影响中的调节作用。

首先将相关变量进行标准化，从而降低多重共线性对结果的干扰。在此基础上，运用层级回归，将自我效能、品牌认同以及两者的交互项放入回归方程，进一步分析品牌认同在自我效能对居民品牌大使行为影响中的调节作用，根据表 4 – 20 模型 3 的验证结果，品牌认同在自我效能对居民品牌大使行为影响中的起正向调节作用（β = 0.098，P < 0.01）。为进一步了解品牌认同的调节作用，由交互作用图（图 4 – 5）可知，对于品牌认同度较高的居民来说，自我效能对居民品牌大使行为正向影响作用较大；对于品牌认同度较低的居民来说，自我效能对居民品牌大使行为正向影响作用相对较小，因此 H4 – 12b 得到检验。

表 4 – 20　品牌认同在自我效能对居民品牌大使行为影响中的调节作用分析

模型		非标准化系数		标准化系数	t 值	显著性	R^2	ΔR^2
		B	标准误	Beta				
1	常量	4.205	0.024		177.767	0.000	0.530	—
	自我效能	0.510	0.024	0.729	21.544	0.000		
2	常量	4.205	0.018		231.864	0.000	0.724	0.194
	自我效能	0.261	0.023	0.373	11.160	0.000		
	品牌认同	0.396	0.023	0.566	16.965	0.000		

续表

模型		非标准化系数		标准化系数	t 值	显著性	R^2	ΔR^2
		B	标准误	Beta				
3	常量	4.165	0.022		193.001	0.000	0.731	0.007
	自我效能	0.250	0.023	0.357	10.710	0.000		
	品牌认同	0.434	0.026	0.620	16.938	0.000		
	自我效能 * 品牌认同	0.065	0.019	0.098	3.373	0.001		

注：因变量为旅游目的地居民品牌大使行为。

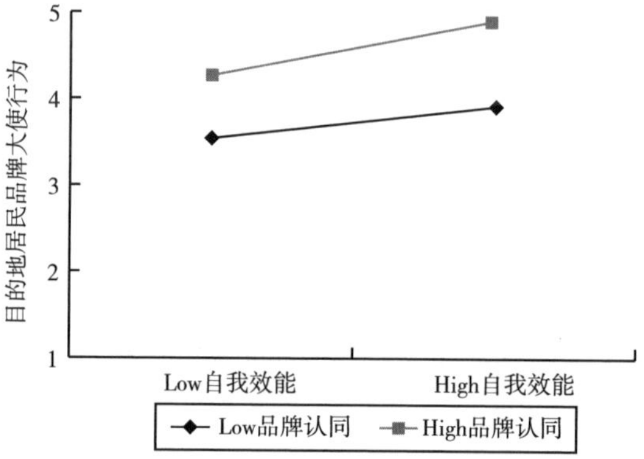

图 4－5　品牌认同在自我效能对居民品牌大使行为影响中的调节效应

3. 品牌认同在政府支持对居民品牌大使行为影响中的调节作用。

首先将相关变量进行标准化，从而降低多重共线性对结果的干扰。在此基础上，运用层级回归，将政府支持、品牌认同以及两者的交互项放入回归方程，进一步分析品牌认同在政府支持对居民品牌大使行为影响中的调节作用，根据表 4－21 模型 3 的验证结果，品牌认同在政府支持对居民品牌大使行为影响中的起正向调节作用（β＝0.070，P＜0.05）。为进一步了解品牌认同的调节作用，由交互作用图（图 4－6）可知，对于品牌认同度较高的居民来说，政府支持对品牌大使行为正向影响作用较大；对于品牌认同度较低的居民来说，政府支持对品牌大使行为正向影响作用相对较小，因此 H4－12c 得到检验。

表 4－21　　品牌认同在政府支持对居民品牌大使行为影响中的调节作用分析

模型		非标准化系数		标准化系数	t 值	显著性	R^2	ΔR^2
		B	标准误	Beta				
1	常量	4. 205	0. 026		162. 266	0. 000	0. 438	-
	政府支持	0. 463	0. 026	0. 662	17. 847	0. 000		
2	常量	4. 205	0. 018		230. 394	0. 000	0. 722	0. 284
	政府支持	0. 233	0. 021	0. 333	10. 854	0. 000		
	品牌认同	0. 438	0. 021	0. 626	20. 409	0. 000		
3	常量	4. 183	0. 020		204. 507	0. 000	0. 726	0. 004
	政府支持	0. 218	0. 022	0. 312	9. 814	0. 000		
	品牌认同	0. 467	0. 025	0. 667	18. 964	0. 000		
	政府支持 * 品牌认同	0. 042	0. 018	0. 070	2. 339	0. 020		

注：因变量为旅游目的地居民品牌大使行为。

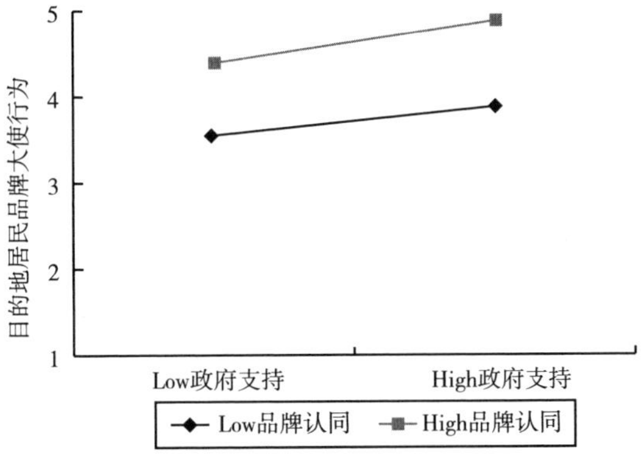

图 4－6　品牌认同在政府支持对居民品牌大使行为影响中的调节效应

五、结果分析

（一）驱动因素对居民品牌大使行为的影响

从行为动机来看，个人责任感、地方自豪感和个人获益均直接影响居民品牌大使行为，故 H4－1、H4－2、H4－3 均成立，而印象管理对居民品牌大使行为的影响不明显，故 H4－4 不成立，其原因在于目前政府、企业和社区等利益主体对居民品牌大使行为的重视不足，难以激发居民的印象管理动机。从各动机的影响程度来看，首先个人获益对居民品牌大使行为的影响程度最大，其次是地方自豪感，最后是个人责任感。换言之，利己动机是影响居民品牌大使行为的关键动机。从其他驱动因素来看，自我效能、政府支持、地方依恋均对居民品牌大使行为产生显著影响，故 H4 –5、H4 –6、H4 –7 成立，且从影响程度来看，地方依恋 > 地方自豪感 > 个人责任感。可见，地方依恋是影响居民品牌大使行为的关键因素。

（二）居民品牌大使行为驱动因素之间的关系

研究表明，地方依恋和自我效能对个人责任感、地方自豪感、个人获益和印象管理等行为动机均具有显著影响，故 H4 –8 和 H4 –9 成立。政府支持对个人获益具有显著影响，但对个人责任感、地方自豪感和印象管理等动机的影响不明显，故 H4 –10 部分成立，原因在于地方政府对居民参与目的地品牌建设行为的宣传、教育、引导、激励等仍有欠缺，导致其难以激发个人责任感、地方自豪感和印象管理等动机。

（三）行为动机的中介作用

研究表明，地方依恋和自我效能通过个人获益、地方自豪感和个人责任感间接影响居民品牌大使行为，但无法通过印象管理来间接影响该行为，故 H4 –11a 和 H4 –11b 部分成立，原因在于居民品牌大使行为无法给居民带来预期利益，故地方依恋和自我效能难以通过印象管理这一动机间接影响居民品牌大使行为。从间接影响程度来看，个人获益的中介效应要大于个人责任感的中介效应，而个人责任感的中介效应要大于地方自豪感的中介效应。政府支持无法通过印象管理、个人获益和地方自豪感来间接影响居民品牌大使行为，故 H4 –11c 不成立，原因在于政府支持力度不足，难以激发居民的行为动机。

（四）品牌认同的调节作用

研究表明，品牌认同在地方依恋、自我效能和政府支持与居民品牌大使行为之间具有正向调节作用，故 H4 –12 成立。从品牌认同对上述路径的调节作用来看，品牌认同在地方依恋与居民品牌大使行为之间的调节作用要大于其在自我效能与居民品牌大使行为之间的调节作用，而品牌认同感在自我效能与居民品牌大使行为之间的调节作用要大于政府支持与居民品牌大使行为之间的调节作用。

第四节 旅游目的地居民品牌大使行为形成机理的剖析

通过对居民品牌大使行为的驱动因素及其形成过程进行深入研究发现，驱动因素主要包括个人因素、情境因素和品牌因素三类。个人因素主要包括自我效能、地方依恋和行为动机等变量。自我效能属于居民对自身作为品牌大使的能力的一种认知，地方依恋属于个人对地方的一种情感，它们直接作用于居民品牌大使行为，同时还通过行为动机（个人获益、地方自豪感和个人责任感）间接作用于该行为。情境因素反映了客观现实本身特点，对居民品牌大使行为存在外部性的刺激作用。情境因素是指居民在品牌传播过程中对政府之于目的地品牌支持的认知情况，包括政府支持这一变量，它直接作用于居民品牌大使行为，不存在间接影响。品牌因素反映了居民对目的地品牌的认知情况，包括品牌认同这一变量，它在个人因素、情境因素中对居民品牌大使行为的影响中起着促进作用。同时，根据驱动因素总效应的大小排序，依次为地方依恋、自我效能、政府支持、个人获益、地方自豪感和个人责任感，其中地方依恋和自我效能对居民品牌大使行为的形成起关键作用，而政府支持起辅助作用；在个体行为动机中，利己动机（个人获益）对居民品牌大使行为形成起着至关重要的作用，而利他动机（地方自豪感和个人责任感）对该行为的形成也起着重要作用（见图4－7）。

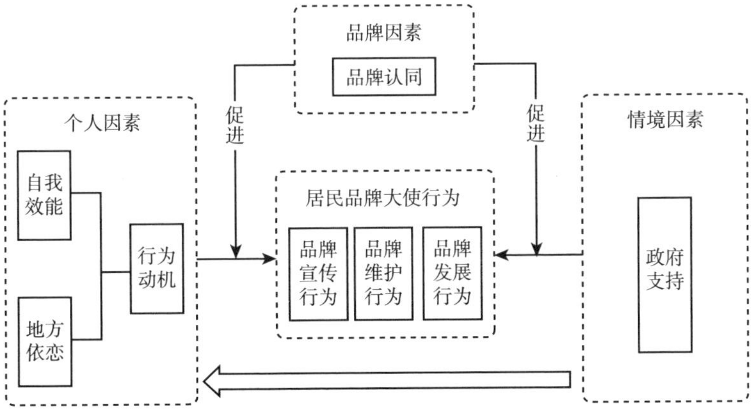

图4－7 旅游目的地居民品牌大使行为形成机理

第五章

旅游目的地居民品牌大使行为的游客响应机制

旅游目的地居民品牌大使行为是居民对外推广旅游目的地形象的重要手段，其主要面向游客群体。因此，本章在研究居民品牌大使行为对游客响应的影响过程中，引入情绪评价理论和“S－O－R”模型，以测度居民品牌大使行为对游客情绪及行为反应的影响。

第一节　旅游目的地居民品牌大使行为对游客影响的理论分析

“刺激—机体—反应”（Stimulus－Organism－Reponse，S－O－R）模型由Mehrabian 和 Russell（1974）提出，该模型的主要观点是当个体受到外部刺激时，会影响其内在情感，进而决定其选择接近行为或规避行为。大量研究已证实“刺激—机体—反应”模型在各领域的适用性。例如，有研究运用“S－O－R”模型探讨目的地社会责任行为对游客情绪及环境责任行为的影响（Su and Swanson，2017）。同时，情绪评价理论则指出，情绪的产生并非源于刺激情境，而是来自个体对刺激情境的估量和评价，且这种估量和评价会进一步驱动相关行为的发生。本章运用情绪评价理论和“S－O－R”模型探讨居民品牌大使行为对游客响应的影响，即游客对居民品牌大使行为的认知会引发情绪体验，进而影响其行为反应。迄今为止，游客响应的研究主要集中在两个方面：一是潜在游客的旅游意愿；二是现实游客的重游意愿和推荐意愿（即忠诚度）（张江驰、谢朝武，2022；曾馨莹、阮垲欣和黎耀奇，2024）。本书主要对现实游客进行探讨，故以忠诚度来测度游客响应。基于此，在居民品牌大使行为对游客响应的影响过程中，居民品牌大使行为是刺激物（S），游客情绪体验是有机体（O），游客忠诚度是行为反应（R）。

一、刺激：居民品牌大使行为

近年来，居民作为目的地旅游发展的关键利益相关者，其在目的地品牌化中的作用日益受到旅游地管理者和地方政府的重视。2018 年，《世界旅游城市品牌建设行动计划（2018～2027）》中指出，旅游城市品牌建设是世界城市提升核心竞争力的重要战略举措，当务之急是构建“政府主导、市民参与”的品牌建设体系。学界亦强调，当地居民作为合作的、与众不同的利益相关者在打造目的地品牌方面的重要性。居民不仅是目的地的东道主和当地特色文化的展示者，还是旅游目的地天然的代言人，其生产、生活场景均是目的地旅游吸引物的重要组成部分，也是当地文化、社会、经济、环境等多层次旅游活动的重要参与者，本身对游客就有天然的吸引力。随着旅游发展的不断深入，越来越多的游客到达旅游目的地后，更倾向于感受当地的风俗民情或体验当地百姓的真实生活，这种变化将更有利于促进当地居民与游客的互动和交往。

主客交往（host－guest interaction）是旅游研究中的热点问题，也是影响游客在旅游目的地体验质量的重要内容。研究表明，为更好地满足游客到目的地深度体验的需求，应鼓励目的地居民与游客开展深层次的交往。主客交往大致分为三种情况：一是游客从目的地居民那里购买产品；二是游客与目的地居民见面交流信息；三是游客经过目的地时与居民相遇。这些互动主要发生在旅游景点和商业场所（Eusébio and Carneiro，2012）。游客若喜欢与目的地居民进行密切交往，则意味着他们对目的地及其居民有较高的兴趣和认同感，也会对目的地和居民作出更为积极的认知评价（张宏梅和陆林，2010）。

然而，游客对与居民交往的感知不仅在目的地评价中发挥着关键作用，也在目的地消费中也起着重要作用（Freire，2009）。社会心理学的交往模型显示，主客交往程度越高，游客对目的地居民的情感就越积极，相应地对居民及目的地的态度也就越积极，游客的停留意愿和满意度也就随之提高（Pizam、

Uriely and Reichel, 2000)。在 P2P 共享住宿中，也发现旅游目的地居民通过与游客在线或面对面的交往，能够有效提高游客满意度、口碑传播意愿和持续居住意愿（Tussyadiah and Zach, 2017）。由此可知，主客交往对提升游客忠诚度具有重要意义。居民品牌大使行为在一定意义上可视为一种主客交往形式，因而居民品牌大使行为也有助于提升游客忠诚度。

二、机体：游客情绪

情绪（Emotion）的研究起源于心理。心理学认为，情绪是个体在外界刺激下所产生的一种复杂的心理活动状态（Arnold, 1960）。目前对情绪的界定，不同学者从不同研究角度提出了自己的观点，尚未形成统一认识。Izard（1977）认为，情绪是由独特的主观体验、外部表现和生理唤起三个组成部分，即情绪是体验或有意识的感觉，是发生在大脑或神经系统中的过程，是可以表现出来、可以观察到的；Bagozzi 等（1999）认为，情绪是个体的一种自主精神状态，这种精神状态来自对事件或想法的认知评价，并可能产生与情绪相关的特定行为。

在消费者行为学研究领域，自情绪理论引入营销研究领域后，学者开始对消费情绪进行研究。Westbrook 和 Oliver（1991）认为，消费情绪是在产品使用或者消费的经历过程中引发的一系列的情绪反应，包括一些具体的情绪体验和表达，如高兴、生气、害怕等，也包括一些如高兴/不高兴、休闲/行动、平静/兴奋等维度。关于消费情绪的构成维度，学者们主要使用了两种方法：一是离散维度方法，即将情绪概念化为一种独特的分类情绪状态，如悲伤、愤怒和快乐。二是结构维度方法，即在连续维度上表示情感，认为情绪状态是彼此相关而非独立的（Oh, 2005），如愉快/不愉快，积极/消极。从具体方法来看，学界目前主要运用“双因素”方法和“唤起—愉快”两种方法，两者均为结构维度方法。Weston 和 Teltegen（1985）指出，消费情绪由积极情绪和消极情绪组成，积极情绪如高兴、兴奋等；消极情绪如痛苦、失望。Russell（1980）验证了消费情绪由“唤起”和“愉快”两个维度构成，愉快维度又称为效价，在愉快与消沉（非愉快）间变化；唤起维度则在消沉与兴奋间变化。关于消费情绪的度量，大多学者直接借鉴了心理学对情绪度量的方法。常用的量表主要包括 Izard（1997）提出的差异情绪量表（Differential Emotion Scale,

DESⅡ)、Russell(1980)的愉快—唤醒—控制量表(Pleasure, Arousal and Dominance, PAD)和 Waton、Clark 和 Tellegen(1988)的积极情绪和消极情绪量表(Postive Affect and Negative Affect Scale, PANAS)。具体来看,Izard 将情绪分为 10 类:兴趣、愉快、惊奇、悲伤、厌恶、愤怒、羞愧、恐惧、轻蔑、内疚,且每一类都用 3 种更为具体的情绪来测量,共形成了 30 个测量题项。Russel 将情绪划分为愉快度和强度两个维度,其中愉快度分为愉快和不愉快,强度可分为高强度和中等强度;两者两两组合成四种类型:愉快——高强度(高兴)、愉快——中强度(轻松)、不愉快——高强度(惊恐)、不愉快——中强度(厌烦)。Waton、Clark 和 Tellegen(1988)提出了积极情绪和消极情绪量表,量表要求个体指出他们体验 20 种情绪中每一种情绪的程度,其中 10 种情绪代表积极情绪(PA),另外 10 种情绪代表消极情绪(NA)。该量表用离散框架代替了连续框架的测量方式,允许特定的消费情境中积极情绪和消极情绪的同时存在,更加贴合消费行为的实际,成为研究消费情绪研究者运用最广泛的测量工具,目前在世界范围内被翻译成多个版本。国内学者邱林(2008)选取 PANAS、Barrett 和 Russell(1998)、Larsen 和 Diener(1992)、Russell(1980)以及 Watson 和 Tellegen(1985)的情感环形模型中描述中的积极情绪和消极情绪体验,且与 PANAS 不重复的题项进行研究,最终形成了 9 个积极情绪量表和 9 个消极情绪量表。

近年来,在旅游研究领域中,游客情绪受到学界的广泛关注,国外研究主要将其应用到海岛旅游、遗产遗址、度假、主题公园和节日等情境(Lee, 2014),而国内研究则主要集中在传统社区、景区和博物馆等(白凯和郭生伟,2010;李恒和崔婷婷,2018;徐曼,2018)。目前,大部分学者主要借鉴心理学情绪测量量表,并验证其在游客情绪方面的适应性(Su, 2017;涂红伟等,2017;Sharma 和 Nayak, 2018)。但也有部分学者对此提出质疑,认为心理学的相关量表无法准确捕捉目的地属性和旅游特征的丰富性,故有学者专门开发了目的地情绪量表(Destination Emotion Scale, DES),该量表完全属于积极情绪量表,主要包括欢乐、爱和惊喜(Hosany and Gilbert, 2010)。然而,在实际旅游过程中,游客情绪是多变的,不可能始终保持积极情绪,尤其是主客交往过程中,居民的不当行为容易引发游客对地方的不满,易产生消极情绪。因而,本书将游客情绪界定为游客在旅游体验过程中所产生的一系列情绪反应，这种情绪反应既可能是积极的（高兴、兴奋等），也可能是消极的（失望、害怕等），即将游客情绪划分为积极情绪与消极情绪两个维度。

情绪评价理论认为，认知评价是情绪产生的前因，个体对事件的不同认知评价导致不同的情绪体验。该理论已广泛应用于顾客行为的情绪驱动研究中（Johnson and Stewart，2005）。因而游客对居民品牌大使行为的认知评价也可能导致两种截然不同的情绪反应。例如，当地居民向游客热情推荐目的地品牌及其相关信息时，将有助于游客进一步了解目的地，更好地体验目的地特色，省时省力地获得最佳的旅游体验。在这种情境下，游客会产生感激、兴奋等积极情绪。当游客产生积极情绪时（如感激居民的推荐、对居民推荐充满兴趣等），会使游客对当地旅游充满期待，即使本次旅游行程中无暇顾及居民所推荐的景点，也会期待下次旅游时访问，进而有助于提升游客的重游意愿。相反，如果游客怀疑当地居民的热情推荐背后不正当利益，可能存在购物陷阱或回扣等问题。在这种情境下，游客会产生厌烦、愤怒等消极情绪，从而对目的地产生消极印象，影响游客重游意愿，并可能引发负面的口碑效应。

三、反应：游客忠诚度

顾客忠诚度的研究伴随着服务经济的兴起而展开。在服务营销领域，顾客忠诚度被视为一种重要资产，是衡量营销策略成功程度的关键指标（Flavián、MartíNez and Polo，2001）。顾客忠诚度是顾客对同一品牌系列产品或服务的重复购买行为，且这种行为不会因为市场态势的变化以及竞争性产品的出现而产生转移（Oliver，1999；伍颖和邵兵家，2002）。然而，不同的学者对这一概念持不同的观点，当前可将各类观点大致可归为三类（Jacoby and Kyner，1973）：第一类是态度忠诚，指顾客在未来持续重购或再次惠顾某一偏好产品或服务的一种深度承诺，即对产品或服务的品牌偏好和购买倾向，如回购意向（Fournier，1994）；第二类是行为忠诚，具体包括持续购买和推荐行为，如购买次数、购买比率和购买概率（Hughes，1991）；第三类是复合忠诚，指整合上述两种观点，认为顾客忠诚是态度忠诚和行为忠诚的统一，主要包括再次购买的行为与倾向和积极口碑效应。

游客忠诚度是旅游情境中顾客忠诚度的延伸和扩展（Baloglu，2001）。若将目的地体验视为一种产品，则游客忠诚度是游客在一段时间内选择重新访问旅游目的地或将其推荐给亲朋好友的行为意向（Yoon and Uysal，2005）。根据顾客忠诚度的分类，游客忠诚度也大致可分为行为忠诚度、态度忠诚度和复合忠诚度（Jacoby and Chestnut，1978）。行为忠诚关注的是行为结果，主要体现在重复访问上，但由于旅游活动不同于一般的消费活动，探新求异是一种重要的旅游动机，旅游者往往会选择不同的旅游目的地，因此游客忠诚不能简单地用重游行为来测度，游客忠诚度应更多地反映其对目的地的一种积极的、持久的、发自内心的情感和态度。由此，态度忠诚与旅游研究实际更为贴切。态度忠诚度是游客对目的地产品和服务的心理表达，如回访意向或推荐意向。复合忠诚度是态度忠诚和行为忠诚的统一（Backman and Crompton，1991；Iwasaki and Havitz，1998），即游客倾向于对目的地持积极态度，并对特定目的地表现出行为忠诚度。在实际操作层面，重游意向和推荐意向是衡量游客忠诚度的常用方法（Horng、Liu and Chou et al.，2012；Hung and Petrick，2012）。对于旅游目的地而言，回头客代表了一个非常理想的市场细分（Lau and McKercher，2004），他们倾向于在目的地停留更长时间，传播积极的口碑，并更集中地参与消费活动（Oppermann，2000；Lehto、O'Leary and Morrison，2004）。同时，对重游者来说，也具有成本效益，因为他们比首次访问者的成本要低得多（Shoemaker and Lewis，1999）。

游客忠诚度的测量主要借鉴顾客忠诚度的相关研究，可分为单维度、二维度和三维度。从单维度来看，主要是单独采用行为忠诚度或态度忠诚度来加以测量。除此之外，有些研究中虽未明确提出忠诚度这一变量，但却采用与忠诚度内涵相关的重游意愿或推荐意愿等变量来测量。二维度结构主要是将游客忠诚度划分为重游意愿、推荐意愿或者态度忠诚、行为忠诚，多数研究将其放在一个量表中进行度量，也有文献将两个维度分为两个量表进行度量。同时，相关研究指出，二维度结构并不完整，因为重游意愿和推荐意愿都只针对特定旅游者而言，没有考虑到该旅游地与其他旅游地的关系。据此，相关学者提出将旅游忠诚度划分为重游意愿、推荐意愿和不替换意愿等三个维度（粟路军，2011）。综上所述，本书认为游客的目的地忠诚度应从情感忠诚和意动忠诚两方面来考虑。

在旅游目的地营销中，提高游客忠诚度是旅游目的地在激烈的市场竞争中取胜的法宝。近年来，为提高游客忠诚度，一些旅游目的地不惜花费巨资打造旅游形象宣传片在主流媒体投放，但成效并不明显。这一现象的根源在于游客获取旅游信息的渠道日益呈现多样化，尤其是口碑传播的影响力日益增强，其中居民的推荐和评价对游客决策的影响尤为显著。同时，游客需求也发生了转变，不再仅局限于传统的旅游景区（点），而是更加倾向于深入体验当地居民的生产生活方式。可见，居民作为当地旅游信息的发布者和旅游资源的展示者，对游客忠诚度的影响不容忽视。鉴于此，本书尝试探究居民作为旅游目的地品牌大使向游客宣传、推广目的地，会给游客带来怎样的情绪体验？这一情绪体验是否会影响到游客忠诚度？为深入探究这一系列的问题，本书在借鉴前人研究的基础上，运用情绪评价理论和“S－O－R”模型研究居民品牌大使行为对游客的影响效应。

第二节　旅游目的地居民品牌大使行为对游客影响的研究假设

一、居民品牌大使行为对游客情绪的影响

现有研究表明，认知是情绪的前置变量，即个体在对外在刺激形成认知的基础上产生相应的情绪反应。具体而言，若外部环境给个体带来正面刺激，则个体会产生正面情绪（Frijda，1993）。相反，若外部环境给个体带来负面刺激，则个体会产生负面情绪（Pugh，2001）。有学者通过对五个不同的服务行业的实验研究，发现服务接触中工作人员的语言、表情和行为能有效影响消费者的情绪。进一步研究发现，积极行为能够激发消费者的积极情绪，而消极行为则会激发消费者的消极情绪（Lemmink and Mattsson，2002）。鉴于此，当地居民作为目的地的东道主和服务主体，在与游客的互动过程中，通过加强目的地品牌知识学习，热情地向游客传递目的地品牌的旅游信息，帮助游客解决旅游中遇到的问题等积极行为，可能会激发游客的积极情绪反应；而居民不恰当地宣传、维护、发展旅游目的地品牌的行为则可能会引发游客的消极情绪反应。综合上述分析，提出如下假设：

H5－1a：居民品牌宣传行为对游客积极情绪有正向影响
H5－1b：居民品牌维护行为对游客积极情绪有正向影响
H5－1c：居民品牌发展行为对游客积极情绪有正向影响
H5－2a：居民品牌宣传行为对游客消极情绪有负向影响
H5－2b：居民品牌维护行为对游客消极情绪有负向影响
H5－2c：居民品牌发展行为对游客消极情绪有负向影响

二、居民品牌大使行为对游客忠诚度的影响

现有研究表明，在向社交媒体和网络社区中的用户推荐旅游目的地信息时，旅游目的地居民相较于有经验的游客，对用户旅游决策产生的影响更大，尤其在住宿餐饮、目的地安全、旅行路线改进、目的地信息以及行程建议等方面（Arsal、Woosnam and Baldwin et al.，2010）。这一现象不仅适用于虚拟网络社区中，在现实情境中也同样普遍适用。有学者指出，目的地居民向游客提供当地信息、分享经验，能够满足游客对旅游目的地体验的需求，进而影响游客的行为意向（Choo et al.，2011）。也有研究进一步指出，当地居民与游客的个人联系能够激发游客对目的地的推荐意向（Nam、Kim and Hwang，2016）。因此，居民向游客提供当地旅游品牌的相关信息、分享经验，根据目的地品牌要求规范自身言行，以及更新品牌知识以更好地服务游客等行为，将会有效提升游客忠诚度。综合上述分析，提出如下假设：

H5－3a：居民品牌宣传行为对游客忠诚度有正向影响
H5－3b：居民品牌维护行为对游客忠诚度有正向影响
H5－3c：居民品牌发展行为对游客忠诚度有正向影响

三、游客情绪对游客忠诚度的影响

情绪心理进化理论提出，不同情绪能引发不同的行为倾向和行为后果（Frijda and Zeelenberg，2001；Roseman et al.，1994）。在消费过程中，顾客的消费情绪会影响其重复购买行为，即顾客忠诚度。李华敏和王丹丹（2011）认为，积极情绪与顾客忠诚度呈正相关，而消极情绪与顾客忠诚度呈负相关。白凯等（2010）指出入境游客的积极情绪体验会形成重游意愿和推荐意愿，消极情绪体验会造成负面推荐意愿。Yang 等（2011）以中国节庆旅游为例，

探讨了节日游客的情绪、感知价值与行为意向之间的相互关系，结果表明游客情绪与感知价值和行为意向呈正相关。Ribeiro 和 Woosnam（2017）运用情感凝聚理论分析了目的地居民之于游客的欢迎程度对游客的目的地忠诚度具有良好的预测作用。综合上述分析，提出如下假设：

H5－4a：游客积极情绪对游客忠诚度有正向影响

H5－4b：游客消极情绪对游客忠诚度有负向影响

四、游客情绪的中介效应

根据“认知—情感—行为”理论，个体对外部刺激的认知会影响其情绪反应，进而影响其后续行为。Tai（1997）指出，在购物情境中，顾客对服务质量的认知通过消费情绪进而影响顾客行为；粟路军（2011）以乡村旅游消费者为调研对象，实证分析发现游客情绪在游客服务质量感知与游客忠诚度之间发挥着中介作用。由此可推知，游客对于居民品牌大使行为的认知，会影响到游客自身情绪，而且这一情绪也会对游客后续消费行为产生影响。换言之，游客对于居民品牌大使行为的认知，经由游客情绪这一中介来影响游客忠诚度（见图 5－1）。综合上述分析，提出如下假设：

H5－5a：游客情绪在居民品牌宣传行为对游客忠诚度的影响中起中介作用

H5－5b：游客情绪在居民品牌维护行为对游客忠诚度的影响中起中介作用

H5－5c：游客情绪在居民品牌发展行为对游客忠诚度的影响中起中介作用

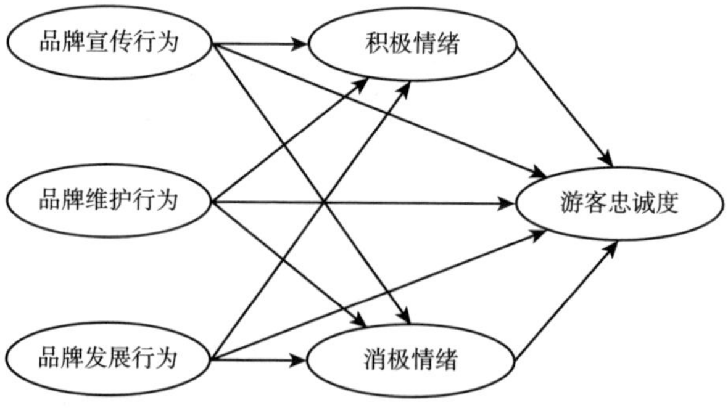

图 5－1 本章的概念模型

第三节　旅游目的地居民品牌大使行为对游客影响的实证检验

一、问卷设计与变量测量

（一）问卷设计

调查问卷共由三部分构成。第一部分为筛选环节，通过设置跳转题“在旅游过程中，是否与居民进行互动”作为前提条件进行问卷筛选，若受访者选择“否”，则结束问卷，该问卷被视为无效。第二部分为问卷主体，由研究模型中所涉及的25个题项构成。第三部分为游客的人口统计特征，主要由“性别”“年龄”“受教育程度”“职业”“旅游方式”“您到该地旅游的次数”构成。

（二）变量测量

为确保问卷的有效性，相关变量均采用国内外较为成熟的量表，并采用李克特5点量表进行测量（1=非常不认同，5=非常认同）。本书共包含游客对居民品牌大使行为认知、游客情绪和游客忠诚度等变量。在这三个变量中，游客对居民品牌大使行为认知是自变量，由居民品牌宣传行为、居民品牌维护行为、居民品牌发展行为构成；游客忠诚度是因变量；游客情绪是中介变量，包括积极情绪和消极情绪。居民品牌大使行为的量表在前面的章节已详细介绍，不再赘述（详见第三章）。

游客积极情绪是指在主客互动中，由居民品牌大使行为所引发的积极情感。游客消极情绪是指在主客互动中，由居民品牌大使行为所引发的消极情感。目前关于游客情绪的量表，主要采用“积极情绪和消极情绪”量表和“愉快—唤醒—控制”量表两种测量方式。根据现有成果并结合研究实际，本书选取了积极情绪和消极情绪量表。其中，积极情绪参考Frijda（1993）与Waton、Clark和Tellegen（1988）的量表，具体包括“该行为让我感到高兴”“该行为让我感到愉快”“该行为让我非常感激”“该行为提升了我对目的地的兴趣”“该行为让我对目的地充满期待”5个题项。消极情绪参考Richins

（1997）与 Waton、Clark 和 Tellegen（1988）的量表，主要包括“该行为让我感到反感”“该行为让我感到不满”“该行为会让我感到担心”“该行为会让我紧张”4 个题项。

游客忠诚度从情感忠诚和意动忠诚两个维度进行研究。本书参考 Forgas - Coll（2012）和 Yuksel（2010）的量表，具体包括“我很喜欢这个旅游目的地”“我认为这里是很好的旅游目的地”“我会再次到该目的地旅游”“我愿意向他人推荐该旅游目的地”4 个题项。

二、数据收集与描述性统计分析

（一）数据收集

本书以旅游目的地品牌“仙境海岸”的支撑城市（青岛、烟台、威海、日照）为案例地展开调查。问卷调查时间为 2018 年 10 月 1 日至 10 月 19 日。在实地调研中，采用随机抽样的方法，面向青岛前海一线、崂山风景区，烟台第一海水浴场、蓬莱阁，威海金海滩浴场、刘公岛，日照万平口海滨旅游区、奥林匹克水上公园等地的游客发放问卷 535 份，回收问卷 492 份（其中，青岛 149 份，烟台 134 份，威海 106 份，日照 103 份），剔除无效、填写不完整及前后矛盾的问卷 37 份，最终回收有效问卷为 455 份，问卷有效率占 85%。

（二）描述性统计分析

样本特征分布情况如表 5 - 1 所示，从性别来看，女性（64%）多于男性（36%）；从年龄来看，18 ~ 25 岁占 27.3%，26 ~ 35 岁占 34.5%，36 ~ 45 岁占 20.2%，46 ~ 55 岁占 10.1% 和 56 岁以上均占 7.9%；从受教育程度来看，高中及以下占 14.3%，大专占 33.6%，本科占 31.6%，硕士及以上占 20.4%；从职业构成来看，政府、事业单位职工占 29.7%，企业职员占 19.3%，学生占 24.6%，个体经营者占 6.4%，自由职业者占 4.2%，离退休人员占 8.8%，其他职业占 7.0%；从旅游方式来看，自助游占 68.4%，团队游占 26.2%，其他占 5.5%；从旅游次数来看，第 1 次来目的地占 60.9%，2 ~ 3 次的占 27.5%，4 次以上的占 11.6%。

表 5－1　　调研样本特征分布情况

项目	组别	频数（人）	百分比（%）	项目	组别	频数（人）	百分比（%）
性别	男	164	36	职业分布	政府或事业单位人员	135	29.7
	女	291	64		企业职员	88	19.3
年龄	18～25岁	124	27.3		个体经营者	29	6.4
	26～35岁	157	34.5		自由职业者	19	4.2
	36～45岁	92	20.2		离退休人员	40	8.8
	46～55岁	46	10.1		学生	112	24.6
	56岁以上	36	7.9		其他	32	7.0
旅游方式	自助游	311	68.4	受教育程度	初中及以下	14	3.1
	团队游	119	26.2		高中/中专/技校	51	11.2
来该地旅游的次数	其他	25	5.5		大专	153	33.6
	1次	277	60.9		本科	144	31.6
	2～3次	125	27.5		硕士及以上	93	20.4
	4次以上	53	11.6				

三、信效度检验

（一）信度分析

由表5－2可知，本章中各量表的Cronbach's α 系数均高于0.7的可接受标准，表明量表具有较好的内部一致性。具体来看，居民品牌宣传行为量表的Cronbach's α 系数为0.874，符合大于0.7的标准，所有题项的CITC都大于0.5，且删除任一题项后，Cronbach's α 系数未得到显著提升，这表明居民品牌宣传行为量表通过了信度检验。居民品牌维护行为量表的Cronbach's α 系数为0.791，符合大于0.7的标准，所有题项的CITC都大于0.5，且删除任一题项后，Cronbach's α 系数未得到显著提升，这表明居民品牌维护行为量表通过了信度检验。居民品牌发展行为量表的Cronbach's α 系数为0.917，符合大于0.7的标准，所有题项的CITC都大于0.5，且删除任一题项后，Cronbach's α 系数未得到显著提升，这表明居民品牌发展行为量表通过了信度检验。积极情绪量表的 Cronbach's α 系数为 0.926，大于 0.7 的标准，所有题项的 CITC 都大于 0.5，且删除任一题项后，Cronbach's α 系数未得到显著提升，因此积极情绪量表通过了信度检验。消极情绪量表的 Cronbach's α 系数为 0.940，符合大于 0.7 的标准，所有题项的 CITC 都大于 0.5，且删除任一题项后，Cronbach's α 系数未得到显著提升，这表明消极情绪量表通过了信度检验。游客忠诚度量表的 Cronbach's α 系数为 0.900，符合大于 0.7 的标准，所有题项的 CITC 都大于 0.5，且删除任一题项后，Cronbach's α 系数未得到显著提升，这表明游客忠诚度量表通过了信度检验。

表 5-2　相关量表的 CITC 及信度分析

变量	Cronbach's α 系数	测量题项	CITC	删除该项后的 Cronbach's α 系数
品牌宣传行为	0.874	BP1	0.762	0.835
		BP2	0.765	0.834
		BP3	0.688	0.851
		BP4	0.659	0.863
		BP5	0.670	0.855
品牌维护行为	0.791	BM1	0.643	0.715
		BM2	0.607	0.743
		BM3	0.663	0.691
品牌发展行为	0.917	BD1	0.864	0.873
		BD2	0.857	0.875
		BD3	0.760	0.909
		BD4	0.767	0.906
积极情绪	0.926	PA1	0.759	0.917
		PA2	0.852	0.900
		PA3	0.776	0.915
		PA4	0.823	0.905
		PA5	0.821	0.906
消极情绪	0.940	NA1	0.900	0.909
		NA2	0.856	0.923
		NA3	0.848	0.925
		NA4	0.829	0.931

续表

变量	Cronbach's α 系数	测量题项	CITC	删除该项后的 Cronbach's α 系数
游客忠诚度	0.900	TL1	0.781	0.870
		TL2	0.797	0.863
		TL3	0.737	0.890
		TL4	0.808	0.862

（二）效度分析

1. 探索性因子分析。

（1）游客对居民品牌大使行为认知的探索性因子分析。

由表 5－3 可知，游客对居民品牌大使行为的认知样本中，KMO 值为 0.901，显著性为 0.000，表明样本数据适合进行因子分析。采用主成分分析法，提取 3 个公因子，分别为居民品牌发展行为、居民品牌宣传行为和居民品牌维护行为，可共同解释方差总变异的 73.993%，这说明游客对居民品牌大使行为认知的测量量表具有良好的结构效度。同时，所有因子载荷均介于 0.602～0.882，均符合大于 0.5 的标准。这一结果表明，游客对居民品牌大使行为认知的 12 个题项归属为 3 个公因子，每个公因子与其对应的题项在内容具有一致性，能够涵盖居民品牌大使行为认知的内容。

表 5－3　　旅游目的地居民品牌大使行为探索性因子分析结果

因子	题项	成分		
		1	2	3
品牌发展行为	BD1 当地居民会帮我向旅游相关部门反馈意见	0.882		
	BD2 当地居民会鼓励我旅游相关部门反馈意见	0.866		
	BD3 当地居民具有较好的品牌知识和传播能力	0.706		
	BD4 当地居民会参与有关品牌发展的培训活动	0.798		
品牌宣传行为	BP1 当地居民会向我介绍有关旅游目的地品牌的信息		0.845	
	BP2 当地居民会向我分享有关旅游目的地品牌的信息		0.847	
	BP3 当地居民会向我推荐旅游目的地品牌		0.802	
	BP4 当地居民会向我发送旅游目的地的宣传材料		0.636	
	BP5 当地居民会邀请我参与旅游目的地活动		0.670	

续表

因子	题项	成分		
		1	2	3
品牌维护行为	BM1 当地居民会注意自身言行对目的地品牌形象的影响			0.602
	BM2 当地居民会主动向我澄清他人对目的地品牌的误解			0.782
	BM3 当地居民会主动维护目的地品牌的声誉			0.774
特征值		3.572	3.250	2.058
方差贡献率（%）		29.766	27.080	56.846
累积方差贡献率（%）		29.766	17.147	73.993

（2）游客情绪的探索性因子分析。

由表5-4可知，在游客情绪的样本中，KMO值为0.860，显著性为0.000，表明数据适合进行因子分析。采用主成分分析法，提取2个特征值大于1的公因子，分别为游客积极情绪和游客消极情绪，可共同解释方差总变异的80.689%，这说明该测量量表具有良好的结构效度。同时，所有因子载荷均介于0.839~0.930，均大于0.5的标准。这一结果表明，游客情绪的9个题项归属为2个公因子，各公因子与其对应的题项在内容具有一致性，能够涵盖游客情绪的相关内容。

表5-4　游客情绪的探索性因子分析

因子	题项	因子载荷	特征值	方差贡献率（%）	累积方差贡献率（%）
积极情绪	PA1 该行为让我感到愉快	0.839	3.849	42.769	42.769
	PA2 该行为让我感到高兴	0.900			
	PA3 该行为让我非常感激	0.843			
	PA4 该行为让我对目的地产生更大兴趣	0.870			
	PA5 该行为让我对目的地充满期待	0.878			
消极情绪	NA1 该行为让我感到反感	0.930	3.413	37.919	80.689
	NA2 该行为让我感到不满	0.913			
	NA3 该行为让我感到担心	0.903			
	NA4 该行为让我感到紧张	0.888			

(3) 游客忠诚度的探索性因子分析。

由表 5 - 5 可知，在游客忠诚度的样本中，KMO 值为 0.832，显著性为 0.000，表明数据适宜进行因子分析。采用主成分分析法，提取 1 个特征值大于 1 的公因子，即游客忠诚度，其方差贡献率达 77.453%，这说明该测量量表具有良好的结构效度。同时，因子载荷介于 0.850 ~ 0.896，均大于 0.5 的标准。这一结果表明，该因子与其对应的题项在内容具有一致性，能够涵盖游客忠诚度的相关内容。

表 5 - 5 游客忠诚度的探索性因子分析

因子	题项	因子载荷	特征值	方差贡献率（%）
游客忠诚度	TL1 我很喜欢这个旅游目的地	0.882	3.098	77.453
	TL2 我认为这里是很好的旅游目的地	0.892		
	TL3 我会再次到该目的地旅游	0.850		
	TL4 我愿意向他人推荐该旅游目的地	0.896		

2. 验证性因子分析。

为进一步检验量表中各变量的效度，采用 AMOS22.0 对各变量进行验证性因子分析，验证结果如表 5 - 6 所示。

(1) 居民品牌宣传行为的验证性因子分析。

运用 AMOS22.0 软件对居民品牌宣传行为进行验证性因子分析，以最大似然法进行适配函数估计，发现个别拟合指标有待改进，故根据修正指数 MI，删除残差相关度较高的题项 BP5，得到绝对适配度指标为 $x^2/df = 1.355$ (< 5)、AGFI = 0.985 (> 0.8)、GFI = 0.997 (> 0.9)、RMSEA = 0.028 (<0.1)、SRMR = 0.01 (< 0.05)；增值适配度指标为 NFI = 0.997 (>0.9)、IFI = 0.999 (>0.9)、CFI = 0.999 (>0.9)。各拟合指数符合标准，模型拟合度良好。居民品牌宣传行为的标准化载荷量介于 0.634 ~ 0.872，大于 0.5 的标准，且 T 值均大于 1.96，显著性高；组合信度 CR 为 0.869，超过 0.7 的标准；平均提取方差 AVE 为 0.628，符合大于 0.5 的标准，表明量表具有较好的收敛效度。

(2) 居民品牌维护行为的验证性因子分析。

运用 AMOS22.0 软件对居民品牌维护行为进行验证性因子分析，由于该潜变量只有3个观测变量，模型恰好识别，因而不再进行模型的适配度检验。居民品牌维护行为的标准化载荷量介于0.702~0.793，大于0.5的标准，且T值均大于1.96，显著性高；组合信度CR为0.796，超过0.7的标准；平均提取方差AVE为0.566，符合大于0.5的标准，表明量表具有较好的收敛效度。

（3）居民品牌发展行为的验证性因子分析。

运用AMOS22.0软件对居民品牌发展行为进行验证性因子分析，以最大似然法进行适配函数估计，发现个别拟合指标有待改进，故根据修正指数MI，删除残差相关度较高的题项BD4。由于该潜变量只剩3个观测变量，模型恰好识别，因而不再进行模型的适配度检验。居民品牌发展行为的标准化载荷量介于0.746~0.944，大于0.5的标准，且T值均大于1.96，显著性高；组合信度CR为0.911，超过0.7的标准；平均提取方差AVE为0.776，符合大于0.5的标准，表明量表具有较好的收敛效度。

（4）游客积极情绪的验证性因子分析。

运用AMOS22.0软件对游客积极情绪进行验证性因子分析，以最大似然法进行适配函数估计，发现个别拟合指标有待改进，故根据修正指数MI，删除残差相关度较高的题项PA4和PA5。由于该潜变量只剩3个观测变量，模型恰好识别，因而不再进行模型的适配度检验。游客积极情绪的标准化载荷量介于0.796~0.914，大于0.5的标准，且T值均大于1.96，显著性高；组合信度CR为0.891，超过0.7的标准；平均提取方差AVE为0.732，符合大于0.5的标准，表明量表具有较好的收敛效度。

（5）游客消极情绪的验证性因子分析。

运用AMOS22.0软件对游客消极情绪进行验证性因子分析，以最大似然法进行适配函数估计，发现个别拟合指标有待改进，故根据修正指数MI，删除残差相关度较高的题项NA1。由于该潜变量只剩3个观测变量，模型恰好识别，因而不再进行模型的适配度检验。游客消极情绪的标准化载荷量介于0.848~0.899，大于0.5的标准，且T值均大于1.96，显著性高；组合信度CR为0.909，超过0.7的标准；平均提取方差AVE为0.770，符合大于0.5的标准，表明量表具有较好的收敛效度。

（6）游客忠诚度的验证性因子分析。

运用AMOS22.0软件对游客忠诚度进行验证性因子分析，以最大似然法进行适配函数估计，发现个别拟合指标有待改进，故根据修正指数 MI，删除残差相关度较高的题项 TL3。由于该潜变量只剩 3 个观测变量，模型恰好识别，因而不再进行模型的适配度检验。游客忠诚度的标准化载荷量介于 0.820 ~ 0.882，大于 0.5 的标准，且 T 值均大于 1.96，显著性高；组合信度 CR 为 0.891，超过 0.7 的标准；平均提取方差 AVE 为 0.731，符合大于 0.5 的标准，表明量表具有较好的收敛效度。

表 5-6　　验证性因子分析

观测变量	路径	潜在变量	标准化回归系数	非标准化回归系数	S. E.	C. R.	P	SMC	CR	AVE
BP1	<---	品牌宣传行为	0.867	1.000				0.752	0.869	0.628
BP2	<---	品牌宣传行为	0.872	0.994	0.045	21.953	***	0.760		
BP3	<---	品牌宣传行为	0.774	0.950	0.050	19.064	***	0.599		
BP4	<---	品牌宣传行为	0.634	0.925	0.064	14.538	***	0.402		
BM1	<---	品牌维护行为	0.760	1.000				0.578	0.796	0.566
BM2	<---	品牌维护行为	0.702	0.799	0.063	12.726	***	0.493		
BM3	<---	品牌维护行为	0.793	0.862	0.066	13.001	***	0.629		
BD1	<---	品牌发展行为	0.938	1.000				0.880	0.911	0.776
BD2	<---	品牌发展行为	0.944	0.960	0.031	31.228	***	0.891		
BD3	<---	品牌发展行为	0.746	0.669	0.032	20.824	***	0.557		
PA1	<---	积极情绪	0.852	1.000				0.726	0.891	0.732
PA2	<---	积极情绪	0.914	1.082	0.048	22.325	***	0.835		
PA3	<---	积极情绪	0.796	1.031	0.052	19.888	***	0.634		
NA2	<---	消极情绪	0.848	1.000				0.719	0.909	0.770
NA3	<---	消极情绪	0.899	1.095	0.046	23.756	***	0.808		
NA4	<---	消极情绪	0.885	1.059	0.045	23.408	***	0.783		
TL1	<---	游客忠诚度	0.862	1.000				0.743	0.891	0.731
TL2	<---	游客忠诚度	0.882	1.093	0.050	21.967	***	0.778		
TL4	<---	游客忠诚度	0.820	0.931	0.045	20.58	***	0.672		

3. 区别效度分析。

运用信赖区间法进行区别效度的可靠性验证，其判断标准为各潜变量相关系数的信赖区间的最高值和最低值之间不包括 1，则认为具有较好的区别效度。根据 Preacher 和 Hayes（2004）的研究，设定重复抽样为 5000 次，在 95% 置信区间下，采用 Bias – Corrected、Percentile 两种方法进行检验，结果如表 5 –7 所示。通过研究发现，各潜变量的相关系数在上述两种方法中均不包括 1，故各潜变量之间具有良好的区别效度。

表 5 –7　　区别效度检验

Parameter	Piont Estimate	Bias – Corrected 95% CI		Percentile 95% CI	
		Lower	Upper	Lower	Upper
BP <––> BM	0.656	0.474	0.692	0.472	0.586
BP <––> BD	0.476	0.398	0.610	0.400	0.510
BP <––> PA	0.462	0.437	0.617	0.435	0.530
BP <––> NA	0.636	–0.346	–0.116	–0.346	–0.232
BP <––> TL	0.636	0.219	0.446	0.213	0.330
BM <––> BD	0.623	0.696	0.820	0.696	0.763
BM <––> PA	0.652	0.304	0.530	0.302	0.421
BM <––> NA	0.698	–0.286	–0.055	–0.281	–0.168
BM <––> TL	0.538	0.388	0.590	0.384	0.490
BD <––> PA	0.400	0.263	0.470	0.263	0.371
BD <––> NA	0.740	–0.162	0.063	–0.157	–0.048
BD <––> TL	0.565	0.232	0.431	0.227	0.332
PA <––> NA	0.685	–0.447	–0.206	–0.450	–0.328
PA <––> TL	0.450	0.384	0.592	0.371	0.483
NA <––> TL	0.584	–0.206	0.022	–0.205	–0.089

四、路径分析和假设检验

（一）主效应分析

本章通过回归分析对假设模型进行验证，采用方差膨胀因子（Variance Inflation Factors，VIF）来诊断多重共线性问题。一般认为，当 0 < VIF < 10 时，不存在多重共线性；当 VIF≥10 时，存在多重共线性，且数值越大，多重共线性问题越严重。

1. 居民品牌大使行为与积极情绪关系的检验。

居民品牌宣传行为、居民品牌维护行为和居民品牌发展行为作为自变量，游客积极情绪作为因变量进行多元回归分析，其结果详见表5－8和表5－9。由表5－8可知，调整后 R^2 为0.247，说明居民品牌大使行为的三个维度共同作用可以解释游客积极情绪的24.7%。F值变化量为50.757，p小于0.001，已达到显著水平，表明回归方程拟合效果较好。

表5－8　旅游目的地居民品牌大使行为与积极情绪回归分析模型汇总

R	R^2	调整 R^2	估计标准误	变化统计量				
				R^2 变化量	F 变化量	自由度1	自由度2	显著性 F 变化量
0.502[a]	0.252	0.247	0.413	0.252	50.757	3	451	0.000

如表5－9所示，居民品牌宣传行为的VIF值为1.498（<2），说明它与其他自变量之间不存在多重共线性问题。标准化回归系数为0.395（t＝7.919，P<0.001），由此可知，居民品牌宣传行为对游客积极情绪具有显著的正向影响，居民品牌宣传行为强度越高，其游客积极情绪越强烈，故H5－1a成立。居民品牌维护行为的VIF值为2.004（<3），说明它与其他自变量之间不存在多重共线性问题。标准化回归系数为0.042（t＝0.724，P>0.05），由此可知，居民品牌维护行为对游客积极情绪不具有显著的正向影响，故H5－1b不成立。居民品牌发展行为的VIF值为1.992（<2），说明它与其他自变量之间不存在多重共线性问题。标准化回归系数为0.129（t＝2.247，P<0.05），由此可知，居民品牌发展行为对游客积极情绪具有显著的正向影响，居民品牌发展行为强度越高，其游客积极情绪越强烈，故H5－1c成立。

表5－9　旅游目的地居民品牌大使行为与积极情绪回归分析结果

模型	非标准化系数		标准化系数	t 值	Sig.	多重共线性检验	
	B	标准误差	Beta 值			容忍度	VIF
（常量）	1.277	0.124		10.274	0.000		
品牌宣传行为	0.249	0.031	0.395	7.919	0.000	0.668	1.498
品牌维护行为	0.030	0.041	0.042	0.724	0.469	0.499	2.004
品牌发展行为	0.068	0.030	0.129	2.247	0.025	0.502	1.992

2. 居民品牌大使行为与消极情绪关系的检验。

将居民品牌大使行为的三个维度作为自变量，游客消极情绪作为因变量进行多元回归分析，其结果见表5-10和表5-11。由表5-10可知，调整后R^2为0.046，说明居民品牌大使行为的3个维度共同作用可以解释游客消极情绪的4.6%。F值变化量为8.263，p小于0.001，已达到显著水平，表明回归方程拟合效果较好。

表5-10　　旅游目的地居民品牌大使行为与消极情绪回归分析模型汇总

R	R^2	调整R^2	估计标准误	变化统计量				
				R^2变化量	F变化量	自由度1	自由度2	显著性F变化量
0.228[a]	0.052	0.046	0.843	0.052	8.263	3	451	0.000

如表5-11所示，居民品牌宣传行为的VIF值为1.498（<2），说明它与其他自变量之间不存在多重共线性问题。标准化回归系数为-0.195（t=-3.474，P<0.01），由此可知，居民品牌宣传行为对游客消极情绪具有显著的负向影响，居民品牌宣传行为强度越高，越能减少游客消极情绪，故H5-2a成立。居民品牌维护行为的VIF值为2.004（<3），说明它与其他自变量之间不存在多重共线性问题。标准化回归系数为-0.148（t=-2.278，P<0.05），由此可知，居民品牌维护行为对游客消极情绪具有显著的负向影响，居民品牌维护行为强度越高，越能减少游客消极情绪，故H5-2b成立。居民品牌发展行为的VIF值为1.992（<2），说明它与其他自变量之间不存在多重共线性问题。标准化回归系数为0.150（t=2.314，P<0.05），由此可知，居民品牌发展行为对游客消极情绪具有显著的正向影响，与假设中居民品牌发展行为对游客消极情绪具有负向影响不符，故H5-2c不成立。

表5-11　　旅游目的地居民品牌大使行为与消极情绪回归分析结果

模型	非标准化系数		标准化系数	t值	Sig.	多重共线性检验	
	B	标准误差	Beta值			容忍度	VIF
（常量）	3.613	0.254		14.247	0.000		
品牌宣传行为	-0.223	0.064	-0.195	-3.474	0.001	0.668	1.498
品牌维护行为	-0.190	0.084	-0.148	-2.278	0.023	0.499	2.004
品牌发展行为	0.142	0.061	0.150	2.314	0.021	0.502	1.992

3. 居民品牌大使行为与游客忠诚度关系的检验。

将居民品牌大使行为的三个维度作为自变量，游客忠诚度作为因变量进行多元回归分析。通过分析，调整后的 R^2 为 0.181，说明居民品牌大使行为可以解释忠诚度的 18.1% 的变异性。F 值变化量为 34.360，p 小于 0.001，已达到显著水平，表明回归方程拟合效果较好，见表 5－12。

表 5－12　　旅游目的地居民品牌大使行为与游客忠诚度回归分析模型汇总

R	R^2	调整 R^2	估计标准误	变化统计量				
				R^2 变化量	F 变化量	自由度 1	自由度 2	显著性 F 变化量
0.431[a]	0.186	0.181	0.583	0.186	34.360	3	451	0.000

如表 5－13 所示，居民品牌宣传行为的 VIF 值为 1.498（<2），说明它与其他自变量之间不存在多重共线性问题。标准化回归系数为 0.113（t＝2.165，P＜0.05），由此可知，居民品牌宣传行为对游客忠诚度具有显著的正向影响，居民品牌宣传行为强度越高，其游客的忠诚度越高，故 H5－3a 成立。居民品牌维护行为的 VIF 值为 2.004（<3），说明它与其他自变量之间不存在多重共线性问题。标准化回归系数为 0.303（t＝5.042，P＜0.001），由此可知，居民品牌维护行为对游客忠诚度具有显著的正向影响，居民品牌维护行为强度越高，其游客忠诚度越高，故 H5－3b 成立。居民品牌发展行为的 VIF 值为 1.992（<2），说明它与其他自变量之间不存在多重共线性问题。标准化回归系数为 0.075（t＝1.249，P＞0.05），由此可知，居民品牌发展行为对游客忠诚度不具有显著的正向影响，故 H5－3c 不成立。

表 5－13　　旅游目的地居民品牌大使行为与游客忠诚度的回归分析结果

模型	非标准化系数		标准化系数	t 值	显著性	多重共线性检验	
	B	标准误差	Beta 值			容忍度	VIF
（常量）	2.303	0.175		13.134	0.000		
品牌宣传行为	0.096	0.044	0.113	2.165	0.031	0.668	1.498
品牌维护行为	0.292	0.058	0.303	5.042	0.000	0.499	2.004
品牌发展行为	0.053	0.042	0.075	1.249	0.212	0.502	1.992

4. 游客积极情绪与游客忠诚度。

将游客积极情绪作为自变量，将游客忠诚度作为因变量进行回归分析，结果如表5－14所示，调整后R^2为0.163，说明游客积极情绪可以解释游客忠诚度的16.3%的变异。F值为89.571，$p<0.001$，已达到显著水平，表明回归方程拟合效果较好。如表5－15所示，游客积极情绪对游客忠诚度的标准化回归系数为0.406（$t=9.464$，$P<0.001$），由此可知，游客积极情绪对游客忠诚度具有显著的正向影响，游客积极情绪体验越强烈，其游客忠诚度越高，故H5－4a成立。

表5－14　积极情绪与游客忠诚度回归分析模型汇总

R	R^2	调整 R^2	估计标准误	变化统计量				
				R^2 变化量	F 变化量	自由度 1	自由度 2	显著性 F 变化量
0.406[a]	0.165	0.163	0.589	0.165	89.571	1	453	0.000

表5－15　积极情绪与游客忠诚度回归分析结果

模型	非标准化系数		标准化系数	t 值	Sig.
	B	标准误差	Beta 值		
（常量）	2.592	0.152		17.074	0.000
积极情绪	0.549	0.058	0.406	9.464	0.000

5. 游客消极情绪与游客忠诚度。

以游客消极情绪为自变量，游客忠诚度为因变量进行回归分析，结果如表5－16所示，调整后R^2为0.004，说明游客消极情绪可以解释游客忠诚度的0.4%的变异。如表5－17所示，游客消极情绪对游客忠诚度的标准化回归系数为－0.078（$t=-1.672$，$p>0.05$），由此可知，游客消极情绪对游客忠诚度没有明显的负向影响，故H5－4b不成立。

表5－16　消极情绪与游客忠诚度回归分析模型汇总

R	R^2	调整 R^2	估计标准误	变化统计量				
				R^2 变化量	F 变化量	自由度 1	自由度 2	显著性 F 变化量
0.078[a]	0.006	0.004	0.643	0.006	2.796	1	453	0.095

表 5-17 消极情绪与游客忠诚度回归分析结果

模型	非标准化系数		标准化系数	t 值	Sig.
	B	标准误差	Beta 值		
(常量)	4.153	0.093		44.461	0.000
消极情感	-0.058	0.035	-0.078	-1.672	0.095

基于上述分析结果，本章的研究模型验证结果，如图 5-2 所示。

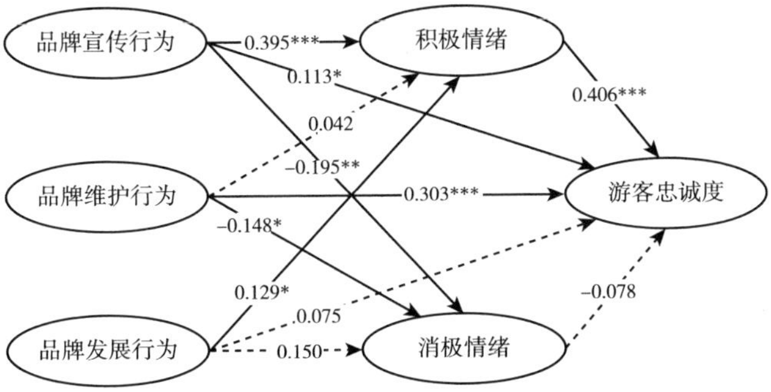

图 5-2 假设检验结果

(二) 中介效应检验

本章的中介效应检验方法是采用 Baron 等提出的因果法，并辅之以 Sobel 检验。如图 5-3 所示，若 x 到 y 的回归系数 c 显著 (若 c 不显著则停止检验，表明两者并不存在中介效应)，且 x 到 m 的回归系数显著，m 到 y 的回归系数显著，则此时需要检验 c′，若显著则说明 m 起到部分中介作用，不显著则认为 m 起到完全中介作用。若 x 到 m 的回归系数与 m 到 y 的回归系数显著至少有一个不显著，则需要进一步采用 Sobel 检验进行验证，若显著则认为中介效应显著，不显著则认为中介效应不显著。

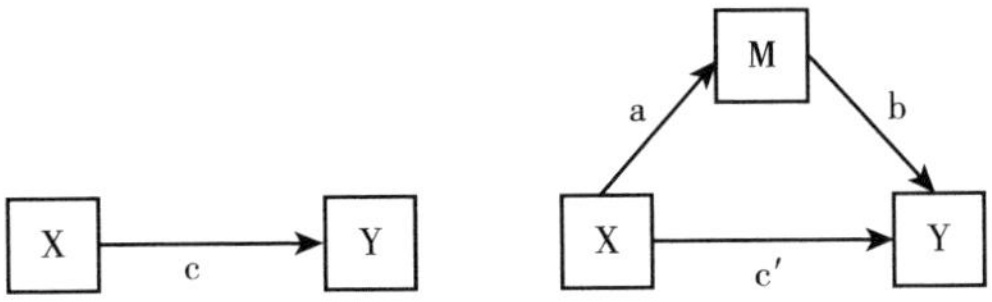

图 5-3 中介模型示意图

Sobel 检验公式如下：

$$z = ab/SE_{ab}$$

$$SE_{ab} = \sqrt{a^2 SE_b^2 + b^2 SE_a^2}$$

式中，a 与 b 均为非标准化系数值，SE_a 及 SE_b 分别为 a 与 b 的标准误，且 z 值的绝对值大于 1.96，即为显著（Sobel，1982）。

1. 游客情绪在居民品牌宣传行为与游客忠诚度之间的中介效应检验。

如表 5－18 所示，根据中介检验程序，第一步首先运用 SPSS 进行检验，得到居民品牌宣传行为与游客忠诚度的标准化回归系数为 0.313（$t = 9.005$，$p < 0.001$）；第二步继续检验居民品牌宣传行为和对游客积极情绪的影响路径系数为 0.485（$t = 11.790$，$p < 0.001$）；第三步验证游客积极情绪对游客忠诚度的影响，结果表明两者影响路径系数为 0.406（$t = 9.464$，$p < 0.001$）；第四步检验游客积极情绪加入居民品牌宣传行为和游客忠诚度的中介效应关系的检验中，发现居民品牌宣传行为对游客忠诚度的线性关系由之间的 0.313 下降到 0.151，且 p 值小于 0.010，故积极情绪在居民品牌宣传行为与游客忠诚度中起部分中介效应。

表 5－18　积极情绪在居民品牌宣传行为与游客忠诚度关系中的中介效应检验结果

检验步骤	自变量	因变量	标准化回归系数	标准误差	T 值	显著性
第一步	品牌宣传行为	游客忠诚度	0.313	0.038	9.005	0.000
第二步	品牌宣传行为	游客积极情绪	0.485	0.026	11.790	0.000
第三步	游客积极情绪	游客忠诚度	0.406	0.058	9.464	0.000
第四步	品牌宣传行为	游客忠诚度	0.151	0.041	3.112	0.002
	游客积极情绪		0.333	0.066	6.850	0.000

如表 5－19 所示，根据中介检验程序，第一步居民品牌宣传行为与游客忠诚度的标准化回归系数为 0.313（$t = 9.005$，$p < 0.001$）；第二步继续检验居民品牌宣传行为和对游客消极情感的影响路径系数为 －0.194（－4.220，$p < 0.001$）；第三步验证游客消极情绪对游客忠诚度的影响，结果表明两者影响路径系数为 －0.078（$t = -1.672$，$p > 0.05$）；故需要通过 Sobel 检验进行分析，通过计算得到 Sobel $z = 0.409$（< 1.96），故消极情绪在居民品牌宣传行为与游客忠诚度中的中介作用不显著。

表 5 - 19　　消极情绪在居民品牌宣传行为与游客忠诚度关系中的中介效应检验结果

检验步骤	自变量	因变量	标准化回归系数	标准误差	T 值	显著性
第一步	品牌宣传行为	游客忠诚度	0.313	0.038	9.005	0.000
第二步	品牌宣传行为	消极情绪	-0.194	0.053	-4.220	0.000
第三步	游客消极情绪	游客忠诚度	-0.078	0.035	-1.672	0.095
第四步	品牌宣传行为	游客忠诚度	0.309	0.039	6.787	0.000
	游客消极情绪		-0.018	0.034	-0.400	0.690

2. 游客情绪在居民品牌维护行为与游客忠诚度之间的中介效应检验。

如表 5 - 20 所示，根据中介检验程序，第一步居民品牌维护行为与游客忠诚度的标准化回归系数为 0.414（$t = 9.669$，$p < 0.001$）；第二步继续检验居民品牌维护行为和对游客积极情绪的影响路径系数为 0.338（$t = 7.653$，$p < 0.001$）；第三步验证游客积极情绪对游客忠诚度的影响，结果表明两者的影响路径系数为 0.406（$t = 9.464$，$p < 0.001$）；第四步检验游客积极情绪加入居民品牌维护行为和游客忠诚度的中介效应关系的检验中，发现居民品牌维护行为对游客忠诚度的线性关系由之间的 0.414 下降到 0.312，且 p 值小于 0.001，故积极情绪在居民品牌维护行为与游客忠诚度中起部分中介效应。

表 5 - 20　　积极情绪在居民品牌维护行为与游客忠诚度关系中的中介效应检验结果

检验步骤	自变量	因变量	标准化回归系数	标准误差	T 值	显著性
第一步	品牌维护行为	游客忠诚度	0.414	0.041	9.669	0.000
第二步	品牌维护行为	游客积极情绪	0.338	0.031	7.653	0.000
第三步	游客积极情绪	游客忠诚度	0.406	0.058	9.464	0.000
第四步	品牌维护行为	游客忠诚度	0.312	0.042	7.210	0.000
	游客积极情绪		0.301	0.058	6.954	0.000

如表 5 - 21 所示，根据中介检验程序，第一步居民品牌维护行为与游客忠诚度的标准化回归系数为 0.414（$t = 9.669$，$p < 0.001$）；第二步继续检验居民品牌维护行为和对游客消极情感的影响路径系数为 -0.150（$t = -3.221$，$p < 0.01$）；第三步验证游客消极情绪对游客忠诚度的影响关系，结果表明两者影响路径系数为 -0.078（$t = -1.672$，$p > 0.05$）；故需要通过 Sobel 检验进行分

析，通过计算得到 Sobel z = 0.403（<1.96），故消极情绪在居民品牌维护行为与游客忠诚度中的中介作用不显著。

表 5-21　消极情绪在居民品牌维护行为与游客忠诚度关系中的中介效应检验结果

检验步骤	自变量	因变量	标准化回归系数	标准误差	T 值	显著性
第一步	品牌维护行为	游客忠诚度	0.414	0.041	9.669	0.000
第二步	品牌维护行为	游客消极情绪	-0.150	0.060	-3.221	0.001
第三步	游客消极情绪	游客忠诚度	-0.078	0.035	-1.672	0.095
第四步	品牌维护行为	游客忠诚度	0.411	0.042	9.494	0.000
	游客消极情绪		-0.017	0.032	-0.388	0.690

3. 游客情绪在居民品牌发展行为与游客忠诚度之间的中介效应检验。

如表 5-22 所示，根据中介检验程序，第一步居民品牌发展行为与游客忠诚度的标准化回归系数为 0.340（$t = 7.684$，$p < 0.001$）；第二步继续检验居民品牌发展行为和对游客积极情绪的影响路径系数为 0.365（$t = 8.341$，$p < 0.001$）；第三步验证游客积极情绪在居民品牌发展行为与游客忠诚度的关系，结果表明两者的影响路径系数为 0.406（$t = 9.464$，$p < 0.001$）；第四步检验游客积极情绪加入居民品牌发展行为和游客忠诚度的中介效应关系的检验中，发现居民品牌发展行为对游客忠诚度的线性关系由之间的 0.340 下降到 0.221，且 p 值小于 0.001，故积极情绪在居民品牌发展行为与游客忠诚度中起部分中介效应。

表 5-22　积极情绪在居民品牌发展行为与游客忠诚度关系中的中介效应检验结果

检验步骤	自变量	因变量	标准化回归系数	标准误差	T 值	显著性
第一步	品牌发展行为	游客忠诚度	0.340	0.031	7.684	0.000
第二步	品牌发展行为	积极情绪	0.365	0.023	8.341	0.000
第三步	游客积极情绪	游客忠诚度	0.406	0.058	9.464	0.000
第四步	品牌发展行为	游客忠诚度	0.221	0.032	4.907	0.000
	游客积极情绪		0.326	0.061	7.243	0.000

如表 5－23 所示，根据中介检验程序，第一步居民品牌发展行为与游客忠诚度的标准化回归系数为 0.340（$t=7.684$，$p<0.001$）；第二步继续检验居民品牌发展行为和对游客消极情感的影响路径系数为 －0.053（$t=-1.128$，$p>0.05$）；第三步验证游客消极情绪对游客忠诚度的影响关系，结果表明两者影响路径系数为 －0.078（$t=-1.672$，$p>0.05$）；故需要通过 Sobel 检验进行分析，通过计算得到 Sobel $z=0.861$（<1.96），故消极情绪在居民品牌发展行为与游客忠诚度中的中介作用不显著。

表 5－23　游客消极情绪在居民品牌发展行为与游客忠诚度关系中的中介效应检验结果

检验步骤	自变量	因变量	标准化回归系数	标准误差	T 值	显著性
第一步	品牌发展行为	游客忠诚度	0.340	0.031	7.684	0.000
第二步	品牌发展行为	消极情绪	－0.053	0.045	－1.128	0.260
第三步	游客消极情绪	游客忠诚度	－0.078	0.035	－1.672	0.095
第四步	品牌发展行为	游客忠诚度	0.336	0.031	7.609	0.000
	游客消极情绪		－0.061	0.033	－1.369	0.172

五、结果分析

运用回归分析对相关研究假设进行检验，并将结果进行汇总，提出的 14 个假设中，其中 7 个假设成立，3 个假设部分成立，4 个假设不成立（见表 5－24）。

表 5－24　假设检验结果汇总

假设	影响路径	验证结果
H5－1a	居民品牌宣传行为对游客的积极情绪具有正向影响	支持
H5－1b	居民品牌维护行为对游客的积极情绪具有正向影响	不支持
H5－1c	居民品牌发展行为对游客的积极情绪具有正向影响	支持
H5－2a	居民品牌宣传行为对游客的消极情绪具有负向影响	支持
H5－2b	居民品牌维护行为对游客的消极情绪具有负向影响	支持
H5－2c	居民品牌发展行为对游客的消极情绪具有负向影响	不支持
H5－3a	居民品牌宣传行为对游客忠诚度具有正向影响	支持

续表

假设	影响路径	验证结果
H5－3b	居民品牌维护行为对游客忠诚度具有正向影响	支持
H5－3c	居民品牌发展行为对游客忠诚度具有正向影响	不支持
H5－4a	游客的积极情绪对游客忠诚度具有正向影响	支持
H5－4b	游客的消极情绪对游客忠诚度具有负向影响	不支持
H5－5a	游客情绪在居民品牌宣传行为与游客忠诚度间具有中介作用	部分支持
H5－5b	游客情绪在居民品牌维护行为与游客忠诚度间具有中介作用	部分支持
H5－5c	游客情绪在居民品牌发展行为与游客忠诚度间具有中介作用	部分支持

本章所有假设均是基于理论推导和文献梳理而提出的，经实证检验，部分假设得到了数据的支持，而有4个假设未获得数据支持，现就实证结果进行分析与讨论。

（一）居民品牌大使行为各维度对游客情绪的影响

实证检验结果支持H5－1a、H5－1c、H5－2a、H5－2b，即居民品牌宣传行为和居民品牌发展行为对游客积极情绪有显著的正向影响，而居民品牌宣传行为和居民品牌维护行为对游客消极情感有显著的负向影响。根据主客交往理论，游客在旅游过程中期望与当地居民互动来提升旅游体验，故居民品牌大使行为能够帮助游客更好地、更快地了解目的地，进而激发游客的积极情绪体验，抑制其消极情绪体验。研究结果表明，居民品牌宣传行为和居民品牌发展行为是激发游客积极情绪的重要方面，而居民品牌宣传行为和居民品牌维护行为则是降低游客消极情绪的有效途径。然而，居民品牌维护行为对游客积极情绪的正向影响不显著（H5－1b），即居民品牌维护行为并不能成功地激发游客的积极情绪，可能是因为居民主动地维护目的地品牌声誉，会让部分游客产生怀疑态度。此外，居民品牌发展行为对游客消极情绪的负向影响不显著（H5－2c），即居民品牌发展行为并不能降低游客消极情绪，可能是因为居民品牌发展行为主要是居民内部的行为，如学习和提高品牌相关技能、传递游客反馈以及改进品牌管理相关的行为，缺少与游客的互动，因此可能不会直接影响游客情绪体验。

（二）居民品牌大使行为各维度对游客忠诚度的影响

实证检验结果支持H5－3a、H5－3b，即居民品牌宣传行为和居民品牌维护行为对游客忠诚度有直接显著的影响。根据组织行为理论，游客对于居民的角色外行为的感知，有助于提升其满意度和忠诚度。研究结果表明，居民品牌宣传行为和居民品牌维护行为是提升游客忠诚度的重要因素，其中居民品牌维护行为的影响大于居民品牌宣传行为，这说明居民的品牌维护行为能够迅速改善游客对目的地的形象感知，维护目的地的良好声誉，进而有助于提升游客的忠诚度。然而，居民品牌发展行为对游客忠诚度的正向影响（H5－3c）未能得到实证支持，即居民帮助或鼓励游客向目的地营销组织反馈意见以及提升自身品牌知识和能力，并不能对游客忠诚度产生显著影响。其原因可能是居民品牌发展行为主要是居民内部的行为，缺少与游客的互动，可能不会直接影响游客忠诚度。

（三）游客情绪对游客忠诚度的影响

研究结果显示，游客积极情绪能有效预测游客的忠诚度，而消极情绪则不能，故 H5－4a 成立，而 H5－4b 不成立。根据情感营销理论，游客对于符合心意、满足实际需求的产品和服务会产生积极的情绪和情感，能迅速提升对目的地的满意度和忠诚度，从而形成口碑效应。同时，游客消极情绪虽然会对忠诚度产生负面影响，但并不明显，说明居民可以通过提供的有效信息和满意的服务来补救旅游目的地的不足，抑制游客产生消极情绪。

（四）游客情绪的中介作用

实证检验结果部分支持 H5－5a、H5－5b 和 H5－5c，即游客积极情绪在居民品牌大使行为与游客忠诚度之间存在中介作用。研究结果表明，居民品牌大使行为不仅直接影响游客忠诚度，还经由游客积极情绪间接影响游客忠诚度，其中介作用重要程度依次为居民品牌宣传行为 > 居民品牌发展行为 > 居民品牌维护行为。这一结果也可以用“S－O－R”模型得到较好的解释：即游客对居民品牌大使行为认知的基础上产生情绪反应，进而引发相应的行为意向。

第六章

旅游目的地居民品牌大使行为的目的地响应机制

旅游目的地居民品牌大使行为的目的地响应是多维度的，它不仅对当地经济、社会进步和文化发展具有较大的促进作用，还直接作用于目的地品牌本身。为了全面评估居民品牌大使行为的目的地响应机制，本章引入品牌资产理论，旨在量化居民品牌大使行为对目的地品牌的影响效应。

第一节　旅游目的地居民品牌大使行为对目的地品牌影响的理论分析

一、目的地品牌影响维度分析

本章基于品牌资产理论探讨居民品牌大使行为对目的地品牌的影响。Konecnik 和 Gartner（2007）最先将品牌资产理论引入旅游目的地领域，提出了基于消费者的目的地品牌资产模型。随后这一理论得到了广泛的应用，相关学者提出了旅游目的地品牌资产的不同维度模型，这些维度虽未达成共识，但多数学者基本赞同将其划分为品牌知名度（品牌显著度）、品牌形象、品牌质量（感知质量）、品牌价值、品牌忠诚五个方面，也有学者提出品牌联想、品牌信任、品牌共鸣、品牌绩效、品牌依恋、品牌熟悉度、总体品牌资产等维度。本书借鉴 Boo（2009）、徐尤龙（2015）等研究，从游客感知演变视角出发，将居民品牌大使行为对目的地品牌资产的影响分为目的地品牌认知（目的地品牌知名度、目的地熟悉度）、目的地品牌体验（目的地品牌质量、目的的地品牌形象）和目的地品牌信任三个阶段。

（一）目的地品牌认知

在游客对旅游目的地的认识和评价过程中，旅游目的地品牌知名度和目的地熟悉度是两个关键衡量变量（郭永锐和陶犁，2013）。

1. 目的地品牌知名度。

品牌知名度是指潜在顾客识别与回忆出某一产品或服务品牌的能力（Aaker，1991），包括品牌回忆和品牌识别两个方面。品牌回忆是指消费者在给定一组产品类别提示时，能够从记忆中能够回想起该产品的能力；品牌识别是指消费者在提供某一品牌的既定线索时，能够确认该品牌曾出现的能力（Keller，1993）。在通常情况下，目的地品牌知名度可分为游客对该地不认识、认识、能够回想、心目中的第一个目的地和支配性目的地五种情况（白凯，2013）。

近年来，目的地品牌知名度在目的地品牌建设中的重要性日益凸显。旅游目的地营销组织致力于以独特的品牌来提高知名度，如何提升目的地品牌知名度也成为学界探讨的焦点问题（Kayaman and Arasli，2007）。目的地品牌知名度是目的地品牌资产的重要构成维度。以往“酒香不怕巷子深”的说法并不符合当前旅游目的地的营销实际，提高目的地品牌知名度已成为各旅游目的地的首要任务。目的地品牌知名度的大小决定着该地是否能够被旅游者纳入出游选择中。诚然，目的地品牌知名度并不一定能吸引游客的到访，但却能诱发游客对该地产生好奇心。当一个旅游目的地品牌知名度较高时，旅游者能够更为有效地回忆起该地特色，从而将其与其他目的地相区别。此外，品牌知名度较高的目的地也会减少旅游者出行的顾虑和风险感知，增强消费者对目的地品质与承诺的信赖。

2. 目的地熟悉度。

目的地熟悉度是一个信息评估的过程（Maestro、Gallego and Requejo，2007），即游客对目的地旅游的相关经验、偏好及其对资讯的了解程度。有学者指出，目的地熟悉度是旅游者先前的访问经历。但通常认为，目的地熟悉度由经验熟悉（游客到访旅游地的经历）和信息熟悉（获取旅游地相关信息的信息源数量）两个构面组成（Baloglu，2001），也有学者将其分为资讯来源、旅游经验、自我描述、教育知识、文化相似性、自我确认和预期七个构面（Prentice，2004）。

相关研究表明，当面对熟悉或不熟悉的目的地选择时，游客首先搜索记忆中是否存在与以往有关的熟悉信息来指导其决策。当旅游者熟悉一个目的地，会引导自身直接从存储器中提取可用信息，驱动目的地选择过程（Horng、Liu and Chou，2012）。与不熟悉的旅游者进行相比，熟悉度较高的旅游者产生的目的地形象更为积极（Fridgen，1987），其旅游意向也越强烈（杨杰、胡平和苑炳慧，2009）。此外，研究发现与经历熟悉相比，信息熟悉的影响力更大，且熟悉度越高，游客的满意度与忠诚度越高（高静、徐长乐和朱元秀，2013）。因此，目的地熟悉度在旅游者出游决策中扮演着重要角色，目的地营销组织通过多样化的营销策略，力求增强目的地熟悉度，以吸引更多游客。

（二）目的地品牌体验

本书参考 Boo（2009）的研究成果，将目的地品牌体验分为目的地品牌质量和目的地品牌形象两部分。

1. 目的地品牌质量。

相关研究指出，在品牌资产理论中，品牌质量和感知质量可互换使用（Zeithaml，1988）。品牌质量是消费者对某一产品整体质量的评估（Aaker，1991），是品牌资产的关键维度，并对消费者的购买决策和品牌忠诚度产生直接影响。当消费者感知某一品牌质量较高时，会相应地产生较高的购买意愿，其品牌忠诚度也会随之提高。旅游目的地品牌质量是指游客对目的地产品、服务及整体体验的综合评价，这种评价是基于主观判断而非实际客观质量。目的地品牌质量的测度主要包括两大类：一类是通过游客感知的服务要素加以评价，如吸引物、休闲、住宿、餐饮、交通及旅行服务（Cai and Woods，1993）；另一类是通过目的地宏观环境加以评价，如自然、社会、政治、文化、技术等环境（Murphy、Pritchard and Smith，2000）。此外，也有研究指出，目的地品牌质量包括吸引物、可进入性、舒适性、包价服务、活动和附属服务等构面（Buhalis，2000）。

2. 目的地品牌形象。

品牌形象自 20 世纪 50 年代引入消费者行为研究中以来，一直作为该领域的研究热点。品牌形象是消费者记忆中对于品牌的相关联想（Keller，1993）。相关学者根据消费者不同的利益需求，发展出功能性品牌形象、象征性品牌形象和经验性品牌形象（Park、Jaworski and MacInnis，1986）。其中，功能性品牌形象强调协助消费者解决消费中产生的相关问题；象征性品牌形象强调满足消费者内在需求，如自我形象的提升、社会地位的彰显、自我认同等；经验性品牌形象则强调满足消费者的渴望，即产品能够满足消费者知觉上的乐趣、多样化和认识上的刺激需求（沉进成和廖若岑，2007）。在旅游研究中，目的地品牌形象构建是目的地品牌模型的关键因素（Cai，2002）。一个积极的目的地品牌形象作为一种无形资产，能够激发游客对旅游目的地的产品或服务产生联想，提升游客对旅游目的地的认同感，增加旅游目的地产品和服务附加价值。同时，品牌形象还具有沟通、宣传与营销的功能，通常游客会选择那些印象深刻并具有积极形象的目的地进行访问（Bigne，Sanchez and Sanchez，2001）。

（三）目的地品牌信任

品牌信任是顾客对某一产品或服务所作出的承诺与实际体验情况之间差异性的感知判断，通常被用于预测顾客再次访问品牌的意愿（Mckinney and Benson，2013）。品牌信任具有双向性，包括顾客对品牌承诺的信任和品牌购买意图。其中，顾客信念是对品牌承诺的期望，而品牌购买意图则表明了顾客将品牌作为首选的优先级（Delgado - Ballester et al.，2001）。当消费者在不确定性环境中选择品牌时，品牌信任可以通过积极的品牌预期和信赖感来减少其对不确定性的感知，降低选择品牌的风险和成本（Chaudhuri and Holbrook，2001）；品牌信任能让消费者相信品牌的专业性和友善性，以更好地满足消费者的需求（许正良和古安伟，2011）。在目的地品牌宣传情境下，品牌信任是品牌忠诚的基础，目的地品牌信任能够促使游客对目的地品牌形成积极的态度偏好，进而产生心理承诺和重游意愿，并在未来出游选择中保持忠诚。综上所述，在保持游客和目的地品牌间的积极关系时，目的地品牌信任被视为一个不可或缺的组成部分。

二、居民品牌大使行为对目的地品牌的影响过程

旅游目的地居民品牌大使通过品牌宣传行为、品牌维护行为和品牌发展行为向潜在或现实的旅游者传递目的地的品牌承诺。在这一过程中，居民的行为对游客而言构成了一种外部刺激。首先，游客在接触到这一刺激后，会对目的

地品牌形成一种认知，即根据以往的经历来对目的地品牌知名度和目的地熟悉度进行判断，而这一认知会直接影响到游客的目的地品牌体验，包括目的地品牌质量和目的地品牌形象的感知。其次，根据目的地品牌体验的结果来反映其是否能产生品牌信任。倘若游客对目的地品牌体验感到满意，他们更可能产生目的地品牌信任，反之，则这种信任感将难以形成。最后，当游客对目的地品牌产生信任感时，这将进一步形成基于消费者的目的地品牌资产（见图6－1）。

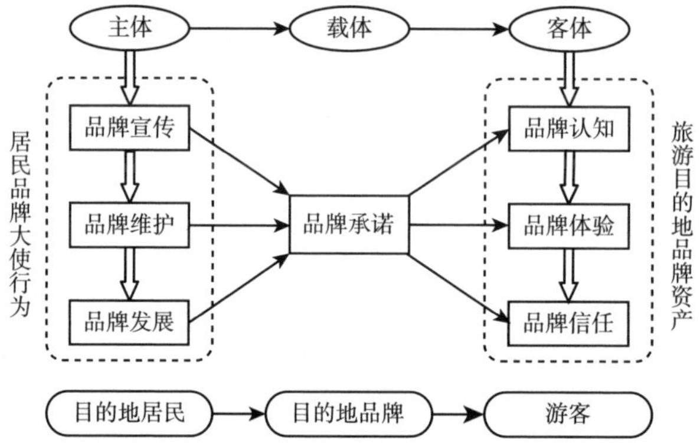

图6－1　旅游目的地居民品牌大使行为对目的地品牌的影响过程

第二节　旅游目的地居民品牌大使行为对目的地品牌影响的研究假设

一、居民品牌大使行为与目的地品牌各维度的关系

旅游目的地居民品牌大使行为是目的地品牌化战略中的重要手段，也是目的地内生式营销的一种具体表现。从本质上看，居民品牌大使行为作为一种营销手段，其首要目标是提高目的地品牌知名度。居民向游客介绍、推荐旅游目的地品牌的相关信息本身是一种好客的表现。而居民好客程度会极大提升游客对目的地品牌质量和目的地品牌形象（谢礼珊、彭家敏和张春林，2010）。同时，居民帮助游客解决在目的地旅游过程中遇到的问题，增强了游客对目的地

的实际服务表现及品牌承诺的履行能力的认知，进而提高了游客对目的地品牌的信任度。此外，已有研究验证了目的地居民网络口碑行为对游客行为意向具有正向影响（胥兴安、王立磊和杨懿，2015）。鉴于居民网络口碑行为是居民品牌宣传行为的重要构成，可推知居民品牌宣传行为对游客行为意向也应有积极的预测作用。综合上述分析，提出如下假设：

H6-1a：居民品牌宣传行为对旅游目的地品牌知名度有正向的影响

H6-1b：居民品牌宣传行为对旅游目的地品牌质量有正向的影响

H6-1c：居民品牌宣传行为对旅游目的地品牌形象有正向的影响

H6-1d：居民品牌宣传行为对旅游目的地品牌信任有正向的影响

H6-1e：居民品牌宣传行为对旅游目的地品牌资产有正向的影响

居民向游客提供目的地准确信息、澄清对目的地品牌的误解以及传递正面信息，有助于维护目的地品牌声誉，提升目的地品牌知名度和品牌质量。相关研究表明，居民对目的地品牌的拥护和支持，能够有效维护目的地品牌形象，强化游客对品牌的信任（胥兴安、王立磊和杨懿，2015）。此外，居民品牌维护行为能够有助于减少游客对目的地品牌的负面感知，并增强其正面感知，从而影响游客的旅游决策。综合上述分析，提出如下假设：

H6-2a：居民品牌维护行为对旅游目的地品牌知名度有正向的影响

H6-2b：居民品牌维护行为对旅游目的地品牌质量有正向的影响

H6-2c：居民品牌维护行为对旅游目的地品牌形象有正向的影响

H6-2d：居民品牌维护行为对旅游目的地品牌信任有正向的影响

H6-2e：居民品牌维护行为对旅游目的地品牌资产有正向的影响

目的地营销策略要取得良好的效果，关键在于确保目的地品牌处于游客考虑范围之内，从而提高游客实际到访意愿及其对目的地偏好。居民品牌大使行为是实现这一目标的有效途径。居民通过向目的地营销组织提供自身及游客关于目的地品牌的反馈意见，一方面推动目的地管理部门完善服务及配套，更好地满足旅游者需求，有效提升目的地品牌知名度和品牌质量；另一方面让游客的意见和建议有效地在服务过程中体现出来，以缩小游客期望服务和感知服务的差距，有效提升目的地品牌形象和品牌信任（胥兴安、王立磊和杨懿，2015）。这有助于提高游客的满意度，进而吸引其再次到访。综合上述分析，提出如下假设：

H6－3a：居民品牌发展行为对旅游目的地品牌知名度有正向的影响
H6－3b：居民品牌发展行为对旅游目的地品牌质量有正向的影响
H6－3c：居民品牌发展行为对旅游目的地品牌形象有正向的影响
H6－3d：居民品牌发展行为对旅游目的地品牌信任有正向的影响
H6－3e：居民品牌发展行为对旅游目的地品牌资产有正向的影响

二、旅游目的地品牌各维度之间的关系

旅游目的地品牌知名度是指游客能够回忆起某一目的地标识或特征，或能够识别与该地相关元素的能力。目前，目的地品牌已成为各旅游目的地推广的重要工具，其品牌知名度高低直接影响游客将目的地纳入选择范畴的可能性（Um and Crompton，1990）。游客在评价旅游目的地品牌时，往往会受到该地品牌知名度的影响，具有较高知名度的旅游目的地经常给游客一种产品和服务质量更佳的心理暗示，并且目的地品牌知名度越高，越能增强游客对目的地品牌的信任（Pike et al.，2010；Kladou and Kehagias，2014）。同时，相关研究显示，品牌知名度与品牌资产存在较强的联系，能够有效地创造品牌价值（Im et al.，2012）。Rajh 和 Ozretić Došen（2009）在酒店等服务品牌资产研究中，发现品牌知名度对品牌资产具有正向显著影响。综合上述分析，提出如下假设：

H6－4a：旅游目的地品牌知名度对旅游目的地品牌质量具有正向影响
H6－4b：旅游目的地品牌知名度对旅游目的地品牌信任具有正向影响
H6－4c：旅游目的地品牌知名度对旅游目的地品牌资产具有正向影响

旅游目的地品牌形象在旅游者出游决策中起着关键性作用。目的地品牌形象是指游客对目的地品牌传播过程中所接收到的全部信息经过个人认知处理之后在游客心目中产生的有关目的地品牌的印象和联想的总和。品牌形象通常被游客用来作为评价目的地品牌质量的外部依据。当一个目的地的品牌形象在游客心目中树立起积极形象时，它不仅能够提升游客对旅游目的地的感知质量和品牌信任，而且能够有效激发游客的旅游意向（Im et al.，2012；李帅帅，2016）。此外，相关研究表明，在酒店情境中，品牌形象对品牌资产具有显著的正向影响（Šerić、Mikulić and Gil－Saura，2018）。因此，目的地品牌形象对品牌质量、品牌信任和品牌资产具有预测作用。综合上述分析，提出

如下假设：

H6－5a：旅游目的地品牌形象对旅游目的地品牌质量具有正向影响

H6－5b：旅游目的地品牌形象对旅游目的地品牌信任具有正向影响

H6－5c：旅游目的地品牌形象对旅游目的地品牌资产具有正向影响

旅游目的地品牌质量是旅游服务品质的综合反映，也是目的地品牌体验的重要构成。相关研究表明，优质的旅游目的地品牌体验能够有效缩短游客与目的地品牌之间的心理距离，增强游客对目的地的信任感（黎巧，2016）。因此，游客感知到目的地旅游产品和服务质量越高，越有助于强化游客对目的地的信任。Konecnik 和 Gartner（2007）将顾客品牌资产引入旅游目的地研究中，并指出目的地品牌质量是目的地品牌资产的重要组成部分。相关研究指出，在酒店情境中，品牌质量对品牌资产具有正向显著影响（Maio Mackay，2001）。因此，可以推论目的地品牌质量对目的地品牌资产也具有良好的预测作用。综合上述分析，提出如下假设：

H6－6a：旅游目的地品牌质量对旅游目的地品牌信任具有正向影响

H6－6b：旅游目的地品牌质量对旅游目的地品牌资产具有正向影响

在旅游目的地品牌传播的过程中，建立游客对目的地品牌信任是至关重要的一环。有学者指出，目的地品牌信任能够有效唤起游客对目的地的关系承诺，这种承诺能够进一步激发游客积极的行为意向，提高游客对旅游目的地的推荐意愿和再次访问意愿（沈鹏熠，2014）。相关研究也表明，品牌信任是衡量品牌资产的重要前提，即品牌信任能有效预测品牌资产（Maio Mackay，2001）。因此，可以推论目的地品牌信任对品牌资产具有良好的预测作用。综合上述分析，提出如下假设：

H6－7：旅游目的地品牌信任对旅游目的地品牌资产具有正向影响

三、目的地熟悉度的调节效应

如图 6－2 所示，目的地熟悉度是指游客对目的地或旅游体验的视觉或心理印象，这些视觉或印象能够刺激游客到访旅游目的地。相关研究表明，目的地熟悉度与品牌知名度之间存在正相关关系，且目的地熟悉度越高，越能提升目的地品牌知名度和品牌资产（Maio Mackay，2001）。Maestro、Gallego 和 Requejo（2007）将旅游目的地熟悉度视为一个信息评估过程，认为这一过程会对服务质量、个性或满意度的感知产生影响。Fridgen（1984）以美国密歇根州的游客为调研样本，通过对熟悉和不熟悉的旅游者进行对比，发现熟悉度较高的旅游者对目的地形象有更为积极的认知。Laroche、Kim 和 Zhou（1996）在检验目的地熟悉度、品牌评估信心、品牌态度及购买意愿之间的关系研究中，发现目的地熟悉度会影响消费者的品牌信任。Horng（2012）以美食旅游为研究背景，提出目的地熟悉度对目的地品牌资产具有正向的影响。此外，Rajh 和 Ozretić Došen（2009）的研究也指出，品牌知名度、品牌质量、品牌形象和品牌信任对品牌资产的正向影响。由此可以推论，目的地熟悉度越高，越有助于增强目的地品牌知名度、品牌质量、品牌形象和品牌信任对目的地品牌资产的促进作用。综合上述分析，提出如下假设：

H6－8a：目的地熟悉度正向调节旅游目的地品牌知名度与品牌资产之间的关系

H6－8b：目的地熟悉度正向调节旅游目的地品牌质量与品牌资产之间的关系

H6－8c：目的地熟悉度正向调节旅游目的地品牌形象与品牌资产之间的关系

H6－8d：目的地熟悉度正向调节旅游目的地品牌信任与品牌资产之间的关系

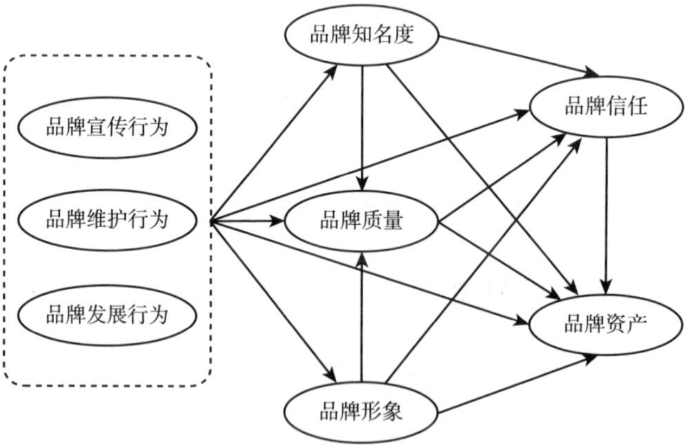

图6－2　本章的概念模型

第三节　旅游目的地居民品牌大使行为对目的地品牌影响的实证检验

一、问卷设计与变量测量

（一）问卷设计

调查问卷共由三部分组成。第一部分为跳转题，以“在旅游过程中，是否与居民进行互动”作为前提条件过滤无效问卷，若受访者选择“否”，则结束问卷。第二部分为问卷主体，由研究模型中所涉及的 34 个题项构成。第三部分为游客的人口统计特征，主要由“性别”“年龄”“受教育程度”“职业”“旅游方式”“您到该地旅游的次数”构成。

（二）变量测量

本章共包含游客对居民品牌大使行为认知、目的地品牌知名度、目的地熟悉度、目的地品牌质量、目的地品牌形象、目的地品牌信任、目的地品牌资产等变量。除新开发的居民品牌大使行为测量量表外，本章参考国内外已有成熟量表作为其他相关变量的测量工具，从而保证研究工作的科学性和有效性。在上述变量中，游客对居民品牌大使行为的认知为自变量，目的地品牌资产为因变量，目的地品牌知名度、目的地品牌形象、目的地品牌质量、目的地品牌信任为中介变量，目的地熟悉度为调节变量。为确保问卷质量，研究变量均结合实际选取国内外成熟量表，所有题项均采用李克特 5 级量表进行测量。

在本书中，旅游目的地品牌知名度参考 Konecnik 和 Gartner（2007）、Boo（2009）、Bianchi 和 Pike（2014）的量表，包括“这个旅游目的地的名声很好”“这个旅游目的地非常有名”“我能很快想到这个旅游目的地的特点”3 个题项。目的地熟悉度参考张静儒（2015）的量表设计，从自我评估进行研究，具体包括“您对该地的熟悉程度”“您对该地旅游的熟悉程度”2 个题项。旅游目的地品牌形象参考 Boo（2009）、Bianchi 和 Pike（2014）以及刘丽娟（2013）的量表，包括“该目的地很适合我的个性”“选择该目的地旅游，朋友们会很羡慕我”“该目的地形象与自我形象很一致”“参观该目的地能反映我的个人风格”4 个题项。旅游目的地品牌质量参考 Konecnik 和 Gartner（2007）、Boo（2009）、Pike（2010）和黄洁（2012）的量表，包括“该目的地环境卫生程度高、干净整洁”“该目的地旅游活动丰富多彩、具有吸引力”“该目的地核心吸引物（如自然、人文景观、文化等）具有特色”“该目的地旅游接待设施完善”“该目的地服务人员提供了优质、热情的服务”5 个题项。旅游目的地品牌信任的量表主要参考谢礼珊（2010）和沈鹏熠（2014）的量表，包括“我对该目的地品牌有信心”“我认为该目的地品牌会对其行为负责”“我觉得该目的地品牌是值得信赖的”“我感觉该目的地品牌能够兑现其服务承诺”4 个题项。旅游目的地品牌资产参考 Im（2012）和许春晓（2014）的量表，包括“比起其他城市，来该目的地旅游更加让我觉得心安和舒适”“即使在其他地方也能开展同样的旅游活动，我仍然会选择来该目的地旅游”“即使有其他地方和这里有一样的特征，我也愿意来该目的地旅游”“即使有其他地方可供选择，我仍然觉得来该目的地旅游更明智”4 个题项。

二、数据收集与描述性统计分析

（一）数据收集

调研问卷以旅游目的地品牌“仙境海岸”的支撑城市（青岛、烟台、威海、日照）为案例地展开调查，调查时间为 2018 年 10 月 1 日至 10 月 19 日。在实地调研中，采用随机抽样的方法，面向青岛前海一线、崂山风景区，烟台第一海水浴场、蓬莱阁，威海金海滩浴场、刘公岛，日照万平口海滨旅游区、奥林匹克水上公园等地的游客发放问卷 535 份，回收问卷 492 份（其中，青岛 149 份，烟台 134 份，威海 106 份，日照 103 份），剔除无效、填写不完整及前后矛盾的问卷 24 份，最终回收问卷为 468 份，问卷有效率占 87.4%。

（二）描述性统计分析

样本特征分布情况如表 6－1 所示，从性别来看，女性（64.1%）多于男性（35.9%）；从年龄来看，18～25 岁占 27.1%，26～35 岁占 34.4%，36～45 岁占 20.1%，46～55 岁占 10.3% 和 56 岁以上占 8.1%；从受教育程度来看，高中及以下占 14.5%，大专占 33.8%，本科占 31.2%，硕士及以上占 20.5%；从职业分布来看，政府、事业单位职工占 29.3%，企业职员占

19.7%，学生占24.6%，个体经营者占6.4%，自由职业者占4.3%，离退休人员占9.0%，其他职业占6.8%；从旅游方式来看，自助游占67.5%，团队游占26.9%，其他占5.6%；从旅游次数来看，第1次来目的地占61.3%，2~3次的占27.1%，4次以上的占11.5%。

表6-1 调研样本特征分布情况

项目	组别	频数（人）	百分比（%）	项目	组别	频数（人）	百分比（%）
性别	男	168	35.9	职业分布	政府或事业单位人员	137	29.3
	女	300	64.1		企业职员	92	19.7
年龄	18~25岁	127	27.1		个体经营者	30	6.4
	26~35岁	161	34.4		自由职业者	20	4.3
	36~45岁	94	20.1		离退休人员	42	9.0
	46~55岁	48	10.3		学生	115	24.6
	56岁以上	38	8.1		其他	32	6.8
旅游方式	自助游	316	67.5	受教育程度	初中及以下	14	3.0
	团队游	126	26.9		高中/中专/技校	54	11.5
	其他	26	5.6		大专	158	33.8
来该地旅游的次数	1次	287	61.3		本科	146	31.2
	2~3次	127	27.1		硕士及以上	96	20.5
	4次以上	54	11.5				

三、信效度检验

（一）信度分析

由表6-2可知，居民品牌宣传行为量表的Cronbach's α系数为0.875，符合大于0.7的标准，所有题项的CITC都大于0.5，且删除任一题项后，Cronbach's α系数均无提升，这表明居民品牌宣传行为量表通过了信度检验。居民品牌维护行为量表的Cronbach's α系数为0.796，符合大于0.7的标准，所有题项的CITC都大于0.5，且删除任一题项后，Cronbach's α系数均无提升，这表明居民品牌维护行为量表通过了信度检验。居民品牌发展行为量表Cronbach's α系数为0.917，符合大于0.7的标准，所有题项的CITC都大于

0.5，且删除任一题项后，Cronbach's α 系数均无提升，这表明居民品牌发展行为量表通过了信度检验。

目的地熟悉度量表的 Cronbach's α 系数为 0.941，符合大于 0.7 的标准。目的地品牌知名度量表的 Cronbach's α 系数为 0.702，符合大于 0.7 的标准，所有题项的 CITC 都大于 0.5，且删除任一题项后，Cronbach's α 系数均无提升，这表明品牌知名度量表通过了信度检验。目的地品牌形象量表的 Cronbach's α 系数为 0.884，符合大于 0.7 的标准，所有题项的 CITC 都大于 0.5，且删除任一题项后，Cronbach's α 系数均无提升，这表明品牌形象量表通过了信度检验。目的地品牌质量量表的 Cronbach's α 系数为 0.878，符合大于 0.7 的标准，所有题项的 CITC 都大于 0.5，且删除任一题项后，Cronbach's α 系数均无提升，这表明品牌质量量表通过了信度检验。目的地品牌信任量表的 Cronbach's α 系数为 0.924，符合大于 0.7 的标准，所有题项的 CITC 都大于 0.5，且删除任一题项后，Cronbach's α 系数均无提升，这表明品牌信任量表通过了信度检验。目的地品牌资产量表的 Cronbach's α 系数为 0.924，符合大于 0.7 的标准，所有题项的 CITC 都大于 0.5，且删除任一题项后，Cronbach's α 系数均无提升，这表明品牌资产量表通过了信度检验。

表 6-2　量表的 CITC 及信度分析

变量	Cronbach's α 系数	测量题项	CITC	删除该项后的 Cronbach's α 系数
品牌宣传行为	0.875	BP1	0.763	0.836
		BP2	0.767	0.836
		BP3	0.690	0.852
		BP4	0.663	0.864
		BP5	0.672	0.857
品牌维护行为	0.796	BM1	0.648	0.722
		BM2	0.615	0.747
		BM3	0.669	0.697
品牌发展行为	0.917	BD1	0.862	0.874
		BD2	0.857	0.875
		BD3	0.758	0.910
		BD4	0.769	0.905

续表

变量	Cronbach's α 系数	测量题项	CITC	删除该项后的 Cronbach's α 系数
目的地熟悉度	0.941	DA1	0.888	—
		DA2	0.888	—
品牌知名度	0.702	BA1	0.558	0.559
		BA2	0.547	0.575
		BA3	0.454	0.689
品牌形象	0.884	BI1	0.693	0.874
		BI2	0.721	0.863
		BI3	0.799	0.831
		BI4	0.796	0.833
品牌质量	0.878	PQ1	0.655	0.865
		PQ2	0.763	0.839
		PQ3	0.693	0.858
		PQ4	0.739	0.845
		PQ5	0.711	0.852
品牌信任	0.924	BT1	0.782	0.916
		BT2	0.828	0.901
		BT3	0.855	0.891
		BT4	0.836	0.898
品牌资产	0.924	BE1	0.807	0.908
		BE2	0.828	0.900
		BE3	0.831	0.899
		BE4	0.836	0.897

（二）效度分析

1. 验证性因子分析。

本章量表均为上文已验证和较为成熟的量表，故直接对各变量进行验证性因子分析，验证结果如表 6－3 所示。

采用 AMOS22.0 对居民品牌宣传行为进行验证性因子分析，以最大似然法进行适配函数估计，发现个别拟合指标有待改进，故根据修正指数 MI，删除残差相关度较高的题项 BP5，得到绝对适配度指标为 $x^2/df = 1.418$ （<5）、GFI =0.997 （>0.9）、RMSEA =0.030 （<0.1）、SRMR =0.008 （<0.05）；增值适配度指标为 NFI = 0.997 （> 0.9）、IFI = 0.999 （> 0.9）、CFI = 0.999 （>0.9）。各拟合指数符合标准，模型拟合度良好。居民品牌宣传行为的标准化载荷量均介于 0.637 ~0.874，大于 0.5 的标准；组合信度 CR 为 0.871，超过 0.7 的标准；平均提取方差 AVE 为 0.631，符合大于 0.5 的标准，表明量表具有较好的收敛效度。

采用 AMOS22.0 对居民品牌维护行为进行验证性因子分析，由于该潜变量只有 3 个观测变量，模型恰好识别，因而不再进行模型的适配度检验。居民品牌维护行为的标准化载荷量介于 0.710 ~0.796，大于 0.5 的标准；组合信度 CR 为 0.801，超过 0.7 的标准；平均提取方差 AVE 为 0.573，符合大于 0.5 的标准，表明量表具有较好的收敛效度。

采用 AMOS22.0 对居民品牌发展行为进行验证性因子分析，以最大似然法进行适配函数估计，发现个别拟合指标有待改进，故根据修正指数 MI，删除残差相关度较高的题项 BD4。由于该潜变量只剩 3 个观测变量，模型恰好识别，因而不再进行模型的适配度检验。居民品牌发展行为的标准化载荷量介于 0.741 ~0.946，明显大于 0.5 的标准；组合信度 CR 为 0.911，超过 0.7 的标准；平均提取方差 AVE 为 0.775，符合大于 0.5 的标准，表明量表具有较好的收敛效度。

采用 AMOS22.0 对目的地品牌知名度进行验证性因子分析，由于该潜变量只有 3 个观测变量，模型恰好识别，因而不再进行模型的适配度检验。目的地品牌知名度的标准化载荷量介于 0.546 ~0.740，明显大于 0.5 的标准；组合信度 CR 为 0.707，超过 0.7 的标准；平均提取方差 AVE 为 0.450，略低于 0.5 的标准，表明量表具有一定的收敛效度。

采用 AMOS22.0 对目的地品牌形象进行验证性因子分析，以最大似然法进行适配函数估计，得到绝对适配度指标为 $x^2/df = 1.440$ （<5）、GFI = 0.997 （>0.9）、RMSEA =0.030 （<0.1）、SRMR =0.035 （<0.05）；增值适配度指标为 NFI =0.997 （>0.9）、IFI =0.999 （>0.9）、CFI =0.999 （>0.9）。各拟合指数符合标准，模型拟合度良好。目的地品牌形象的标准化载荷量介于

0.710～0.892，明显大于0.5的标准；组合信度CR为0.885，超过0.7的标准；平均提取方差AVE为0.661，符合大于0.5的标准，表明量表具有较好的收敛效度。

采用AMOS22.0对目的地品牌质量进行验证性因子分析，以最大似然法进行适配函数估计，发现个别拟合指标有待改进，故根据修正指数MI，删除残差相关度较高的题项BQ5，得到绝对适配度指标为 $x^2/df = 3.334$（<5）、GFI＝0.992（>0.9）、RMSEA＝0.071（<0.1）、SRMR＝0.005（<0.05）；增值适配度指标为NFI＝0.992（>0.9）、IFI＝0.995（>0.9）、CFI＝0.995（>0.9）。各拟合指数符合标准，模型拟合度良好。目的地品牌质量的标准化载荷量介于0.723～0.840，明显大于0.5的标准；组合信度CR为0.868，超过0.7的标准；平均提取方差AVE为0.622，符合大于0.5的标准，表明量表具有较好的收敛效度。

采用AMOS22.0对目的地品牌信任进行验证性因子分析，以最大似然法进行适配函数估计，得到绝对适配度指标为 $x^2/df = 1.114$（<5）、GFI＝0.998（>0.9）、RMSEA＝0.016（<0.1）、SRMR＝0.005（<0.05）；增值适配度指标为NFI＝0.998（>0.9）、RFI＝0.995（>0.9）。各拟合指数符合标准，模型拟合度良好。目的地品牌信任的标准化载荷量介于0.818～0.904，明显大于0.5的标准；组合信度CR为0.925，超过0.7的标准；平均提取方差AVE为0.755，符合大于0.5的标准，表明量表具有较好的收敛效度。

采用AMOS22.0对目的地品牌资产进行验证性因子分析，以最大似然法进行适配函数估计，得到绝对适配度指标为 $x^2/df = 1.970$（<5）、GFI＝0.997（>0.9）、RMSEA＝0.045（<0.1）、SRMR＝0.002（<0.05）；增值适配度指标为NFI＝0.997（>0.9）、IFI＝0.998（>0.9）、CFI＝0.998（>0.9）。各拟合指数符合标准，模型拟合度良好。目的地品牌资产的标准化载荷量介于0.847～0.882，明显大于0.5的标准；组合信度CR为0.925，超过0.7的标准；平均提取方差AVE为0.755，符合大于0.5的标准，表明量表具有较好的收敛效度。

表 6－3　　验证性因子分析

观测变量	路径	潜在变量	标准化回归系数	非标准化回归系数	S. E.	C. R.	P	SMC	CR	AVE
BP1	<---	品牌宣传行为	0. 868	1. 000				0. 753	0. 871	0. 631
BP2	<---	品牌宣传行为	0. 874	0. 993	0. 044	22. 448	***	0. 764		
BP3	<---	品牌宣传行为	0. 774	0. 944	0. 049	19. 408	***	0. 599		
BP4	<---	品牌宣传行为	0. 637	0. 926	0. 062	14. 867	***	0. 406		
BM1	<---	品牌维护行为	0. 762	1. 000				0. 581	0. 801	0. 573
BM2	<---	品牌维护行为	0. 710	0. 805	0. 061	13. 182	***	0. 504		
BM3	<---	品牌维护行为	0. 796	0. 863	0. 064	13. 469	***	0. 634		
BD1	<---	品牌发展行为	0. 938	1. 000				0. 880	0. 911	0. 775
BD2	<---	品牌发展行为	0. 946	0. 962	0. 030	31. 690	***	0. 895		
BD3	<---	品牌发展行为	0. 741	0. 665	0. 032	20. 890	***	0. 549		
BA1	<---	品牌知名度	0. 740	1. 000				0. 548	0. 707	0. 450
BA2	<---	品牌知名度	0. 711	0. 925	0. 105	8. 779	***	0. 506		
BA3	<---	品牌知名度	0. 546	0. 714	0. 083	8. 612	***	0. 298		
BI1	<---	品牌形象	0. 710	1. 000				0. 504	0. 885	0. 661
BI2	<---	品牌形象	0. 744	1. 301	0. 086	15. 195	***	0. 554		
BI3	<---	品牌形象	0. 892	1. 519	0. 085	17. 883	***	0. 796		
BI4	<---	品牌形象	0. 890	1. 541	0. 086	17. 855	***	0. 792		
BQ2	<---	品牌质量	0. 777	1. 000				0. 604	0. 868	0. 622
BQ3	<---	品牌质量	0. 723	0. 759	0. 049	15. 545	***	0. 523		
BQ4	<---	品牌质量	0. 840	1. 010	0. 056	18. 097	***	0. 706		
BQ5	<---	品牌质量	0. 809	1. 036	0. 059	17. 527	***	0. 654		
BT1	<---	品牌信任	0. 818	1. 000				0. 669	0. 925	0. 755
BT2	<---	品牌信任	0. 869	1. 190	0. 053	22. 561	***	0. 755		
BT3	<---	品牌信任	0. 904	1. 195	0. 050	23. 865	***	0. 817		
BT4	<---	品牌信任	0. 882	1. 149	0. 050	23. 055	***	0. 778		
BE1	<---	品牌资产	0. 847	1. 000				0. 717	0. 925	0. 755
BE2	<---	品牌资产	0. 871	1. 174	0. 049	23. 909	***	0. 759		
BE3	<---	品牌资产	0. 876	1. 166	0. 048	24. 107	***	0. 767		
BE4	<---	品牌资产	0. 882	1. 207	0. 050	24. 382	***	0. 778		

2. 区别效度分析。

运用信赖区间法（bootstrap）进行区别效度的可靠性验证，其判断标准为各潜变量相关系数的信赖区间的最高值和最低值之间不包括1，则认为具有较好的区别效度。根据 Preacher 和 Hayes（2004）的研究，设定重复抽样5000次，在95%信赖区间下，采用 Bias - Corrected 和 Percentile 进行检验，检验结果见表6-4。通过研究发现，各潜变量的相关系数在两种方法中均不包括1。综合上述两种方法，可以认为各潜变量之间具有良好的区别效度。

表6-4　区别效度检验

Parameter	Piont Estimate	Bias - Corrected 95% CI		Percentile 95% CI	
		Lower	Upper	Lower	Upper
BP <--> BM	0.591	0.482	0.693	0.481	0.691
BP <--> BD	0.516	0.415	0.621	0.413	0.619
BP <--> BA	0.259	0.125	0.402	0.113	0.392
BP <--> BI	0.415	0.319	0.526	0.308	0.515
BP <--> BQ	0.417	0.262	0.546	0.272	0.555
BP <--> BT	0.436	0.317	0.557	0.317	0.557
BP <--> BE	0.483	0.377	0.596	0.372	0.593
BM <--> BD	0.762	0.697	0.816	0.701	0.820
BM <--> BA	0.294	0.155	0.441	0.145	0.426
BM <--> BI	0.481	0.370	0.588	0.370	0.588
BM <--> BQ	0.537	0.44	0.633	0.440	0.631
BM <--> BT	0.465	0.364	0.568	0.360	0.565
BM <--> BE	0.500	0.409	0.589	0.402	0.586
BD <--> BA	0.174	0.05	0.303	0.040	0.294
BD <--> BI	0.371	0.264	0.480	0.262	0.476
BD <--> BQ	0.399	0.285	0.500	0.290	0.504
BD <--> BT	0.378	0.284	0.482	0.274	0.471
BD <--> BE	0.487	0.395	0.575	0.391	0.568
BA <--> BI	0.432	0.310	0.577	0.297	0.552
BA <--> BQ	0.487	0.362	0.621	0.354	0.614
BA <--> BT	0.461	0.352	0.590	0.332	0.570

续表

Parameter	Piont Estimate	Bias - Corrected 95% CI		Percentile 95% CI	
		Lower	Upper	Lower	Upper
BA <--> BE	0.341	0.227	0.482	0.210	0.459
BI <--> BQ	0.638	0.543	0.726	0.543	0.726
BI <--> BT	0.640	0.576	0.705	0.572	0.703
BI <--> BE	0.646	0.558	0.722	0.560	0.724
BQ <--> BT	0.737	0.661	0.801	0.663	0.802
BQ <--> BE	0.677	0.572	0.769	0.572	0.771
BT <--> BE	0.627	0.520	0.718	0.521	0.718

四、假设检验

（一）主效应检验

采用结构方程模型对假设模型进行验证，以最大似然法进行适配函数估计，检测各构面之间的因果关系。根据研究结果，发现卡方值较大，个别拟合指标有待改进。因此，进一步分析卡方值过大是由于样本数大造成的，还是模型拟合不佳造成的。根据王建明（2015）的建议，通过系统运行，发现卡方值是因样本数较大而被高估，导致模型适配度变差、假设模型被拒绝。因此，本章参考 Bollen 和 Stine（1992）的建议，运用 Bollen - Stine bootstrap 法对模型拟合度进行修正，得到绝对适配度指标 $x^2/df = 1.353$（<3）、AGFI = 0.946（>0.9）、GFI = 0.960（>0.9）、RMSEA = 0.028（<0.08）；增值适配度指标为 NFI = 0.960（>0.9）、IFI = 0.989（>0.9）、CFI = 0.989（>0.9）。经修正后，各拟合指标均符合标准，模型拟合效果良好。

由表 6 - 5 可知，居民品牌宣传行为对目的地品牌知名度具有正向显著影响（$\beta = 0.423$，$p < 0.001$），H6 - 1a 成立。居民品牌宣传行为对目的地品牌质量的影响不显著（$\beta = -0.061$，$p > 0.05$），H6 - 1b 不成立。居民品牌宣传行为对目的地品牌形象具有显著的正向影响（$\beta = 0.257$，$p < 0.001$），H6 - 1c 成立。居民品牌宣传行为对目的地品牌信任的影响不显著（$\beta = 0.032$，$p > 0.05$），H6 - 1d 不成立。居民品牌宣传行为对目的地品牌资产具有显著的正向影响（$\beta = 0.132$，$p < 0.05$），H6 - 1e 成立。

表 6-5 影响路径及假设检验

假设	影响路径	Std(β)	Unstd	S. E.	T 值	P	假设检验
H6-1a	品牌知名度 <--- 品牌宣传行为	0.423	0.361	0.055	6.608	***	接受假设
H6-1b	品牌质量 <--- 品牌宣传行为	-0.061	-0.050	0.053	-0.944	0.345	拒绝假设
H6-1c	品牌形象 <--- 品牌宣传行为	0.257	0.222	0.054	4.088	***	接受假设
H6-1d	品牌信任 <--- 品牌宣传行为	0.032	0.023	0.040	0.579	0.562	拒绝假设
H6-1e	品牌资产 <--- 品牌宣传行为	0.132	0.113	0.048	2.348	0.019	接受假设
H6-2a	品牌知名度 <--- 品牌维护行为	0.178	0.151	0.076	1.980	0.048	接受假设
H6-2b	品牌质量 <--- 品牌维护行为	0.333	0.271	0.072	3.751	***	接受假设
H6-2c	品牌形象 <--- 品牌维护行为	0.131	0.113	0.023	4.813	***	接受假设
H6-2d	品牌信任 <--- 品牌维护行为	-0.026	-0.019	0.055	-0.339	0.734	拒绝假设
H6-2e	品牌资产 <--- 品牌维护行为	-0.100	-0.085	0.067	-1.269	0.205	拒绝假设
H6-3a	品牌知名度 <--- 品牌发展行为	0.027	0.017	0.048	0.351	0.725	拒绝假设
H6-3b	品牌质量 <--- 品牌发展行为	-0.061	-0.036	0.044	-0.824	0.410	拒绝假设
H6-3c	品牌形象 <--- 品牌发展行为	0.180	0.113	0.023	4.813	***	接受假设
H6-3d	品牌信任 <--- 品牌发展行为	0.025	0.013	0.033	0.388	0.698	拒绝假设
H6-3e	品牌资产 <--- 品牌发展行为	0.213	0.133	0.040	3.320	***	接受假设
H6-4a	品牌质量 <--- 品牌知名度	0.277	0.264	0.052	5.093	***	接受假设
H6-4b	品牌信任 <--- 品牌知名度	0.221	0.186	0.036	5.191	***	接受假设
H6-4c	品牌资产 <--- 品牌知名度	-0.025	-0.025	0.050	-0.498	0.618	拒绝假设
H6-5a	品牌质量 <--- 品牌形象	0.382	0.359	0.050	7.162	***	接受假设
H6-5b	品牌信任 <--- 品牌形象	0.228	0.188	0.038	4.946	***	接受假设
H6-5c	品牌资产 <--- 品牌形象	0.246	0.244	0.051	4.819	***	接受假设
H6-6a	品牌信任 <--- 品牌质量	0.493	0.433	0.049	8.866	***	接受假设
H6-6b	品牌资产 <--- 品牌质量	0.351	0.370	0.071	5.235	***	接受假设
H6-7	品牌资产 <--- 品牌信任	0.135	0.161	0.074	2.182	0.029	接受假设

居民品牌维护行为对目的地品牌知名度具有显著的正向影响（$\beta=0.178$，$p<0.05$），H6-2a 成立。居民品牌维护行为对目的地品牌质量具有显著的正向影响（$\beta=0.333$，$p<0.001$），H6-2b 成立。居民品牌维护行为对目的地品牌形象具有显著的正向影响（$\beta=0.131$，$p<0.001$），H6-2c 成立。居民

品牌维护行为对目的地品牌信任和品牌资产的影响均不显著（$\beta = -0.026$, $p > 0.05$；$\beta = -0.100$, $p > 0.05$），故 H6－2d 和 H6－2e 均不成立。

居民品牌发展行为对目的地品牌知名度具有显著的正向影响（$\beta = 0.027$, $p > 0.05$），H6－3a 不成立。居民品牌发展行为对目的地品牌质量的影响不显著（$\beta = -0.061$, $p > 0.05$；$\beta = -0.061$, $p > 0.05$），H6－3b 不成立。居民品牌发展行为对目的地品牌形象具有显著的正向影响（$\beta = 0.180$, $p < 0.001$），H6－3c 成立。居民品牌发展行为对目的地品牌信任的影响不显著（$\beta = 0.025$, $p > 0.05$），H6－3d 不成立。居民品牌发展行为对品牌资产具有显著的正向影响（$\beta = 0.213$, $p < 0.001$），H6－3e 成立。

目的地品牌知名度对目的地品牌质量具有正向显著影响（$\beta = 0.277$, $p < 0.001$），H6－4a 成立。目的地品牌知名度对目的地品牌信任具有正向显著影响（$\beta = 0.221$, $p < 0.001$），H6－4b 成立。目的地品牌知名度对目的地品牌资产不具有显著影响（$\beta = -0.025$, $p > 0.05$），故 H6－4c 不成立。目的地品牌形象对目的地品牌质量具有正向显著影响（$\beta = 0.382$, $p < 0.001$），H6－5a 成立。目的地品牌形象对目的地品牌信任具有正向显著影响（$\beta = 0.228$, $p < 0.001$），H6－5b 成立。目的地品牌形象对目的地品牌资产具有正向显著影响（$\beta = 0.246$, $p < 0.001$），H6－5c 成立。目的地品牌质量对目的地品牌信任具有正向显著影响（$\beta = 0.493$, $p < 0.001$），H6－6a 成立。目的地品牌质量对目的地品牌资产具有正向显著影响（$\beta = 0.351$, $p < 0.001$），H6－6b 成立。目的地品牌信任对目的地品牌资产具有正向显著影响（$\beta = 0.135$, $p < 0.05$），H6－7 成立。

（二）调节效应检验

1. 目的地熟悉度对品牌知名度与品牌资产的调节作用。

根据 Aiken 和 West 的建议，将相关变量进行标准化，降低多重共线性对结果的干扰。在此基础上，运用层级回归，将品牌知名度、目的地熟悉度以及两者的交互项放入回归方程，进一步分析目的地熟悉度在品牌知名度对品牌资产的影响中的调节作用，根据表 6－6 模型 3 的验证结果，目的地熟悉度在品牌知名度对品牌资产的影响中的起正向调节作用（$\beta = 0.139$, $P < 0.01$）。为进一步了解目的地熟悉度的调节作用，由交互作用图（图 6－3）可知，对于目的地熟悉度较高的游客来说，品牌知名度对品牌资产的正向影响作用较大；

对于目的地熟悉度较低的游客来说，品牌知名度对品牌资产的正向影响作用相对较小，因此 H6－8a 得到检验。

表 6－6　目的地熟悉度对品牌知名度与品牌资产关系的调节作用分析

模型		非标准化系数		标准化系数	t 值	显著性	R^2	ΔR^2
		B	标准误	Beta				
1	常量	12.198	0.104		117.606	0.000	0.090	—
	品牌知名度	0.707	0.104	0.301	6.808	0.000		
2	常量	12.198	0.101		120.468	0.000	0.135	0.045
	品牌知名度	0.598	0.104	0.254	5.757	0.000		
	目的地熟悉度	0.508	0.104	0.216	4.894	0.000		
3	常量	12.133	0.102		118.538	0.000	0.153	0.018
	品牌知名度	0.623	0.103	0.265	6.038	0.000		
	目的地熟悉度	0.438	0.105	0.186	4.164	0.000		
	品牌知名度 * 目的地熟悉度	0.303	0.095	0.139	3.173	0.002		

注：因变量为目的地品牌资产。

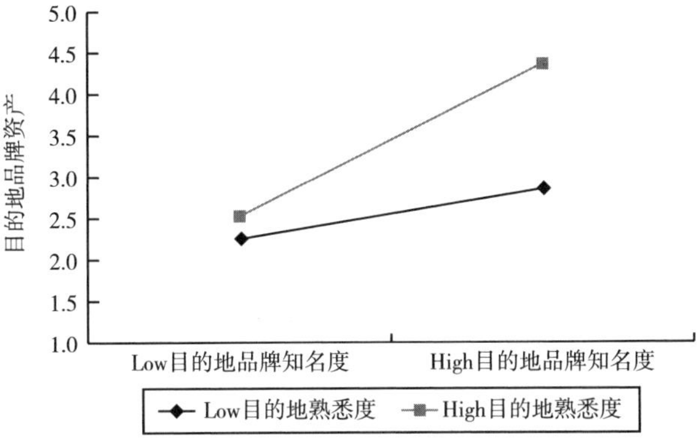

图 6－3　目的地熟悉度对品牌知名度与品牌资产关系的调节作用

2. 目的地熟悉度对品牌质量与品牌资产关系的调节作用。

首先将相关变量进行标准化，从而降低多重共线性对结果的干扰。在此基础上，运用层级回归，将品牌质量、目的地熟悉度以及两者的交互项放入回归方程，进一步分析目的地熟悉度在品牌质量对品牌资产的影响中的调节作用，根据表 6－7 中模型 3 中的结果显示，目的地熟悉度在品牌质量对品牌资产的影响中的正向调节作用并不显著（β = 0. 050，P > 0. 050），由此 H6 – 8b 不成立。

表 6 – 7　　目的地熟悉度对品牌质量与品牌资产关系的调节作用分析

模型		非标准化系数		标准化系数	t 值	显著性	R^2	ΔR^2
		B	标准误	Beta				
1	常量	12. 198	0. 086		141. 669	0. 000	0. 373	—
	品牌质量	1. 436	0. 086	0. 611	16. 657	0. 000		
2	常量	12. 198	0. 085		143. 977	0. 000	0. 394	0. 021
	品牌质量	1. 362	0. 087	0. 580	15. 702	0. 000		
	目的地熟悉度	0. 350	0. 087	0. 149	4. 039	0. 000		
3	常量	12. 174	0. 087		140. 668	0. 000	0. 397	0. 003
	品牌质量	1. 365	0. 087	0. 581	15. 747	0. 000		
	目的地熟悉度	0. 316	0. 090	0. 134	3. 490	0. 001		
	品牌质量 * 目的地熟悉度	0. 115	0. 086	0. 050	1. 340	0. 181		

3. 目的地熟悉度对品牌形象与品牌资产的调节作用。

首先将相关变量进行标准化，从而降低多重共线性对结果的干扰。在此基础上，运用层级回归，将品牌形象、目的地熟悉度以及两者的交互项放入回归方程，进一步分析目的地熟悉度在品牌形象对品牌资产的影响中的调节作用，根据表 6 – 8 中模型 3 中的结果显示，目的地熟悉度在品牌形象对品牌资产的影响中的正向调节作用并不显著（β = 0. 064，P > 0. 050），由此 H6 – 8c 不成立。

表 6 – 8　　目的地熟悉度对品牌形象与品牌资产关系的调节作用分析

模型		非标准化系数		标准化系数	t 值	显著性	R^2	ΔR^2
		B	标准误	Beta				
1	常量	12. 198	0. 088		137. 842	0. 000	0. 338	—
	品牌形象	1. 366	0. 089	0. 581	15. 422	0. 000		
2	常量	12. 198	0. 088		138. 772	0. 000	0. 348	0. 010
	品牌形象	1. 291	0. 092	0. 549	14. 001	0. 000		
	目的地熟悉度	0. 249	0. 092	0. 106	2. 703	0. 007		

续表

模型		非标准化系数		标准化系数	t 值	显著性	R^2	ΔR^2
		B	标准误	Beta				
3	常量	12.158	0.091		133.531	0.000	0.352	0.004
	品牌形象	1.287	0.092	0.548	13.976	0.000		
	目的地熟悉度	0.217	0.094	0.092	2.306	0.022		
	品牌形象 * 目的地熟悉度	0.135	0.081	0.064	1.664	0.097		

4. 目的地熟悉度对品牌信任与品牌资产的调节作用。

首先将相关变量进行标准化，从而降低多重共线性对结果的干扰。在此基础上，运用层级回归，将品牌信任、目的地熟悉度以及两者的交互项放入回归方程，进一步分析目的地熟悉度在品牌信任对品牌资产的影响中的调节作用，根据表 6 - 9 中模型 3 中的结果显示，目的地熟悉度在品牌信任对品牌资产的影响中的起正向调节作用（$\beta = 0.107$，$P < 0.01$）。为进一步了解目的地熟悉度的调节作用，由交互作用图（图 6 - 4）可知，对于目的地熟悉度较高的游客来说，品牌信任对品牌资产的正向影响作用较大；对于目的地熟悉度较低的游客来说，品牌信任对品牌资产的正向影响作用相对较小，因此 H6 - 8d 得到检验。

表 6 - 9　目的地熟悉度对品牌信任与品牌资产关系的调节作用分析

模型		非标准化系数		标准化系数	t 值	显著性	R^2	ΔR^2
		B	标准误	Beta				
1	常量	12.198	0.088		138.939	0.000	0.348	—
	品牌信任	1.387	0.088	0.590	15.782	0.000		
2	常量	12.198	0.087		140.140	0.000	0.361	0.013
	品牌信任	1.311	0.091	0.558	14.461	0.000		
	目的地熟悉度	0.273	0.091	0.116	3.015	0.003		
3	常量	12.135	0.089		136.163	0.000	0.372	0.011
	品牌信任	1.272	0.091	0.541	13.976	0.000		
	目的地熟悉度	0.256	0.090	0.109	2.841	0.005		
	品牌信任 * 目的地熟悉度	0.227	0.079	0.107	2.864	0.004		

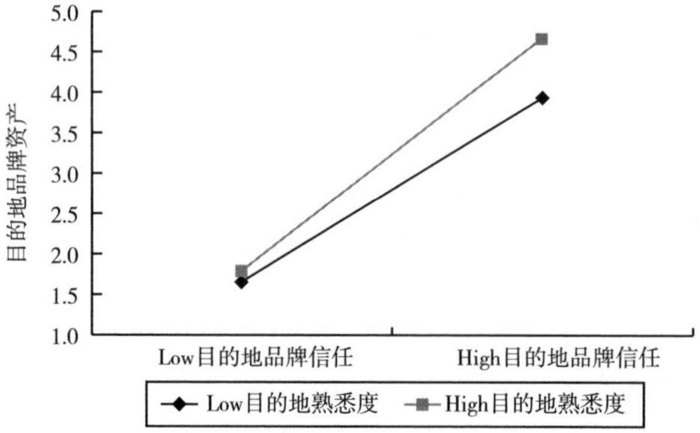

图6－4　目的地熟悉度对品牌信任与品牌资产关系的调节作用

五、结果分析

（一）居民品牌宣传行为对目的地品牌资产各维度的影响

实证检验结果支持H6－1a、H6－1c和H6－1e，表明居民品牌宣传行为有助于提升目的地品牌知名度、品牌形象和品牌资产。同时，居民品牌宣传行为对目的地品牌质量和品牌信任的影响不明显，H6－1b和H6－1d未能得到数据支持，原因在于随着游客消费的日益理性化，游客对居民品牌宣传行为的真实性持保留意见，故难以直接影响目的地品牌质量和品牌信任。

（二）居民品牌维护行为对目的地品牌资产各维度的影响

实证检验结果支持H6－2a、H6－2b和H6－2c，表明居民品牌维护行为有助于提升目的地品牌知名度、品牌质量和品牌形象。同时，居民品牌维护行为对目的地品牌信任和品牌资产的影响不明显，H6－2d和H6－2e未能得到数据支持，原因在于居民积极主动进行品牌维护，会让游客对其意图产生怀疑，难以激发游客对目的地品牌的信任感，相应地也无法影响游客的旅游决策。

（三）居民品牌发展行为对目的地品牌资产各维度的影响

实证检验结果支持H6－3c和H6－3e，表明居民品牌发展行为有助于提升目的地品牌形象和品牌资产。同时，居民品牌发展行为对目的地品牌知名度、品牌质量和品牌信任的影响不明显，H6 –3a、H6 –3b 和 H6 –3d 未能得到数据支持，原因在于居民品牌发展行为主要是居民内部的行为，如学习和提高品牌传播技能、传递游客反馈以及改进品牌管理等行为，缺少与游客的互动，可能不会直接影响目的地品牌知名度、品牌质量和品牌信任。

（四）目的地品牌资产内部之间的影响关系

实证检验结果支持 H6 –4a 和 H6 –4b，表明目的地品牌知名度感知越高，越有助于提升目的地品牌质量和品牌信任。而目的地品牌知名度对目的地品牌资产的影响并不明显，即 H6 –4c 未能得到数据支持。根据“认知—情感—行为”理论，目的地品牌知名度属于游客的认知阶段，需要通过旅游体验对目的地产生情感，才能有效驱动游客行为，影响目的地品牌资产，因而单纯的目的地品牌知名度难以影响目的地品牌资产。同时，实证检验结果支持 H6 –5a、H6 –5b、H6 –5c、H6 –6a、H6 –6b 和 H6 –7，表明目的地品牌形象越好，越有助于提升目的地品牌质量、品牌信任和品牌资产；目的地品牌质量越高，越有助于提升目的地品牌信任和品牌资产；目的地品牌信任越高，越有助于提升目的地品牌资产。

（五）目的地熟悉度的调节作用

实证检验结果支持 H8 –8a 和 H8 –8d，表明目的地熟悉度在目的地品牌知名度和品牌信任对目的地品牌资产的影响中具有正向调节作用，即当游客对目的地熟悉度较高时，品牌知名度和品牌信任对品牌资产的正向关系较强；当游客对目的地熟悉度较低时，品牌知名度和品牌信任对品牌资产的正向关系较弱。从调节作用大小来看，目的地熟悉度在目的地品牌知名度与目的地品牌资产之间的调节作用要大于在目的地品牌信任与目的地品牌资产之间的调节作用。同时，目的地熟悉度在目的地品牌质量与目的地品牌资产之间的调节作用不明显，故 H8 –8b 不成立，原因可能是由目的地熟悉度与目的地品牌质量存在相互影响关系造成的，根据 Boo（2009）和徐尤龙（2015）的研究可知，目的地熟悉度是游客对目的地的认知，目的地品牌质量是目的地品牌体验阶段，品牌认知会进一步促进品牌体验，而品牌体验也会加深品牌认知，因此推测可能是两者的相互影响关系导致目的地熟悉度在目的地品牌质量与目的地品牌资产之间的调节作用不明显。此外，目的地熟悉度在目的地品牌形象与目的地品牌资产之间的调节作用不明显，故 H8 - 8c 不成立。其原因在于目的地熟悉度和目的地品牌形象的概念有部分相似，如 Prentice（2006）指出，熟悉度包含信息搜寻和先前经验，而 Baloglu 和 McCleary（1999）认为，信息来源与先前经验是品牌形象的构成部分。由此推测出，目的地熟悉度与目的地品牌形象包含相似概念，影响了目的地熟悉度在目的地品牌形象与目的地品牌资产之间的调节作用。

第七章

旅游目的地居民品牌大使行为的推进路径

利益相关者理论认为，政府、企业、社区、居民是影响旅游目的地品牌化的关键利益相关者。旅游目的地居民品牌大使行为作为目的地品牌化的重要组成部分，需要各主体按照“政府主导、企业支持、社区推动、居民参与”的思路，共同构建政府、企业、社区和居民“四位一体”的推进路径，大力提升目的地品牌化水平（见图7－1）。

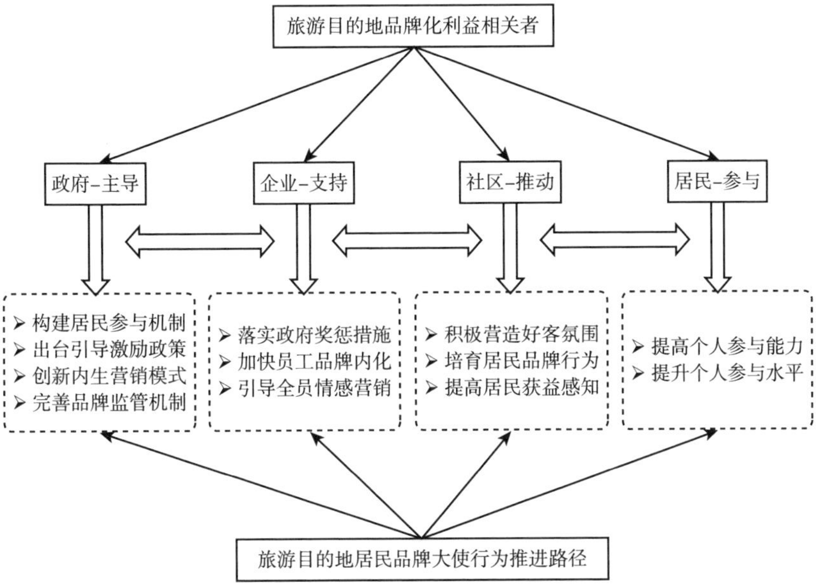

图7－1　旅游目的地居民品牌大使行为推进路径

第一节　政府主导

旅游目的地品牌建设需要地方政府的积极引导和大力支持。然而，现有旅游目的地品牌建设政策主要针对当地旅游主管部门和旅游企业，而对居民参与和贡献关注有限。因此，亟须完善涉及居民层面的品牌建设政策，充分发挥地方政府在居民品牌大使行为中的主导作用。通过政策引导和支持，激发居民的参与热情，使其成为目的地品牌建设的积极推动者，从而全面提升目的地品牌的竞争力和吸引力。

一、构建居民参与机制

当地居民是否参与目的地品牌推广取决于自身对目的地品牌的认同，其认同度越高，越有可能积极推广目的地品牌。而居民品牌认同的实现，则需要地方政府将居民纳入目的地品牌建设的全过程，构建居民参与的长效机制。在目的地品牌策划和品牌塑造过程中，要广泛征集居民意见，选取能够体现当地文化内核的核心要素来构建目的地品牌。在品牌提升和推广过程中，居民作为目的地品牌价值的共同创造者，应积极参与到目的地品牌传播及建设工作中，有效地向游客传递目的地品牌承诺。在品牌管理过程中，要让居民适当地、适时地参与，通过建立定期的座谈、问卷调查、意见收集与反馈制度等，引导居民根据实践经验和当地旅游发展情况，提出关于塑造、推广和维护旅游目的地品牌的建议和意见。地方政府应认真听取并采纳居民的意见，鼓励他们致力于目的地品牌发展，从而增强居民的使命感和归属感。

二、出台引导激励政策

为有效引导和激励旅游目的地居民品牌大使行为，政策制定应聚焦于宣传教育、品牌培训和激励政策三方面入手。

首先，政府需加强教育与宣讲活动，以提升当地居民对旅游目的地品牌所涵盖的文化内涵和意义的认识，增强居民对旅游目的地品牌的认同感。通过深入理解居民品牌大使行为在提升目的地品牌知名度、塑造品牌形象、增强品牌质量感知以及升级品牌资产中的关键作用，让居民和旅游服务人员能更好地认识到自身在目的地品牌化过程中的重要性，从而增强责任感，树立品牌意识，并在服务和接待游客过程中展现出热情好客的形象，实现由内而外的营销。

其次，地方政府应组织旅游目的地品牌培训，使居民意识到目的地品牌价值与自身态度和行为息息相关，明确目的地品牌建设的方向，提升居民的品牌知识和品牌传播能力，增强居民作为目的地品牌大使的自信心和自我效能感，使当地居民在与游客交往过程中，能够准确而有效地传递目的地品牌承诺，并将品牌承诺传播和品牌形象塑造有机结合，推动目的地品牌发展。

最后，政府应制定合理的奖励激励政策，提高各参与主体的个人获益。个人获益是驱动旅游目的地居民品牌大使行为的主要动机。依据行为主义原则，人类是寻求酬赏的有机体。政府应制定合理的奖励激励政策，提高各参与主体的个人获益，有助于激发居民参与品牌建设的积极性和主动性，引导社区和居民共同参与目的地品牌的宣传和推广，形成品牌建设的长效机制。具体措施包括：增加政府对旅游业的直接投入，制定支持旅游业发展的相关财政政策，将旅游发展专项基金向目的地品牌建设倾斜，并设立“居民品牌大使奖励基金”以奖励在目的地品牌建设中作出贡献的居民；发挥先进社区的示范引领作用，通过评选活动和荣誉称号激发居民参与目的地品牌建设的自豪感，并通过示范引领作用，带动其他社区参与到目的地品牌建设中来；在制定奖励制度时，考虑不同群体的需求，实施差异化的激励措施，最大限度地满足各群体需求，激励其采取品牌大使行为，并通过宣传效应，以点带面，形成全民参与的良好氛围。

三、创新内生营销模式

旅游目的地居民品牌大使行为对目的地品牌资产具有显著的正向影响。政府需充分发挥居民品牌大使行为对目的地的品牌化的推动作用，大力推进内生式营销。内生式营销是指利用当地居民的声音来展示旅游目的地，其基本要素是依靠当地人进行宣传，核心动力是通过一系列机制在目的地营销中突出当地居民这一特色（Pearce、Wu and Zhu et al. , 2013）。近年来，社交网络的发展催生了一批网红目的地，如西安、济南、重庆、青岛等，这些目的地在传播初期主要依靠当地居民的短视频传播，其传播内容主要包括当地美食、特色景点、民俗风情等，传播形式以网络平台分享为主。鉴于居民宣传和推广旅游目的地的良好效果，英国、希腊、南澳、瑞典等部分国家或地区的政府部门逐步推进目的地内生式营销（见表7－1）。当前，我国旅游目的地内生式营销尚处于发展初期，部分旅游目的地组织了相关活动，如山东旅发委号召当地人代旅发委构思微博内容，以当地人视角向潜在游客介绍山东；河南省旅游局组织的“老乡带你游河南”等；香港开展“好客之道”活动，倡导每个市民都成为“旅游大使”。然而，与国外较为丰富的旅游目的地内生式营销方式相比，我国旅游行政部门在内生式营销活动策划、组织、创意等方面仍有较大的提升空间。

表7－1　　内生式营销的典型案例

案例地	内生式营销方式	发起者
英国苏格兰格拉斯哥	创建网上互动平台，当地居民可在此网站上描述目的地	居民
希腊科孚岛	通过在宣传册和宣传材料中对当地人进行特写，加入图片和个人故事进行补充	旅游局
南澳大利亚	推出“隐藏的秘密”活动，让当地居民上传照片，揭示居住区域的特色	旅游局
瑞典	首创“国家旅游大使号码”，让当地普通转变为“旅游大使”，向世界展示的是真实的瑞典	旅游局

资料来源：根据相关文献及网络资料整理。

在旅游目的地内生式营销过程中，地方政府应借鉴国外成功经验，因地制宜、推陈出新，积极发挥旅游目的地居民品牌大使对目的地品牌推广、维护和发展的作用。一是创建旅游目的地主客交往网络平台。基于社区推荐的原则，招募对目的地熟悉且愿意推广当地品牌的居民，在网络平台介绍和推荐目的地及其旅游特色，为游客出行提供参考。同时，游客可以根据自己的旅游体验，对目的地居民推荐进行评价，以便为其他潜在游客提供参考。政府通过网络平台收集数据，分析客源市场，掌握不同类型游客的出行特点和需求，精准推出与之相匹配的旅游产品和服务。二是策划居民品牌大使活动。利用官方网站、微博、微信、抖音和小红书等新媒体平台，高效推送活动信息，招募居民品牌大使。通过提供免费游览景区等激励措施，鼓励居民通过社交媒体分享旅游体验，吸引潜在游客。同时，积极筹办大型特色节会活动，鼓励居民邀请亲朋好友共同参与，提高活动的参与度和影响力。三是编制内容丰富、特色突出、综合性强的旅游杂志，将居民元素纳入其中，如收录一些居民与目的地品牌及其相关景区的有趣故事，并在各景区休息区、旅行社业务大厅、酒店前台等免费发放，以增强目的地品牌的认知度。综上所述，地方政府需立足本地优势和资源特色，运用内生式营销策略，对目的地品牌内核进行推广和宣传，全面提升目的地的国内外影响力和知名度。

四、完善品牌监管机制

目的地品牌管理是影响旅游目的地可持续发展的关键。加强目的地品牌管理，关键在于规范市场主体行为、构建目的地诚信体系以及完善目的地品牌危机监测机制。第一，地方政府需加大执法力度，对旅游目的地的旅游经营商、旅行社、酒店以及农家乐等实施标准化收费，坚决查处各类坑客宰客、黑车野导等违规行为，优化旅游目的地品牌的发展环境，切实保障旅游市场健康有序。第二，要将“诚信”纳入目的地文化建设中，加强诚信教育，增强目的地品牌各利益相关者的诚信认同感，将诚信作为行为规范，并逐渐转化为自觉行为，这既是游客对目的地信任的重要方面，也是游客忠诚行为产生的前提条件。第三，要防患于未然，完善游客投诉机制和品牌危机的监测机制。建立消费者意见反馈制度、投诉记录公开制度以及失信或违法经营“黑名单”制度，定期向社会公布，切实维护好游客的合法权益；要加强品牌危机的监测，制定危机事件应急预案，一旦品牌危机出现，地方政府要以诚恳的态度，及时查明事实，主动承担责任，以重新赢得游客的信任和支持，化危机为转机，促进目的地品牌的可持续发展。

第二节　企业支持

旅游企业通常是旅游者到访目的地最先接触到的对象，也是目的地品牌化实施的重要主体。这些企业需要落实政府的奖罚政策，规范员工行为，确保其服务与目的地品牌形象一致。同时，企业应加快员工的品牌内化过程，提升员工对目的地品牌的认同感，鼓励员工将传播目的地品牌内化为一种自觉行为。在品牌传播过程中，旅游企业应将情感元素融入产品与服务中，开展情感营销策略，以此提升顾客体验，促进目的地品牌建设。

一、落实政府奖惩政策

旅游目的地品牌塑造与旅游企业的经济效益休戚相关。一方面，企业要落实政府的奖励扶持政策，制定合理的奖励激励措施作为政府政策的有益补充，引导社区和员工共同参与目的地品牌的宣传和推广，共同塑造积极的目的地品牌形象。对目的地品牌推广中表现突出的社区和员工，应给予一定的物质和精神奖励，以激发员工或景区附近的社区居民参与目的地品牌建设的积极性，从而有效推动品牌大使行为的开展。例如，设立目的地品牌推广奖励机制，对积极参与目的地品牌宣传推广的社区或个人予以经济奖励；同时，通过公开表扬、授予荣誉称号等方式，树立典范，发挥精神激励的重要作用，增强员工和社区居民的凝聚力和自豪感，进一步强化其品牌大使行为。另一方面，企业应依据政府的处罚条例，制定严格的处罚制度，规范员工行为，尤其是加大对存在坑客宰客、虚假宣传等违规行为的员工和经营商的处罚力度，努力打造受游客信任的旅游目的地，让游客吃得放心、住得安心、玩得开心。

二、加快员工品牌内化

品牌已成为旅游业不可或缺的一部分，它影响着旅游产品与服务、旅游行为与选择，以及旅游目的地形象等多个方面，其在目的地竞争中的作用也得到了学界的广泛关注。以往研究多从外部对目的地品牌进行营销，缺少从内部进行营销和推广的实践案例。内部营销的核心在于加强品牌内化，即员工理解并传递品牌价值的过程。有研究表明，旅游者更倾向于那些与自我形象相契合的旅游目的地。因此，旅游企业应将员工品牌内化纳入企业文化建设中，通过定期与不定期的目的地品牌专项培训，使品牌大使行为内化成为员工日常工作的一部分。这不仅增强了员工对目的地品牌的认同和传播，还提升了他们的专业素养与技能。在品牌信息传递过程中，应突出目的地与游客在形象气质方面的契合点，以引发游客对目的地品牌的共鸣。

三、引导全员情感营销

旅游企业员工是构成旅游目的地居民品牌大使的主体，其品牌大使行为也是企业开展营销策略的关键组成部分。根据情绪感染理论，员工的情绪状态对游客情绪具有很强的感染力。当员工处于一种积极情绪状态时，能够显著提升游客的愉悦度；相反，员工的消极情绪可能会降低游客的愉悦度。因此，强化企业文化教育，增强员工的认同感和归属感至关重要。这不仅能激发员工在与游客互动时展现出热情和积极的态度，还能促进员工敏感地感知并响应游客的情绪诉求，通过情感营销来满足游客在游览过程中的情感期待。

情感营销应以提升旅游服务为切入点。旅游服务作为一种无形产品，是维系目的地品牌与游客关系的纽带。企业提供的产品和服务若能满足游客的实际需求和期待，将为游客产生积极情绪和情感的反应奠定基础。面对旅游目的地产品同质化程度日益加剧的挑战，构建卓越的品牌服务体系和提供令游客满意的服务已成为目的地竞争的核心要素。在服务过程中，企业应专注于构建标准化、特色化和个性化的服务。首先，打造标准化服务。标准化服务是游客最直观感受并信赖的服务类型。为实现标准化服务，企业需结合旅游市场的需求设计服务流程，优化服务质量，并培养素质高、态度好、技能娴熟的服务人员，以便能够随时随地展现旅游目的地的良好品牌形象。其次，打造特色化服务。特色化服务能够体现目的地品牌形象，并且彰显企业个性，有效避免服务项目的雷同化，激发游客的新奇感和探索欲，通过服务的独特性建立忠实顾客群。最后，打造个性化服务。个性化服务要求目的地旅游服务人员作为品牌大使，关注到游客的个性化需求，提供“以人为本”的服务，让游客感受到“宾至如归”的体验。通过这些措施，企业不仅能增强员工与游客之间的情感联结和认同感，还能提升游客的整体旅游体验，提高游客满意度与忠诚度，从而为旅游目的地品牌赢得可持续竞争优势。

第三节 社区推动

一、积极营造好客氛围

旅游目的地居民品牌大使行为本身就是好客精神的直接体现。当游客来到旅游目的地时，他们不仅会与专业服务人员接触，还会与当地居民互动，后者的言行会对游客的整体旅游体验产生重要的影响。特别是，当地居民的好客程度会直接影响到游客的旅游体验。可见，培育与提升当地居民好客精神，营造良好的好客氛围，是目的地旅游业可持续发展的重要保障（李天元和向招明，2006）。因此，社区必须对居民进行必要的宣传、教育、引导和培训，提高当地居民的旅游品牌意识，并获得全社会对发展旅游业的支持和理解。这不仅有效避免了目的地过度的商业化趋势，还保持了热情好客的淳朴民风，为社区营造了良好的好客氛围。总之，旅游目的地居民对游客越友好、越真诚，游客对居民的好感度越高，这种好感度直接影响游客对目的地品牌形象感知，从而有利于提升游客对目的地的品牌忠诚。

二、培育居民品牌行为

培育旅游目的地居民品牌大使行为是一个系统而复杂的过程，需要社区创造有利条件，不断加强目的地居民的个人责任感、自我效能感、地方自豪感和地方依恋感。这有助于激励居民成为旅游目的地品牌大使，为目的地品牌宣传、维护和发展贡献力量。

一方面，加强居民责任感和自我效能感的培养。责任感是激发个体积极行为的重要因素。在旅游目的地品牌化过程中，居民的个人责任感对其品牌大使行为具有显著的正向影响。因此，社区在进行旅游目的地品牌化教育时，应重视对居民责任感的培养，使居民深刻理解当地旅游目的地品牌的内涵和价值，并认识到目的地的品牌价值与他们的态度和行为密切相关，提升居民的品牌知识和品牌传播能力，树立居民作为目的地品牌大使的自信心，增强自我效能感，使当地居民在与游客交流时，能够精准地向游客传递目的地品牌信息，并将传播品牌信息和树立品牌形象有机结合，有效推进居民品牌大使行为。

另一方面，加强居民地方自豪感和地方依恋感的培养。地方自豪感和地方依恋感对居民品牌大使行为的影响不容忽视。研究表明，居民在参与大型赛事和节会活动时会体验到重要的心理奖励，表现出更强的地方自豪感。为此，社区应组织大型节事活动和有地方特色的节庆活动，提高目的地的知名度，增强居民的地方自豪感，为居民创造美好记忆，激励他们自愿成为目的地品牌的宣传者。同时，社区要大力弘扬当地的传统文化，加强居民与其居住地的联系，强化地方认同，促进居民品牌大使行为的积极输出，如产生积极的口碑、参与旅游活动和维护目的地品牌声誉等。

三、提高居民获益感知

当地居民作为旅游目的地的天然代言人，承担着传播和推广旅游目的地品牌及其精神的重任。在旅游目的地发展和品牌营销中，如何有效提升居民的参与度，使其成为目的地品牌大使，是目的地发展面临的关键挑战。居民品牌大使行为作为一种角色外行为，具有较强的利他性。然而，在强化个人责任感和地方自豪感等利他动机的同时，社区也必须重视利己动机对居民品牌大使行为的显著影响。研究结果显示，个人获益是驱动居民品牌大使行为的首要动机。因此，提升居民个人获益是推进居民品牌大使行为的关键。

社区在推动居民品牌大使行为时，应从民生视角出发，着力改善目的地居民的生产生活环境、完善社区基础设施，提供更有利的就业机会和发展机会，以及提升居民个人形象等，满足居民生活和休闲需要。同时，社区应鼓励居民积极参与旅游业的发展，增加个人旅游收益。尤其是在农村社区，应抓住国家政策契机，如利用国家对农村集体经济组织可依法使用建设用地的鼓励政策，通过自办或以土地使用权入股、联营、租赁等方式发展旅游业等。推进具有特色的乡村酒店、汽车营地等项目建设，依托现有资源打造集观光、体验、文化传承于一体的休闲农业项目，以及集旅游餐饮、购物、演艺娱乐于一体的特色街区，延长乡村旅游产业链，增加居民的经济收益，提升居民生活满意度，增强居民对旅游发展的认同感和支持度，激发居民在目的地品牌建设中的参与感、存在感和责任感，积极调动居民担当品牌大使的热情。

第四节 居民参与

在旅游目的地品牌建设中，以往研究过于关注政府及企业所发挥的重要作用，而忽略了居民在品牌建设中的地位与作用。根据旅游目的地品牌利益相关者理论，居民是目的地品牌化的关键利益相关者。居民作为旅游目的地的东道主，其自身的目的地品牌知识和品牌传播能力是影响旅游目的地品牌化的重要因素。居民的积极参与、配合和支持旅游目的地品牌建设，将极大促进目的地的品牌化进程（张翔云，2018）。因此，提升居民的目的地品牌建设能力，引导其积极参与品牌建设项目，是加快目的地品牌建设的关键。

一、提高个人参与能力

在泛旅游时代背景下，随着主客交往的日益频繁，居民对游客和潜在游客的影响愈加明显。然而，由于对目的地品牌形象和旅游产品缺乏了解，居民作为目的地主人翁的主观能动性被削弱，难以在目的地品牌建设中发挥应有的作用。因此，社区居民需要提升参与目的地品牌建设的能力和水平。首先，加强目的地品牌知识的学习，充分了解目的地品牌及其支撑产品，以便为游客提供热情的、真挚的服务，提高游客的满意度和忠诚度。其次，掌握目的地品牌推广的途径。从传统途径来看，居民可以通过口头传播、特色产品销售、宣传手册、民俗展演参与等方式直接宣传和推广旅游目的地。而随着网络的快速发展和广泛应用，信息接收的碎片化特征愈发明显，居民进行目的地品牌推广的途径日益拓展，微信、微博、抖音等社交媒体成为居民传播目的地品牌的主阵地。最后，了解目的地品牌推广的技巧。居民品牌大使行为本身属于一种软植入的营销方式。因此，在目的地品牌宣传推广时，要避免过度的商业化，通过主客互动，让游客感受到居民是真诚地为其提供帮助和服务，而不是仅仅为了商业利益。

二、提升个人参与水平

作为目的地品牌建设的主体，居民要充分发挥主人翁作用，积极参与旅游目的地品牌建设，不断提升参与水平。这不仅是提升目的地竞争力的内在要求，也是目的地可持续发展的动力和根本保障。

（一）参与目的地品牌宣传

一是通过线上线下口碑宣传目的地品牌。在现实的主客交往过程中，目的地居民可以通过传统模式直接向游客宣传旅游目的地或推荐地方特色等。而在虚拟网络中，当地居民可以依托社交媒体，通过用户生成内容或信息分享等方式来传递目的地品牌信息，推广目的地品牌。二是通过自己的作品或参与当地的特色节会来展示和传播目的地的自然景观、人文景观、地方文化和风土民情，以提高旅游目的地知名度和美誉度，进而推广旅游目的地品牌。三是积极参与目的地组织的各类旅游推介活动，或以旅游活动志愿者的形式来重点宣传旅游目的地品牌，加强旅游品牌推广及旅游品牌形象塑造。

（二）参与目的地品牌维护

当地居民作为旅游目的地品牌化的主体之一，是直接影响目的地品牌形象的关键群体。无论是普通居民还是意见“领袖”，无论是旅游从业人员或非旅游从业人员，均有参与目的地品牌建设的责任，其行为表现在很大程度决定着目的地的口碑和声誉。因此，在旅游目的地品牌化过程中，当地居民要时刻关注自身言行对目的地品牌形象的影响，更好地维护目的地的品牌形象。同时，当游客对目的地品牌产生误解时，目的地居民要积极向游客说明澄清，保护目的地品牌的声誉。需要引起注意的是，居民在品牌维护过程中，要坚持适度原则，选择适宜的场合，采用较为缓和方式，潜移默化地影响游客对目的地品牌的认知，防止过犹不及。

（三）参与目的地品牌发展

居民参与目的地品牌发展是其目的地品牌大使行为的较高层次，这对于提升目的地的感知质量、品牌形象和整体品牌资产均具有重要影响。作为目的地品牌化的重要组成部分，旅游目的地居民利用空余时间，不断提升旅游目的地的品牌知识和品牌传播技能，更好地为游客提供帮助，使游客能够了解目的地的特色文化、民俗风情，以满足其对当地居民生活方式的新奇感，从而扩大目的地影响力，塑造良好的品牌形象。此外，居民还要积极参与目的地品牌发展座谈、会议、论坛等，向目的地营销组织提供目的地品牌发展的意见和建议，以改善目的地品牌质量和品牌形象，促进旅游目的地品牌资产升级。

第八章

研究结论与展望

第一节　研究结论

本书基于 MOA 理论、情绪评价理论、品牌内化理论、品牌资产理论和利益相关者理论，以旅游目的地品牌“仙境海岸”为案例，分析旅游目的地居民品牌大使行为的结构维度、形成机理与响应机制。经研究构建了居民品牌大使行为的结构维度；揭示了旅游目的地居民品牌大使行为形成的内在机理；明确了旅游目的地居民品牌大使行为的游客及目的地响应机制；提出了旅游目的地居民品牌大使行为的推进路径。主要结论如下：

1. 旅游目的地居民品牌大使行为具有三个维度。

旅游目的地居民品牌大使行为是一个多维构念，包括品牌宣传行为、品牌维护行为和品牌发展行为三个维度。采用质性和量化研究相结合的方式，对旅游目的地居民品牌大使行为的维度构建展开探讨。通过对不同类型居民进行深度访谈，运用扎根理论进行三级编码，并根据扎根分析结果，借鉴相关成熟量表开发了居民品牌大使行为的初始量表。利用 SPSS22.0 和 AMOS22.0 软件，运用探索性和验证性因子分析等方法对各维度予以验证，最终确立了旅游目的地居民品牌大使行为的三维度模型，即品牌宣传行为、品牌维护行为和品牌发展行为。

2. 旅游目的地居民品牌大使行为形成机理。

政府支持、地方依恋、自我效能是旅游目的地居民品牌大使行为的重要驱动力，行为动机在这一驱动关系起中介作用，品牌认同则起调节作用。从个人因素、品牌因素、情境因素三个方面分析驱动居民品牌大使行为的主要因素，构建了居民品牌大使行为形成机理的理论模型，并利用 SPSS22.0 和 AMOS22.0 软件进行实证分析。研究结果显示，地方依恋、自我效能、政府支持、行为动机直接影响居民品牌大使行为，其影响程度为地方依恋 > 自我效能 > 政府支持 > 个人获益 > 地方自豪感 > 个人责任感。地方依恋和自我效能通过个人获益、地方自豪感和个人责任感间接影响居民品牌大使行为。品牌认同对地方依恋、自我效能和政府支持与旅游目的地居民品牌大使行为的关系具有正向调节作用。

3. 旅游目的地居民品牌大使行为的游客响应机制。

旅游目的地居民品牌大使行为对游客忠诚度具有正向影响，积极情绪在其中起中介作用。运用情绪评价理论研究居民品牌大使行为对游客的影响效应，以游客情绪作为中介变量，建立旅游目的地居民品牌大使行为与游客忠诚度的关系模型，并运用 SPSS22.0 软件对其进行实证分析。研究结果显示，居民品牌宣传行为和品牌维护行为能够有效提升游客忠诚度，且品牌维护行为的提升幅度要高于品牌宣传行为，但品牌发展行为对游客忠诚度无明显影响；居民品牌宣传行为和品牌发展行为能够激发游客积极情绪，而居民品牌宣传行为和品牌维护行为能够抑制游客消极情绪；游客积极情绪能有效预测游客忠诚度，但游客消极情绪对降低游客忠诚度的影响不明显；游客积极情绪在居民品牌大使行为与游客忠诚度之间起中介传导作用，且中介作用按照大小程度依次为品牌宣传行为 > 品牌发展行为 > 品牌维护行为。

4. 旅游目的地居民品牌大使行为的目的地响应机制。

旅游目的地居民品牌大使行为对目的地品牌资产具有正向影响，目的地熟悉度对目的地品牌知名度和品牌信任与目的地品牌资产的影响关系具有正向调节作用。运用品牌资产理论研究居民品牌大使行为对目的地的影响效应，以目的地熟悉度作为调节变量，建立旅游目的地居民品牌大使行为与目的地品牌资产的关系模型，并利用 SPSS22.0 和 AMOS22.0 软件对其进行实证分析。研究结果显示，居民品牌宣传行为和品牌发展行为能够提升目的地品牌资产，但品牌维护行为对目的地品牌资产无明显影响；居民品牌宣传行为和品牌维护行为能够提升目的地品牌知名度，而品牌发展行为则能够提高目的地品牌质量；居民品牌大使行为各维度能提升目的地品牌形象，目的地品牌形象受品牌宣传行为的影响最大，品牌发展行为次之，最后是品牌维护行为，但各维度对目的地品牌信任无明显影响；游客对目的地熟悉度越高，目的地品牌知名度和品牌信任对目的地品牌资产的促进作用越大。

第二节　研究局限与展望

本书对旅游目的地居民品牌大使行为的形成机理及其效应进行了深入分析，受研究能力及时间所限，存在一定的局限性，需要进一步完善：

1. 在研究内容上，对旅游目的地居民品牌大使行为驱动因素的研究，仅从居民地方依恋、政府支持、自我效能、行为动机、品牌认同等方面进行探讨，未涉及目的地环境因素、社区发展水平因素以及主客情感因素。未来可将目的地环境、社区发展水平等变量纳入研究中，进行跨层次分析。同时，结合社会交换理论和情感凝聚理论，探讨居民与游客的情感凝聚及居民旅游影响感知对旅游目的地居民品牌大使行为的影响，完善旅游目的地居民品牌大使行为驱动机制的研究。

2. 在时间跨度上，研究旅游目的地居民品牌大使行为对游客和目的地影响效应时，数据收集主要采用横截面法，但居民品牌大使行为本质上是一种互动行为，考虑到该行为的动态性，未来应加强历史研究，通过对旅游目的地居民的跟踪调查，对比居民品牌大使行为开展前后游客忠诚度或目的地品牌资产的变化，以提高旅游目的地居民品牌大使行为效应评估的精准度。

3. 在案例选取上，由于时间和空间的限制，本书选取案例地的旅游目的地品牌具有一定的局限性，未来研究中将在国内不同区域及省份，选取具有代表性的案例地的旅游目的地品牌进行实证研究，分析旅游目的地居民品牌大使行为对目的地品牌资产影响效应的变化，以进一步探讨本书结论的普适性。

参考文献

［1］白凯，郭生伟．入境游客情绪体验对忠诚度的影响研究——以西安回坊伊斯兰传统社区为例［J］．旅游学刊，2010，25（12）：71－78.

［2］白凯．旅游者行为学［M］．北京：科学出版社，2013.

［3］白长虹，邱玮．品牌内化研究综述：基于员工和组织层面的主要观点［J］．管理世界，2008（11）：160－165.

［4］保继刚，钟新民．桂林市旅游发展总体规划（2001－2020）［M］．北京：中国旅游出版社，2002.

［5］蔡卫星，高明华．政府支持、制度环境与企业家信心［J］．北京工商大学学报（社会科学版），2013，28（5）：118－126.

［6］蔡溢，杨洋，殷红梅等．民族旅游村寨居民文化依恋的时空变迁及其机理——以贵州西江千户苗寨村落群为例［J］．人文地理，2017，32（4）：146－154.

［7］柴寿升，龙春凤．消费者行为视角下我国海洋休闲渔业发展路径研究［J］．山东大学学报（哲学社会科学版），2019（1）：136－144.

［8］Charles R 著．贾秀梅译．旅游业教程：旅游业原理、方法和实践［M］．大连：大连理工大学出版社，2003.

［9］沉进成，廖若岑．游客体验，品牌形象与忠诚度影响关系之研究——以剑湖山王子大饭店为例［J］．休闲与游憩研究，2007，1（1）：41－70.

［10］陈向明．扎根理论的思路和方法［J］．教育研究与实验，1999，4（4）：58－63.

［11］陈晓艳，黄震方，胡小海等．事件旅游城市居民分类及影响因素研究——以常州花博会为例［J］．南京师大学报（自然科学版），2016，39（1）：108－116.

[12] 陈晔，白长虹，曹振．内部营销对员工品牌内化行为的影响关系与路径研究——以服务型企业为例 [J]．管理学报，2011，8 (6)：890.

[13] 陈晔，李天元，赵帆．目的地网络界面对旅游者体验及品牌形象的影响 [J]．旅游学刊，2014，29 (10)：31 -41.

[14] 陈则谦．MOA 模型的形成、发展与核心构念 [J]．图书馆学研究，2013 (13)：53 -57.

[15] 程绍文，张捷，徐菲菲等．自然旅游地社区居民旅游发展期望与旅游影响感知对其旅游态度的影响——对中国九寨沟和英国 NF 国家公园的比较研究 [J]．地理研究，2010，29 (12)：2179 -2188.

[16] 崔建．组织公平、自我效能与组织公民行为的关系研究 [D]．济南：山东大学，2017.

[17] 代则光，洪名勇．社区参与乡村旅游利益相关者分析 [J]．经济与管理，2009，23 (11)：27 -32.

[18] 戴树根．论大学生责任感教育 [J]．求索，2004 (3)：166 -167.

[19] 董皓．旅游目的地品牌推广口号的语言学构成分析——以省域及重点旅游城市为例 [J]．人文地理，2013，28 (2)：148 -153.

[20] 董楠，白长虹，妥艳媜．好客的东道主：目的地居民对游客的帮助行为研究 [J]．人文地理，2023，38 (3)：173 -181.

[21] 范钧，邱宏亮，吴雪飞．旅游地意象、地方依恋与旅游者环境责任行为——以浙江省旅游度假区为例 [J]．旅游学刊，2014，29 (1)：55 -66.

[22] 范莉娜．民族村寨居民文化适应及其对旅游支持行为意愿的影响 [D]．杭州：浙江大学，2016.

[23] 范香花，黄静波，程励．生态旅游地居民环境友好行为形成机制——以国家风景名胜区东江湖为例 [J]．经济地理，2016，36 (12)：177 -182.

[24] 伽红凯，吴嘉玲，卢勇．农业文化遗产旅游地居民环境责任行为机制研究 [J]．经济问题，2024 (9)：111 -120.

[25] 高静，徐长乐，朱元秀．目的地熟悉度对游客满意度评价及忠诚度的影响——以黄山风景区为例 [J]．华东经济管理，2013，27 (11)：150 -154.

[26] 高静，章勇刚．旅游目的地品牌化若干基本问题的探讨 [J]．北京

第二外国语学院学报，2007（9）：73－78.

[27] 高静．旅游目的地品牌化成功的影响因素：基于文献回顾的研究[J]．旅游论坛，2012，5（5）：7－12.

[28] 高静．旅游目的地形象、定位及品牌化概念辨析与关系模型[J]．旅游学刊，2009，24（2）：25－29.

[29] 高静．山东青海两省旅游目的地品牌化实践模式比较及其启示[J]．浙江外国语学院学报，2014（1）：81－87.

[30] 高鹏，吴维库，陈信龙．员工的创新自我效能感对创新行为的影响[J]．技术经济，2016，35（12）：29－37.

[31] 高园．旅游目的地居民主观幸福感研究[M]．北京：经济科学出版社，2014.

[32] 耿纪超．多元动机视角下城市居民出行方式选择及其引导政策研究[D]．徐州：中国矿业大学，2017.

[33] 耿松涛，张凤鸣．海口会奖旅游目的地品牌化建设路径选择研究[J]．企业经济，2015，34（10）：141－147.

[34] 古丽扎伯克力，辛自强，李丹．地方依恋研究进展：概念、理论与方法[J]．首都师范大学学报（社会科学版），2011（5）：86－93.

[35] 关新华．感知服务氛围对酒店员工适应性行为的影响研究——自主性动机和顾客需求知识的中介作用[J]．旅游科学，2018，32（3）：13－26.

[36] 关志民，吴浩，陶瑾等．产学研合作中政府支持作用与成功因素的探索性研究——基于辽宁省企业和高校/科研机构的调查数据[J]．科技进步与对策，2014（7）：43－47.

[37] 郭永锐，陶犁．基于旅游者的旅游目的地品牌资产模型研究[J]．旅游研究，2013，5（3）：1－7.

[38] 何莽，张紫雅，黎耀奇等．居民感知价值对康养旅游支持行为的影响研究——基于情绪评价理论的视角[J]．旅游科学，2022，36（4）：18－41.

[39] 胡小海，黄震方．旅游地居民文化保护行为影响机制研究——以周庄古镇为例[J]．现代城市研究，2016（10）：116－120.

[40] 黄洁．国家级风景名胜区的品牌资产研究[D]．上海：复旦大学，2012.

［41］黄四林，韩明跃，张梅．人际关系对社会责任感的影响［J］．心理学报，2016，48（5）：578－587.

［42］黄震方，顾秋实，袁林旺．旅游目的地居民感知及态度研究进展［J］．南京师大学报（自然科学版），2008，31（2）：111－118.

［43］巨英英，程励．文化遗产地旅游社区居民遗产责任行为的形成机制——基于模糊集定性比较分析［J］．自然资源学报，2023，38（5）：1135－1149.

［44］冷志明．旅游目的地品牌研究［J］．边疆经济与文化，2005（12）：1－4.

［45］李创新，苟文静，吴芳．目的地品牌个性对游客行为意愿的影响机理研究——以北京为例［J］．人文地理，2024，39（4）：137－147.

［46］李东和，张捷，赵玉宗．基于旅游地居民感知和态度的旅游影响空间分异研究——以安徽省三河镇为例［C］．中国地理学会学术年会，2006.

［47］李海娥．旅游地居民：不可忽视的目的地营销力量［J］．广西经济管理干部学院学报，2014，26（1）：85－90.

［48］李恒，崔婷婷．安徽省旅游景区游客情绪体验影响因素研究［J］．中国商论，2018（33）：64－66.

［49］李华敏，王丹丹．消费情绪归因及其对顾客忠诚的影响［J］．商业研究，2011（7）：194－199.

［50］李琼，郭德俊．中国人的印象整饰特征及其影响因素初探［J］．心理科学，1999，22（6）：488－491.

［51］黎巧．旅游目的地品牌体验对游客忠诚的影响研究［D］．湖南师范大学，2016.

［52］李秋成，周玲强，范莉娜．社区人际关系、人地关系对居民旅游支持度的影响——基于两个民族旅游村寨样本的实证研究［J］．商业经济与管理，2015（3）：75－84.

［53］李树民，支喻，邵金萍．论旅游地品牌概念的确立及设计构建［J］．西北大学学报（哲学社会科学版），2002，32（3）：36－38.

［54］李帅帅．旅游目的地品牌资产三阶段模型研究［D］．山东大学，2016.

[55] 李天元，曲颖．旅游目的地定位主题口号设计若干基本问题的探讨——基于品牌要素视角的分析 [J]. 人文地理，2010，25（3）：114－119.

[56] 李天元，向招明．目的地旅游产品中的好客精神及其培育 [J]. 华侨大学学报（哲学社会科学版），2006（4）：66－72.

[57] 李薇薇，白凯，张春晖．国家地质公园品牌个性对游客行为意图的影响——以陕西翠华山国家地质公园为例 [J]. 人文地理，2014，29（3）：143－149.

[58] 李湘云，史怡，杨占东．基于网络游记分析的旅游目的地品牌个性研究——以中国优秀旅游城市成都为例 [J]. 企业经济，2017，36（2）：161－166.

[59] 李志飞，敖昆砚，李江敏．因利感恩？旅游利益感知对乡村旅游地社区居民公民行为的影响机制 [J]. 旅游科学，2024，38（5）：1－22.

[60] 厉新建，张凌云，崔莉．全域旅游：建设世界一流旅游目的地的理念创新——以北京为例 [J]. 人文地理，2013，28（3）：130－134.

[61] 梁明珠．广深珠区域旅游品牌与旅游形象辨析 [J]. 江苏商论，2004（6）：124－126.

[62] 刘春济，高静．基于计划行为理论的社区居民参与生态旅游发展的行为意向研究——以崇明岛为例 [J]. 北京第二外国语学院学报，2012，34（7）：56－64.

[63] 刘静艳，王雅君，施琼．旅游经济收益及旅游影响感知对社区居民环保意向的影响研究 [J]. 旅游科学，2014，28（3）：10－21.

[64] 刘丽娟，李天元．国外旅游目的地品牌化研究现状与分析 [J]. 人文地理，2012，27（2）：26－31.

[65] 刘丽娟．基于消费者的旅游目的地品牌资产—模型构建与评价 [D]. 天津：南开大学，2013.

[66] 刘纬华．关于社区参与旅游发展的若干理论思考 [J]. 旅游学刊，2000，15（1）：47－52.

[67] 龙春凤，柴寿升．情感凝聚对目的地居民亲旅游行为的影响研究——基于多重中介作用模型 [J]. 资源开发与市场，2021，37（8）：1017－1024.

[68] 卢丹蕾，王文忠，罗跃嘉．关于个人利益的心理学研究［J］．心理科学进展，2004，12（4）：629－636.

[69] 卢泰宏，黄胜兵，罗纪宁．论品牌资产的定义［J］．中山大学学报（社会科学版），2000，40（4）：17－22.

[70] 卢小丽．居民旅游影响感知、态度与参与行为研究［J］．科研管理，2012，33（10）：138－144.

[71] 陆朋．基于游客感知的旅游目的地品牌形象研究——以湖北省武汉市为例［J］．社会科学家，2015（5）：94－98.

[72] 路幸福，陆林．边缘型地区旅游发展的居民环境认同与旅游支持——以泸沽湖景区为例［J］．地理科学，2015，35（11）：1404－1411.

[73] 吕宛青，杨俊宜．民族旅游社区居民非遗责任行为的影响因素研究——以雷山县三个苗族村落为例［J］．原生态民族文化学刊，2024，16（1）：86－96，155.

[74] Philip Pearce，Maoying Wu，祝春敏．旅游目的地开发的内生式营销［J］．旅游学刊，2013，28（2）：3－6.

[75] 钱树伟，苏勤，祝玲丽．历史街区旅游者地方依恋对购物行为的影响分析——以屯溪老街为例［J］．资源科学，2010，32（1）：98－106.

[76] 邱林，郑雪，王雁飞．积极情感消极情感量表（PANAS）的修订［J］．应用心理学，2008，14（3）：249－254，268.

[77] 曲颖，李天元．基于旅游目的地品牌管理过程的定位主题口号评价——以我国优秀旅游城市为例［J］．旅游学刊，2008，23（1）：30－35.

[78] 曲颖，李天元．旅游目的地形象、定位和品牌化：概念辨析和关系阐释［J］．旅游科学，2011，25（4）：10－19.

[79] Reisinger Y，Torner L W 著；旅游跨文化行为研究［M］．朱路平译．天津：南开大学出版社，2004.

[80] 沈鹏熠．旅游目的地品牌资产的结构及其形成机理——基于目的地形象视角的实证研究［J］．经济经纬，2014，31（1）：112－117.

[81] 石玉，苏雅婷，罗金华．旅游目的地品牌化驱动因素构成及“清新福建”案例验证［J］．云南地理环境研究，2018，30（2）：5－12.

[82] 时少华，李享，吴泰岳．社会交换视角中的权力、信任对居民参与

旅游发展的影响效应分析——以北京前门社区为例 [J]. 地域研究与开发, 2017, 36 (5): 127-133.

[83] 世界旅游城市联合会. 世界旅游城市品牌建设行动计划 (2018-2027) [EB/OL]. http://cn.wtcf.org.cn/news/lhhxw/wzxw/201809073467823.html

[84] 宋瑞. 我国生态旅游利益相关者分析 [J]. 中国人口·资源与环境, 2005, 15 (1): 36-41.

[85] 宋云涛, 胥兴安, 肖洪磊. 差错管理氛围对社区居民持续参与旅游发展的影响研究 [J]. 干旱区资源与环境, 2024, 38 (10): 191-198.

[86] 粟路军, 黄福才. 服务公平性、消费情感与旅游者忠诚关系——以乡村旅游者为例 [J]. 地理研究, 2011, 30 (3): 463-476.

[87] 孙小荣. 中国旅游营销新价值时代 [M]. 北京: 新华出版社, 2017.

[88] 唐小飞, 黄兴, 夏秋馨等. 中国传统古村镇品牌个性特征对游客重游意愿的影响研究——以束河古镇、周庄古镇、阆中古镇和平遥古镇为例 [J]. 旅游学刊, 2011, 26 (9): 53-59.

[89] 唐晓云. 古村落旅游社会文化影响: 居民感知、态度与行为的关系——以广西龙脊平安寨为例 [J]. 人文地理, 2015 (1): 135-142.

[90] 汪京强, 林静远, 李丹等. 旅游目的地品牌个性认知机制探索及应用: 以一项大学生游客 ERP 实验为例 [J]. 南开管理评论, 2018, 21 (4): 206-218.

[91] 王建明, 吴龙昌. 绿色购买的情感-行为双因素模型: 假设和检验 [J]. 管理科学, 2015, 28 (6): 80-94.

[92] 王鉴忠, 徐虹, 杨玥. 顾客体验视角的旅游目的地品牌化研究 [J]. 现代管理科学, 2011 (9): 90-92.

[93] 王京传. 品牌内化: 旅游目的地品牌化成功的关键 [N]. 中国社会科学报, 2018-08-15 (4).

[94] 王楠, 张立艳, 王洋. 创新自我效能感对创新行为的影响: 多重中介效应分析 [J]. 心理与行为研究, 2016, 14 (6): 811-816.

[95] 王兆峰, 向秋霜. 基于 MOA 模型的武陵山区社区居民参与旅游扶贫研究 [J]. 中央民族大学学报: 哲学社会科学版, 2017, 44 (6): 94-102.

[96] 王兆峰，鹿梦思．目的地品牌个性、旅游者自我一致性与行为意向：以凤凰古城为例 [J]．中央民族大学学报（哲学社会科学版），2019，46(3)：93－103.

[97] 王忠，李来斌．文化遗产旅游地社会嵌入对社区居民亲旅游行为影响研究——基于澳门历史城区的实证考察 [J]．山东大学学报（哲学社会科学版），2024（5）：35－46.

[98] 王忠福．旅游目的地居民旅游感知影响因素研究 [D]．大连：大连理工大学，2009.

[99] 吴博，王亚西，陈楠．基于 PLS－SEM 的夜间旅游目的地品牌资产影响因素研究：以开封市为例 [J]．河南大学学报（自然科学版），2024，54(5)：531－539，553.

[100] 吴明隆．问卷统计分析实务：SPSS 操作与应用 [M]．重庆：重庆大学出版社，2010.

[101] 吴小天．国外旅游目的地品牌化研究回顾与展望 [J]．旅游科学，2014，28（4）：15－28.

[102] 伍颖，邵兵家．顾客满意陷阱的双因素分析 [J]．经济管理，2002（13）：66－69.

[103] 谢礼珊，彭家敏，张春林．旅游企业员工品牌公民行为对顾客品牌信任和品牌承诺的影响 [J]．旅游学刊，2010，25（11）：58－65.

[104] 辛璐琦，王兴元．旅游目的地品牌形象识别要素对游客行为意愿的影响机制研究——以品牌认同为中介 [J]．商业经济与管理，2016（10）：88－97.

[105] 熊元斌，李海娥．居民营销：旅游目的地公共营销中社区居民的行为表现及其影响 [J]．管理学家（学术版），2012（6）：27－40.

[106] 熊元斌，吕丹．旅游地品牌认同与旅游者忠诚关系的实证研究框架建构 [J]．武汉商学院学报，2014，28（6）：5－10.

[107] 胥兴安，王立磊，杨懿．网络负面口碑对旅游目的地品牌资产稀释效应——熟悉度和易感性的调节作用 [J]．人文地理，2015，30（5）：126－133.

[108] 徐曼．基于游客情绪的旅游目的地形象对行为意图的影响 [D]．西安：陕西师范大学，2018.

［109］徐尤龙．基于品牌理论的旅游目的地口号资产价值研究［D］．昆明：云南大学，2015.

［110］许春晓，莫莉萍．旅游目的地品牌资产驱动因素模型研究——以凤凰古城为例［J］．旅游学刊，2014，29（7）：77－87.

［111］许峰，詹崔婧．桂林打造世界级旅游城市的目的地品牌成长路径及提升策略研究［J/OL］．社会科家，1－11［2024－10－30］．http：//kns. cnki. net/kcms/detail/45. 1008. C. 20240927. 1625. 002. html.

［112］许正良，古安伟．基于关系视角的品牌资产驱动模型研究［J］．中国工业经济，2011（10）：109－118.

［113］薛群慧．现代旅游心理学［M］．北京：科学出版社，2011.

［114］颜慧．消费者品牌传教行为形成机理研究［D］．南京：南京大学，2011.

［115］杨杰，胡平，苑炳慧．熟悉度对旅游形象感知行为影响研究——以重庆市民对上海旅游形象感知为例［J］．旅游学刊，2009，24（4）：56－60.

［116］杨兴柱，陆林，王群．农户参与旅游决策行为结构模型及应用［J］．地理学报，2005，60（6）：928－940.

［117］尹立杰，张捷，韩国圣等．基于地方感视角的乡村居民旅游影响感知研究［J］．地理研究，2012，31（10）：1916－1926.

［118］余明阳，朱纪达，肖俊崧．品牌传播学［M］．上海：上海交通大学出版社，2005.

［119］苑炳慧，辜应康．基于顾客的旅游目的地品牌资产结构维度——扎根理论的探索性研究［J］．旅游学刊，2015，30（11）：87－98.

［120］曾馨莹，阮垲欣，黎耀奇．地理标志农产品原真性感知与旅游者行为响应［J］．旅游论坛，2024，17（5）：53－62.

［121］占小军，陈颖，罗文豪等．同事助人行为如何降低职场不文明行为：道德推脱的中介作用和道德认同的调节作用［J］．管理评论，2019，31（4）：117－127.

［122］张安民，赵磊．感知价值对居民参与旅游风情小镇建设意愿的影响——以浙江莫干山旅游风情小镇为例［J］．旅游学刊，2019，34（4）：119－131.

［123］张高亮，张璐璐，邱咸等．基于计划行为理论的渔民参与专业合作组织行为的产生机理［J］．农业经济问题，2015，36（8）：97－104.

［124］张红梅，龙嬿升，梁昌勇等．葡萄酒旅游目的地品牌形象影响因素扎根研究——以贺兰山东麓为例［J］．中国软科学，2019（10）：184－192.

［125］张宏梅，陆林．主客交往偏好对目的地形象和游客满意度的影响——以广西阳朔为例［J］．地理研究，2010，29（6）：1129－1140.

［126］张宏梅，张文静，王进等．基于旅游者视角的目的地品牌权益测量模型：以皖南国际旅游区为例［J］．旅游科学，2013，27（1）：52－63.

［127］张辉，牛振邦．内部品牌化背景下员工品牌相关行为研究评介［J］．北京第二外国语学院学报，2015，37（3）：63－70.

［128］张辉．居民目的地品牌心理所有权的影响因素研究［J］．旅游导刊，2018，2（4）：31－51.

［129］张江驰，谢朝武．旅游者对旅游地多元危机信息传播主体的响应［J］．华侨大学学报（哲学社会科学版），2022（6）：41－57.

［130］张静儒等，国家视角下的目的地形象模型——基于来华国际游客的实证研究［J］．旅游学刊，2015，30（3）：13－22.

［131］张维亚，俞世海，严伟．基于MOA理论的邮轮旅游者消费决策研究［J］．消费经济，2013（3）：65－70.

［132］张文娟．基于区域整体利益的旅游目的地品牌营销研究［D］．武汉：武汉大学，2010.

［133］张翔云．旅游地品牌化的路径选择与实现［J］．社会科学家，2018，249（1）：107－113.

［134］张玉玲，张捷，赵文慧．居民环境后果认知对保护旅游地环境行为影响研究［J］．中国人口·资源与环境，2014，24（7）：149－156.

［135］周永博，程德年，胡昕等．生活方式型旅游目的地品牌个性建构——基于苏州古城案例的混合方法研究［J］．旅游学刊，2016，31（7）：85－95.

［136］庄德林，伍翠园，王春燕．区域品牌化模型与绩效评估研究进展与展望［J］．外国经济与管理，2014，36（9）：29－37.

[137] 邹统钎，黄鑫，韩全等．旅游目的地品牌基因选择的三力模型构建［J］．人文地理，2021，36（6）：147－156.

[138] Aaker D A. Managing Brand Equity：Capitalizing on the Value of a Brand Name [M]. New York：Free Press，1991.

[139] Abrahamse W，Steg L. How do socio－demographic and psychological factors relate to households' direct and indirect energy use and savings? [J]. Journal of economic psychology，2009，30 (5)：711－720.

[140] Aiken L S，West S G，& Reno R R. Multiple regression：Testing and interpreting interactions [M]. SAGE，1991.

[141] Allen G. Place branding：New tools for economic development [J]. Design Management Review，2007，18 (2)：60－68.

[142] Amani D. The role of destination brand－oriented leadership in shaping tourism destination brand ambassadorship behavior among local residents in Tanzania [J]. Cogent Social Sciences，2023，9 (2)：2266634.

[143] Amani，D. Mediation Role of Destination Brand Patriotism in Social Media Brand Engagement and Destination Brand Value Co－creation：Local Residents' Perspective in the Tourism Sector in Tanzania [J]. Journal of Quality Assurance in Hospitality & Tourism，2022，25 (5)：1194－1219.

[144] Andersson M，Ekman P. Ambassador networks and place branding [J]. Journal of Place Management and Development，2009，2 (1)：41－51.

[145] Anholt S. Handbook on tourism destinations branding [M]. Madrid：World Tourism Organization (WTO)，2009.

[146] Arnold M B. Emotion and personality [J]. American Journal of Psychology，1960，76 (3)：4662－4671.

[147] Arsal I，Woosnam K M，Baldwin E D，et al. Residents as travel destination information providers：An online community perspective [J]. Journal of Travel Research，2010，49 (4)：400－413.

[148] Bagozzi R P，Gopinath M，Nyer P U. The role of emotions in marketing [J]. Journal of the academy of marketing science，1999，27 (2)：184－206.

[149] Baker M J，Cameron E. Critical success factors in destination marketing

[J]. Tourism and hospitality research, 2008, 8 (2): 79 - 97.

[150] Baloglu S, Henthorne T L, Sahin S. Destination Image and Brand Personality of Jamaica: A Model of Tourist Behavior [J]. Journal of Travel & Tourism Marketing, 2014, 31 (8): 1057 - 1070.

[151] Baloglu S, McCleary K W. A model of destination image formation [J]. Annals of tourism research, 1999, 26 (4): 868 - 897.

[152] Baloglu S. An investigation of a loyalty typology and the multi - destination loyalty of international travelers [J]. Tourism Analysis, 2001, 6 (1): 41 - 52.

[153] Bamberg S, Hunecke M, Blöbaum A. Social context, personal norms and the use of public transportation: Two field studies [J]. Journal of environmental psychology, 2007, 27 (3): 190 - 203.

[154] Bandura A, Adams N E. Analysis of self - efficacy theory of behavioral-change [J]. Cognitive Therapy & Research, 1977, 1 (4): 287 - 310.

[155] Bandura A, Wessels S. Self - efficacy [M]. W. H. Freeman & Company, 1997.

[156] Bandura A. Self - efficacy: Toward a unifying theory of behavioral change [J]. Psychological Review, 1977, 84 (2): 191 - 215.

[157] Barney J. Firm resources and sustained competitive advantage [J]. Journal of management, 1991, 17 (1): 99 - 120.

[158] Batson C D. Prosocial motivation: Is it ever truly altruistic? [M] Advances in experimental social psychology. Academic Press, 1987.

[159] Bianchi C, Pike S, Lings I. Investigating attitudes towards three South American destinations in an emerging long haul market using a model of consumer - based brand equity (CBBE) [J]. Tourism Management, 2014, 42: 215 - 223.

[160] Bigne J E, Sanchez M I, Sanchez J. Tourism image, evaluation variables and after purchase behaviour: inter - relationship [J]. Tourism management, 2001, 22 (6): 607 - 616.

[161] Blain C, Levy S E, Ritchie J R B. Destination branding: Insights and

practices from destination management organizations [J]. Journal of travel research, 2005, 43 (4): 328 - 338.

[162] Bollen K A, & Stine R A. Bootstrapping goodness - of fit measures in structural equation models [J]. Sociological methods and research, 1992, 21: 205 - 209.

[163] Bonaiuto M, Albers T, Ariccio S, et al. Pride of place in a religious context: An environmental psychology and sociology perspective [M]. The Psychology of Religion and Place: Emerging Perspectives. London: Routledge, 2019: 97 - 129.

[164] Boo S, Busser J, Baloglu S. A model of customer - based brand equity and its application to multiple destinations [J]. Tourism Management, 2009, 30 (2): 219 - 231.

[165] Bora D B, Mathilda V N, Jeffrey W, et al. Re - conceptualizing customer - based destination brand equity [J]. Journal of Destination Marketing & Management, 2018 (11): 211 - 230.

[166] Braun E, Kavaratzis M, Zenker S. My city - my brand: the different roles of residents in place branding [J]. Journal of Place Management and Development, 2013, 6 (1): 18 - 28.

[167] Brosi P, Spörrle M, Welpe I M. Do we work hard or are we just great? The effects of organizational pride due to effort and ability on proactive behavior [J]. Business Research, 2018, 11 (2): 1 - 17.

[168] Buhalis D. Marketing the competitive destination of the future [J]. Tourism management, 2000, 21 (1): 97 - 116.

[169] Cai L A, Woods R H. China's tourism service failure [J]. Cornell Hotel and Restaurant Administration Quarterly, 1993, 34 (4): 30 - 39.

[170] Cai L A. Cooperative branding for rural destinations [J]. Annals of tourism research, 2002, 29 (3): 720 - 742.

[171] Canada' [J]. International Journal of Tourism Research, 2009, 11 (2): 217 - 228.

[172] Chang M J, Ko Y J, Connaughton D P, et al. The effects of perceived

CSR, pride, team identification, and regional attachment: The moderating effect of gender [J]. Journal of Sport & Tourism, 2016, 20 (2): 145 - 159.

[173] Chaudhuri A, Holbrook M B. The chain of effects from brand trust and brand affect to brand performance: the role of brand loyalty [J]. Journal of marketing, 2001, 65 (2): 81 - 93.

[174] Chen N, Dwyer L, Firth T. Factors Influencing Chinese Students' Behavior in Promoting Australia as a Destination for Chinese Outbound Travel [J]. Journal of Travel & Tourism Marketing, 2015, 32 (4): 366 - 381.

[175] Chen N, Dwyer L. Residents' Place Satisfaction and Place Attachment on Destination Brand - Building Behaviors: Conceptual and Empirical Differentiation [J]. Journal of Travel Research, 2018, 57 (8): 1026 - 1041.

[176] Chen N, Dwyer L. The Construction of Place Citizenship Behavior: From a Resident Perspective [C]. ANZMAC Annual Conference Proceedings. 2010: 1 - 10.

[177] Chen N, Šegota T. Resident attitudes, place attachment and destination branding: a research framework [J]. Tourism & Hospitality Management, 2015, 21 (2): 145 - 158.

[178] Choo H S, Park S Y, Petrick J F. The influence of the resident's identification with a tourism destination brand on their behavior [J]. Journal of Hospitality Marketing & Management, 2011, 20 (2): 198 - 216.

[179] Collins T. Urban civic pride and the new localism [J]. Transactions of the Institute of British Geographers, 2016, 41 (2): 175 - 186.

[180] Corbin J M, Strauss A. Grounded theory research: Procedures, canons, and evaluative criteria [J]. Qualitative sociology, 1990, 13 (1): 3 - 21.

[181] De Nisco A, Papadopoulos N, Elliot S. From international travelling consumer to place ambassador: Connecting place image to tourism satisfaction and post - visit intentions [J]. International Marketing Review, 2017, 34 (3): 425 - 443.

[182] Delgado - Ballester E, Luis Munuera - Alemán J. Brand trust in the context of consumer loyalty [J]. European Journal of marketing, 2001, 35 (11/

12): 1238 - 1258.

[183] Diesbach D, Brice P. Touristic destination ambassadors, case analysis and conceptualization. how to better understand and use brand ambassadors in cognitive, affective and experiential approaches [J]. Social Science Electronic Publishing, 2012, 18 (2): 229 - 258.

[184] Dinnie K. Nation branding: Concepts, issues, practice [M]. London: Routledge, 2008.

[185] Donavan D T, Janda S, Suh J. Environmental influences in corporate brand identification and outcomes [J]. Journal of Brand Management, 2006, 14 (1 - 2): 125 - 136.

[186] Eastman K K. In the eyes of the beholder: An attributional approach to ingratiation and organizational citizenship behavior [J]. Academy of management journal, 1994, 37 (5): 1379 - 1391.

[187] Eisenhauer B W, Krannich R S, Blahna D J. Attachments to special places on public lands: An analysis of activities, reason for attachments, and community connections [J]. Society & Natural Resources, 2000, 13 (5): 421 - 441.

[188] Ekinci Y, Hosany S. Destination personality: An application of brand personality to tourism destinations [J]. Journal of travel research, 2006, 45 (2): 127 - 139.

[189] Enders C K. An SAS macro for implementing the modified Bollen - Stine bootstrap for missing data: Implementing the bootstrap using existing structural equation modeling software [J]. Structural Equation Modeling, 2005, 12 (4): 620 - 641.

[190] Eusébio C A, Carneiro M J A. Determinants of tourist - host interactions: an analysis of the university student market [J]. Journal of Quality Assurance in Hospitality & Tourism, 2012, 13 (2): 123 - 151.

[191] Evangelista F, Dioko L A N. Interpersonal influence and destination brand equity perceptions [J]. International Journal of Culture, Tourism and Hospitality Research, 2011, 5 (3): 316 - 328.

[192] Flavián C, Martí Nez E, Polo Y. Loyalty to grocery stores in the Spanish market of the 1990s [J]. Journal of Retailing & Consumer Services, 2001, 8 (2): 85 – 93.

[193] Florek M. No place like home: Perspectives on place attachment and impacts on city management [J]. Journal of Towne City Management, 2011, 1 (4): 346 – 354.

[194] Forgas – Coll S, Palau – Saumell R, Sánchez – García J, et al. Urban destination loyalty drivers and cross – national moderator effects: The case of Barcelona [J]. Tourism Management, 2012, 33 (6): 1309 – 1320.

[195] Fournier S M. A consumer – brand relationship framework for strategic brandmanagement [D]. University of Florida, 1994.

[196] Freeman R E. Strategic management: A stakeholder approach [M]. Boston: Pitman, 1984.

[197] Freire J R. "Local People" a critical dimension for place brands [J]. Journal of Brand Management, 2009, 16 (7): 420 – 438.

[198] Fridgen J D. Environmental psychology an tourism [J]. Annals of Tourism Research, 1984, 11 (1): 19 – 39.

[199] Fridgen J D. Use of cognitive maps to determine perceived tourism regions [J]. Leisure Sciences, 1987, 9 (2): 101 – 117.

[200] Frijda N H, Zeelenberg M. Appraisal: What is the dependent? [J]. Appraisal Processes in Emotion Theory Methods Research, 2001: 141 – 155.

[201] Frijda N H. Moods, emotion episodes, and emotions [M]. In Lewis M & Haviland J M (Eds.), Handbook of emotions. New York: Guilford Press, 1993.

[202] García J A, Gómez M, Molina A. A destination – branding model: An empirical analysis based on stakeholders [J]. Tourism Management, 2012, 33 (3): 646 – 661.

[203] Gartner W C, Ruzzier M K. Tourism destination brand equity dimensions: Renewal versus repeat market [J]. Journal of travel research, 2011, 50 (5): 471 – 481.

[204] Girma M. Reimaging Ethiopia through Destination Branding [J]. American Journal of Industrial and Business Management, 2016, 6 (2): 205.

[205] Goffman E. The presentation of self in everyday life. New York: Doubleday, 1959.

[206] Gu H, Ryan C. Place attachment, identity and community impacts of tourism—the case of a Beijing hutong [J]. Tourism management, 2008, 29 (4): 637 -647.

[207] Guiry M, Vequist IV D G. South Korea's medical tourism destination brand personality and the influence of personal values [J]. Asia Pacific Journal of Tourism Research, 2015, 20 (5): 563 -584.

[208] Hammitt W E, Backlund E A, & Bixler R D. Place Bonding for Recreation Places: Conceptual and Empirical Development [J]. Leisure Studies, 2006, 25 (1): 17 -41.

[209] Hart D, & Matsuba M K. The development of pride and moral life [M]. In: Tracy J L, Robins R W & Tangney J P (Eds.), The self - conscious emotions: Theory and research. New York: Guilford, 2007.

[210] Herbert T T. Dimensions of organizational behavior [M]. New York: Collier Macmillan, 1976.

[211] Herington C, Merrilees B, Miller D, et al. Multiple stakeholders and multiple city brand meanings [J]. European Journal of Marketing, 2012, 46 (7/8): 1032 -1047.

[212] Horng J S, Liu C H, Chou H Y, et al. Understanding the impact of culinary brand equity and destination familiarity on travel intentions [J]. Tourism management, 2012, 33 (4): 815 -824.

[213] Hosany S, Gilbert D. Measuring tourists' emotional experiences toward hedonic holiday destinations [J]. Journal of travel research, 2010, 49 (4): 513 -526.

[214] Hosany S, Martin D. Self - image congruence in consumer behavior [J]. Journal of Business Research, 2012, 65 (5): 685 -691.

[215] Hudson S, Ritchie J R B. Branding a memorable destination experi-

ence. The case of "Brand Canada" [J]. International Journal of Tourism Research, 2009, 11 (2): 217 - 228.

[216] Hummon D M. Community attachment: Local sentiment and sense of place. [J]. Place Attachment, 1992, 12: 253 - 278.

[217] Hung K, Petrick J F. Testing the effects of congruity, travel constraints, and self - efficacy on travel intentions: an alternative decision - making model [J]. Tourism Management, 2012, 33 (4): 855 - 867.

[218] Hung K, Yang X, Wassler P, et al. Contesting the commercialization and sanctity of religious tourism in the shaolin monastery, China [J]. International Journal of Tourism Research, 2017, 19 (2): 145 - 159.

[219] Im H H, Kim S S, Elliot S, et al. Conceptualizing destination brand equity dimensions from a consumer - based brand equity perspective [J]. Journal of Travel & Tourism Marketing, 2012, 29 (4): 385 - 403.

[220] Ind N. Living the Brand: How to Transform Every Member of Your Organization into a Brand Champion [M]. London: Kogan Page Publishers, 2001.

[221] Iwasaki Y, Havitz M E. A path analytic model of the relationships between involvement, psychological commitment, and loyalty [J]. Journal of leisure research, 1998, 30 (2): 256 - 280.

[222] Izard C E . Human Emotions [M]. New York: Plenum Press, 1977.

[223] Izard C E. Emotions and facial expressions: A perspective from Differential Emotions Theory [J]. The psychology of facial expression, 1997, 2: 57 - 77.

[224] Jacoby J, Chestnut R W. Brand loyalty: Measurement and management [M]. New York: John Wiley & Sons Incorporated, 1978.

[225] Jacoby J, Kyner D B. Brand loyalty vs. repeat purchasing behavior [J]. Journal of Marketing research, 1973, 10 (1): 1 - 9.

[226] Jepson A, Clarke A, Ragsdell G. Applying the motivation - opportunity - ability (MOA) model to reveal factors that influence inclusive engagement within local community festivals: The case of Utca Zene 2012 [J]. International Journal of Event and Festival Management, 2013, 4 (3): 186 - 205.

[227] Johnson A R, Stewart D W. A reappraisal of the role of emotion in consumer behavior [M]. Review of marketing research. Emerald Group Publishing Limited, 2005: 3-34.

[228] Jones E E, Pittman T S. Toward a Theory of Strategic Self-presentation [M]. In J. Suis (Ed.), Psychological Perspectives on the Self. Hillsdale, NJ: Lawrence Erlbaum, 1982: 231-262.

[229] Kavaratzis M. Place Branding: A Review of Trends and Conceptual Models [J]. Marketing Review, 2005, 5 (4): 329-342.

[230] Kayaman R, Arasli H. Customer based brand equity: evidence from the hotel industry [J]. Managing Service Quality: An International Journal, 2007, 17 (1): 92-109.

[231] Keller K L. Conceptualizing, measuring, and managing customer-based brandequity [J]. Journal of marketing, 1993, 57 (1): 1-22.

[232] Kemp E, Williams K H, Bordelon B M. The impact of marketing on internal stakeholders in destination branding: The case of a musical city [J]. Journal of Vacation Marketing, 2012, 18 (2): 121-133.

[233] Kladou S, Kehagias J. Developing a structural brand equity model for cultural destinations [J]. Journal of Place Management and Development, 2014, 7 (2): 112-125.

[234] Knapp D, Becker B. The Brand Science Guide for Destination RFPs [M]. Washington: Brand Strategy, Inc., 2004.

[235] Konecnik M, Gartner W C. Customer-based brand equity for a destination [J]. Annals of tourism research, 2007, 34 (2): 400-421.

[236] Kyle G, Graefe A, Manning R. Testing the Dimensionality of Place Attachment in Recreational Settings [J]. Environment & Behavior, 2005, 37 (2): 153-177.

[237] Lai W. The Individual and Collective Facets of Pride in Chinese College Students [J]. Basic & Applied Social Psychology, 2014, 36 (2): 176-189.

[238] Lança M, Silva J A, Andraz J, et al. The moderating role of tourism intensity on residents' intentions towards pro-tourism behaviours [J]. Journal of

Sustainable Tourism, 2024: 1 - 18.

[239] Laroche M, Kim C, Zhou L. Brand familiarity and confidence as determinants of purchase intention: An empirical test in a multiple brand context [J]. Journal of business Research, 1996, 37 (2): 115 - 120.

[240] Lau A L S, McKercher B. Exploration versus acquisition: A comparison of first - time and repeat visitors [J]. Journal of Travel Research, 2004, 42 (3): 279 - 285.

[241] Lavergne K J, Sharp E C, Pelletier L G, et al. The role of perceived government style in the facilitation of self - determined and non self - determined motivation for pro - environmental behavior [J]. Journal of Environmental Psychology, 2010, 30 (2): 169 - 177.

[242] Larsen R J, Diener E. Promises and problems with the circumplex model of emotion [J]. Review of personality and social psychology: Emotion, 1992, 13.

[243] Lazarus R S. Progress on a cognitive - motivational - relational theory of emotion [J]. American psychologist, 1991, 46 (8): 819.

[244] Lea S E G, Webley P. Pride in economic psychology [J]. Journal of Economic Psychology, 1997, 18 (2 - 3): 323 - 340.

[245] Leary M R, Kowalski R M. Impression management: A literature review and two - component model [J]. Psychological bulletin, 1990, 107 (1): 34.

[246] Lee G, Cai L A, O'Leary J T. WWW. Branding. States. US: an analysis of brand - building elements in the US state tourism websites [J]. Tourism Management, 2006, 27 (5): 815 - 828.

[247] Lee J S H, Oh C O. The Causal Effects of Place Attachment and Tourism Development on Coastal Residents' Environmentally Responsible Behavior [J]. Coastal management, 2018, 46 (3): 176 - 190.

[248] Lee J. Visitors'emotional responses to the festival environment [J]. Journal of Travel & Tourism Marketing, 2014, 31 (1): 114 - 131.

[249] Lee T H. Influence analysis of community resident support for sustainable

tourism development [J]. Tourism Management, 2013, 34 (2): 37 -46.

[250] Lehto X Y, O'Leary J T, Morrison A M. The effect of prior experience on vacation behavior [J]. Annals of Tourism Research, 2004, 31 (4): 801 - 818.

[251] Lemmink J, Mattsson J. Employee behavior, feelings of warmth and customer perception in service encounters [J]. International Journal of Retail & Distribution Management, 2002, 30 (1): 18 -33.

[252] Levin S A. The problem of pattern and scale in ecology: the Robert H. MacArthur awardlecture [J]. Ecology, 1992, 73 (6): 1943 -1967.

[253] Li H, Atuahene - Gima K. Product Innovation Strategy and the Performance of New Technology Ventures in China [J]. Academy of Management Journal, 2001, 44 (6): 1123 -1134.

[254] Lin N. Building a Network Theory of Social Capital [J]. Connections, 1999, 22 (1): 28 -51.

[255] Lin N. Social Capital: A Theory of Social Structure and Action [M]. New York: Cambridge University Press, 2002.

[256] Liu J, Qu H, Huang D, et al. The role of social capital in encouraging residents' pro - environmental behaviors in community - based ecotourism [J]. Tourism Management, 2014, 41: 190 -201.

[257] Ma E, Qu H, Wei X, et al. Conceptualization and Operationalization of an Altruistic and Egoistic Continuum of Organizational Citizenship Behavior Motivations [J]. Journal of Hospitality & Tourism Research, 2018, 42 (5): 740 - 771.

[258] Macinnis D J, Jaworski B J. Information processing from advertisements: Toward an integrative framework [J]. Journal of Marketing, 1989, 53 (4): 1.

[259] Madrigal R. A tale of tourism in two cities [J]. Annals of Tourism Research, 1993, 20 (2): 336 -353.

[260] Maestro R M H, Gallego P A M, Requejo L S. The moderating role of familiarity in rural tourism in Spain [J]. Tourism Management, 2007, 28 (4):

951 -964.

[261] Maio Mackay M. Evaluation of brand equity measures: further empirical results [J]. Journal of product & brand management, 2001, 10 (1): 38 -51.

[262] Manhas R K, Kaur T. Biocontrol Potential of Streptomyces hydrogenans Strain DH16 toward Alternaria brassicicola to Control Damping Off and Black Leaf Spot of Raphanus sativus [J]. Frontiers in Plant Science, 2016, 7: 1869.

[263] Marzano G, Scott N. Power in destination branding [J]. Annals of Tourism Research, 2009, 36 (2): 247 -267.

[264] Matzler K, Strobl A, Stokburger - Sauer N, et al. Brand personality and culture: The role of cultural differences on the impact of brand personality perceptions on tourists' visit intentions [J]. Tourism Management, 2016, 52: 507 - 520.

[265] Maurer T J. Career - relevant learning and development, worker age, and beliefs about self - efficacy for development [J]. Journal of Management, 2001, 27 (5): 623 -623.

[266] McGehee N G, & Andereck K L. Factors Predicting Rural Residents' Support of Tourism [J]. Journal of Travel Research, 2004, 43 (2), 131 -140.

[267] Mckinney M, Benson A. The value of brand trust [J]. Journal of Brand Strategy, 2013, 2 (1): 76 -86.

[268] Mehrabian A, & Russell J A. An approach to environmental psychology [M]. Cambridge, MA: The MIT Press, 1974.

[269] Moghavvemi S, Woosnam K M, Paramanathan T, et al. The effect of residents' personality, emotional solidarity, and community commitment on support for tourism development [J]. Tourism Management, 2017, 63: 242 -254.

[270] Morgan J. Destination ambassadors: examining how hospitality companies value brand ambassadorship from front - line employees: a case study of four seasons hotels and resorts destination ambassadors: examining how hospitality companies value brand ambassadorship [J]. McMaster J. Commun, 2014, 11: 237 - 262.

[271] Morrison A, Anderson D. Destination branding [C]. Annual Meeting

of the Missouri association of convention and Visitor Bureaus, 2002: 17.

[272] Mosley R W. Customer experience, organisational culture and the employer brand [J]. Journal of brand management, 2007, 15 (2): 123 - 134.

[273] Moswete N, Thapa B, Toteng E N, et al. Resident involvement and participation in urban tourism development: A comparative study in Maun and Gaborone, Botswana [J]. Urban Forum, 2008, 19 (4): 381 - 394.

[274] Murphy P, Pritchard M P, Smith B. The destination product and its impact ontraveller perceptions [J]. Tourism management, 2000, 21 (1): 43 - 52.

[275] Nam M, Kim I, Hwang J. Can Local People Help Enhance Tourists' Destination Loyalty? A Relational Perspective [J]. Journal of Travel & Tourism Marketing, 2016, 33 (5): 702 - 716.

[276] O'Cass A, Grace D. Brand associations: looking through the eye of the beholder [J]. Qualitative Market Research, 2002, 5 (2): 96 - 111.

[277] Oh, H. Measuring affective reactions to print apparel advertisements: A scale development. Journal of Fashion Marketing and Management [J]. 2005, 9 (3): 283 - 305.

[278] Oliver R L. Whence Consumer Loyalty? [J]. Journal of Marketing, 1999, 34 (63): 33 - 44.

[279] Oppermann M. Tourism destination loyalty [J]. Journal of travel research, 2000, 39 (1): 78 - 84.

[280] Ouyang Z, Gursoy D, Sharma B. Role of trust, emotions and event attachment on residents' attitudes toward tourism [J]. Tourism Management, 2017, 63: 426 - 438.

[281] Park C W, Jaworski B J, MacInnis D J. Strategic brand concept - image management [J]. Journal of marketing, 1986, 50 (4): 135 - 145.

[282] Penghu, Taiwan [J]. Journal of Sustainable Tourism, 2013, 21 (8): 1166 - 1187.

[283] Perdue R R, Long P T, Allen L. Resident support for tourism development [J]. Annals of tourism Research, 1990, 17 (4): 586 - 599.

[284] Perdue R R, Long P T, Allen L. Rural resident tourism perceptions

and attitudes [J]. Annals of Tourism Research, 1987, 14 (3): 420 – 429.

[285] Perkins R, Khoo – Lattimore C, Arcodia C. Understanding the contribution of stakeholder collaboration towards regional destination branding: A systematic narrative literature review [J]. Journal of Hospitality and Tourism Management, 2020, 43: 250 – 258.

[286] Perrewé P L, Spector P E, Perrewé P L. Personality Research in the Organizational Sciences [J]. Research in Personnel & Human Resources Management, 2002, 21 (21): 1 – 63.

[287] Pike S, Bianchi C, Kerr G, et al. Consumer – based brand equity for Australia as a long – haul tourism destination in an emergingmarket [J]. International marketing review, 2010, 27 (4): 434 – 449.

[288] Pike S. Consumer – based brand equity for destinations: Practical DMO performance measures [J]. Journal of Travel & Tourism Marketing, 2007, 22 (1): 51 – 61.

[289] Pike S. Tourism destination branding complexity [J]. Journal of Product & Brand Management, 2005, 14 (4): 258 – 259.

[290] Pizam A, Uriely N, Reichel A. The intensity of tourist – host relationship and its effects on satisfaction and change of attitudes: The case of working tourists in Israel [J]. Tourism Management, 2000, 21 (4): 395 – 406.

[291] Plog S C. Leisure travel: A marketing handbook [M]. Upper Saddle River: Pearson Prentice Hall, 2004.

[292] Preacher K J, Hayes A F. SPSS and SAS procedures for estimating indirect effects in simple mediation models [J]. Behavior research methods, instruments, & computers, 2004, 36: 717 – 731.

[293] Prentice R. Tourist familiarity and imagery [J]. Annals of Tourism Research, 2004 (4): 923 – 945.

[294] Pugh S D. Service with a Smile: Emotional Contagion in the Service Encounter [J]. Academy of Management Journal, 2001, 44 (5): 1018 – 1027.

[295] Qin X, Shen H, Ye S, et al. Revisiting residents' support for tourism development: The role of tolerance [J]. Journal of Hospitality and Tourism Man-

agement, 2021, 47: 114 - 123.

[296] Rajh E, Ozretić Došen Đ. The effects of marketing mix elements on service brand equity [J]. Economic research - Ekonomska istraživanja, 2009, 22 (4): 69 - 83.

[297] Rehmet J, Dinnie K. Citizen brand ambassadors: Motivations and perceived effects [J]. Journal of Destination Marketing & Management, 2013, 2 (1): 31 - 38.

[298] Ribeiro M A, Woosnam K M, Pinto P, et al. Tourists' destination loyalty through emotional solidarity with residents: An integrative moderated mediation model [J]. Journal of Travel Research, 2018, 57 (3): 279 - 295.

[299] Richins M L. Measuring emotions in the consumption experience [J]. Journal of consumer research, 1997, 24 (2): 127 - 146.

[300] Rioux S M, Penner L A . The causes of organizational citizenship behavior: A motivational analysis [J]. Journal of Applied Psychology, 2001, 86 (6): 1306 - 1314.

[301] Roger L. Moore, Alan R. Graefe. Attachments to recreation settings: The case of rail - trail users [J]. Leisure Sciences, 1994, 16 (1): 17 - 31.

[302] Romani S, Grappi S. How companies' good deeds encourage consumers to adopt pro - social behavior [J]. European Journal of Marketing, 2014, 48 (5/6): 943 - 963.

[303] Russell J A. Acircumplex model of affect [J]. Journal of personality and social psychology, 1980, 39 (6): 1161.

[304] Ruzzier M K, Petek N. Country Brand I Feel Slovenia: First Response from Locals [J]. Economic Research - Ekonomska Istraživanja, 2012, 25 (2): 465 - 484.

[305] Safshekan S, Ozturen A, Ghaedi A. Residents' environmentally responsible behavior: an insight into sustainable destination development [J]. Asia Pacific Journal of Tourism Research, 2020, 25 (4): 409 - 423.

[306] Saufi A, O'Brien D, Wilkins H. Inhibitors to host community participation in sustainable tourism development in developing countries [J]. Journal of Sus-

tainable Tourism, 2014, 22 (5): 801 - 820.

[307] Sautter E T, Leisen B. Managing stakeholders a tourism planning model [J]. Annals of tourism research, 1999, 26 (2): 312 - 328.

[308] Šerić M, Mikulić J, Gil - Saura I. Exploring relationships between customer - based brand equity and its drivers and consequences in the hotel context. An impact - asymmetry assessment [J]. Current Issues in Tourism, 2018, 21 (14): 1621 - 1643.

[309] Shahzalal M, Font X. Influencing altruistic tourist behaviour: Persuasive communication to affect attitudes and self - efficacy beliefs [J]. International Journal of Tourism Research, 2018, 20 (3): 326 - 334.

[310] Sharma P, Nayak J K. Testing the role of tourists' emotional experiences in predicting destination image, satisfaction, and behavioral intentions: A case of wellness tourism [J]. Tourism Management Perspectives, 2018, 28: 41 - 52.

[311] Sheehan L R, Ritchie J R B. Destination stakeholders exploring identity and salience [J]. Annals of Tourism Research, 2005, 32 (3): 711 - 734.

[312] Shoemaker S, Lewis R C. Customer loyalty: the future of hospitality-marketing [J]. International journal of hospitality management, 1999, 18 (4): 345 - 370.

[313] Simpson P M, Siguaw J A. Destination word of mouth: The role of traveler type, residents, and identity salience [J]. Journal of Travel Research, 2008, 47 (2): 167 - 182.

[314] Sobel M E. Asymptotic intervals for indirect effects in structural equations models [M]. San Francisco: Jossey - Bass, 1982 : 290 - 312.

[315] Styvén M E, Mariani M M, Strandberg C. This is my hometown! The role of place attachment, congruity, and self - expressiveness on residents' intention to share a place brand message online [J]. Journal of Advertising, 2020, 49 (5): 540 - 556.

[316] Su L, Swanson S R. The effect of destination social responsibility on tourist environmentally responsible behavior: Compared analysis of first - time and repeattourists [J]. Tourism Management, 2017, 60: 308 - 321.

[317] Swanson S, Kent A. Passion and pride in professional sports: Investigating the role of workplace emotion [J]. Sport Management Review, 2016, 20 (4): 352.

[318] Swardbrook. Sustainable Tourism Management [M]. Washington D. C.: CABI Publishing, 1999.

[319] Taecharungroj V. City ambassadorship and citizenship behaviours: modelling resident behaviours that help cities grow [J]. Journal of Place Management & Development, 2016, 9 (3): 331 - 350.

[320] Tai S H C, Fung A M C. Application of an environmental psychology model to in - store buying behaviour [J]. The International Review of Retail, Distribution and Consumer Research, 1997, 7 (4): 311 - 337.

[321] Tajfel H, & Turner J. The social identity theory of inter - group behavior [M]. In: Worchel S, Austin WG (Eds), Psychology of Intergroup Relations. Chicago: Nelson - Hall, 1986.

[322] Technology Ventures in China [J]. Academy of Management Journal, 2001, 44 (6): 1123 - 1134.

[323] Tedeschi J T. & Melburg V. Impression Management and Influence in the Organization [J]. Research in Sociology of Organizations, 1984 (3): 31 - 58.

[324] Tienming C, Wu H C, Lomin H. The influence of place attachment on the relationship between destination attractiveness and environmentally responsible behavior for island tourism in Penghu, Taiwan [J]. Journal of Sustainable Tourism, 2013, 21 (8): 1166 - 1187.

[325] Tracy J L, Robins R W. Show Your Pride: Evidence for a Discrete Emotion Expression [J]. Psychological Science, 2004, 15 (3): 194 - 197.

[326] Tuškej U, Golob U, Podnar K. The role of consumer - brand identification in building brand relationships [J]. Journal of business research, 2013, 66 (1): 53 - 59.

[327] Tussyadiah I P, Zach F. Identifying salient attributes of peer - to - peer accommodation experience [J]. Journal of Travel & Tourism Marketing, 2017, 34 (5): 636 - 652.

[328] Uchinaka S, Yoganathan V, Osburg V S. Classifying residents' roles as online place – ambassadors [J]. Tourism Management, 2019, 71 (4): 137 – 150.

[329] Um S, Crompton J L. Attitude determinants in tourism destination choice [J]. Annals of tourism research, 1990, 17 (3): 432 – 448.

[330] Wang S S, Xu H G. Influence of place – based senses of distinctiveness, continuity, self – esteem and self – efficacy on residents' attitudes toward tourism [J]. Tourism Management, 2015, 47 (47): 241 – 250.

[331] Wassler P, Hung K. Conceptualizing residents' destination brand ambassador behavior [C]. INVTUR. 2017.

[332] Wassler P, Wang L, Hung K. Identity and destination branding among residents: How does brand self – congruity influence brand attitude and ambassadorial behavior? [J]. International Journal of Tourism Research, 2019, 21 (4), 437 – 446.

[333] Wassler P, Wang L, Hung K. Residents' power and trust: A road to brand ambassadorship? [J]. Journal of Destination Marketing & Management, 2021, 19: 100550.

[334] Wassler P. Residents and destination brands: understanding residents' destination brand ambassador behavior and its antecedents [D]. Kowloon, Hong Kong: The Hong Kong Polytechnic University, 2015.

[335] Watson D, Tellegen A. Toward a consensual structure of mood [J]. Psychological bulletin, 1985, 98 (2): 219.

[336] Watson D, Clark L A, Tellegen A. Development and validation of brief measures of positive and negative affect: the PANAS scales [J]. Journal of personality and social psychology, 1988, 54 (6): 1063.

[337] Westbrook R A, Oliver R L. The dimensionality of consumption emotion patterns and consumer satisfaction [J]. Journal of consumer research, 1991, 18 (1): 84 – 91.

[338] Williams D R, Patterson M E, Roggenbuck J W, et al. Beyond the commodity metaphor: Examining emotional and symbolic attachment to place [J]. Leisure Sciences, 1992, 14 (1): 29 – 46.

[339] Williams D R, Roggenbuck J W. Measuring place attachment: Some preliminary results [C]. NRPA Symposium on Leisure Research, San Antonio, TX. 1989.

[340] Wu J, Wang X, Ramkissoon H, et al. Resource mobilization and power redistribution: The role of local governments in shaping residents' pro – environmental behavior in rural tourism destinations [J]. Journal of Travel Research, 2024, 63 (6): 1442 – 1458.

[341] Yang J, Gu Y, Cen J. Festival tourists' emotion, perceived value, and behavioral intentions: A test of the moderating effect of festival scape [J]. Journal of Convention & Event Tourism, 2011, 12 (1): 25 – 44.

[342] Yoo B, Donthu N, Lee S. An examination of selected marketing mix elements and brand equity [J]. Journal of the academy of marketing science, 2000, 28 (2): 195 – 211.

[343] Yoon Y, Uysal M. An examination of the effects of motivation and satisfaction on destination loyalty: a structural model [J]. Tourism management, 2005, 26 (1): 45 – 56.

[344] Yuksel A, Yuksel F, Bilim Y. Destination attachment: Effects on customer satisfaction and cognitive, affective and conative loyalty [J]. Tourism management, 2010, 31 (2): 274 – 284.

[345] Zeithaml V A. Consumer perceptions of price, quality, and value: a means – end model and synthesis of evidence [J]. Journal of marketing, 1988, 52 (3): 2 – 22.

[346] Zenker S, Braun E, Petersen S. Branding the destination versus the place: The effects of brand complexity and identification for residents and visitors [J]. Tourism Management, 2017, 58: 15 – 27.

[347] Zenker S, Rütter N. Is satisfaction the key? The role of citizen satisfaction, place attachment and place brand attitude on positive citizenship behavior [J]. Cities, 2014, 38 (4): 11 – 17.

[348] Zhang Y, Zhang H L, Zhang J, et al. Predicting residents' pro – environmental behaviors at tourist sites: The role of awareness of disaster's conse-

quences, values, and place attachment [J]. Journal of Environmental Psychology, 2014, 40: 131 -146.

[349] Zouganeli S, Trihas N, Antonaki M, et al. Aspects of sustainability in the destination branding process: A bottom - up approach [J]. Journal of Hospitality Marketing & Management, 2012, 21 (7): 739 -757.

附　　录

附录1　旅游目的地居民品牌大使行为的访谈提纲

1. 请您谈谈对当地旅游发展的认识。

   当地旅游发展得怎么样？

   旅游发展给您的生活带来哪些变化？

2. 请谈谈您是如何与游客交往的。

   您平常与游客聊天吗？

   都与游客聊什么？

   为什么会与游客聊这些内容？

3. 请谈谈您对当地的旅游目的地品牌的看法。

   您是否了解当地的旅游目的地品牌？

   您觉得当地的旅游目的地品牌怎么样？

   能否体现出当地特色？如何改进？

4. 请谈谈您对当地的旅游目的地品牌宣传的方式和内容。

   是否宣传过旅游目的地品牌？

   主要通过哪些方式进行宣传？

   您为什么宣传旅游目的地品牌？

   您主要宣传旅游目的地品牌有哪些方面？

附录2　旅游目的地居民品牌大使行为的调查问卷

尊敬的先生/女士：

您好！感谢您参与本项研究。本研究旨在了解旅游目的地品牌大使行为的具体表现。旅游目的地居民品牌大使行为是指旅游地居民有计划或自发地进行当地旅游品牌推广、维护或发展的相关行为。本问卷采用匿名作答的方式进行，调查结果会受到严格保密。我们郑重保证不会将您个人的填写结果透露给任何第三方。您所填写的一切资料仅用于纯学术研究，不用于任何商业目的。

表中数字选项表示为：1—完全同意；2—比较不同意；3——一般；4—比较同意；5—完全同意。

筛选题：

您是否宣传过当地旅游目的地品牌？□有　　□没有（结束问卷）

（一）个人信息（请根据您的实际情况在合适的选项前打“√”）

1. 您的性别：

□男　　□女

2. 您的年龄：

□20 岁及以下　　□21～30 岁　　□31～40 岁　　□ 41～50 岁　　□50 岁以上

3. 您的受教育程度：

□高中及以下　　□大专　　□本科　　□硕士及以上

4. 您的身份：

□普通居民　　□景区居民　　□旅游从业人员　　□旅游专家或学者　　□旅游行政管理人员

5. 您在当地的居住年限：

□1～5 年　　□6～10 年　　□11～20 年　　□20 年以上

6. 您的年均收入：

□2 万元以下　□2 万～5 万元　□6 万～10 万元　□11 万～20 万元

□20 万元以上

（二）旅游目的地品牌是目的地的一种名称、术语、标志、符号或设计，或是它们的组合运用，也是目的地向消费者所做的品牌承诺（如“泉城济南”“好客山东”等）。下列题目中旅游目的地品牌均指居民所居地的旅游目的地品牌。请根据个人实际，选择合适选项。

编号	请根据您个人的实际情况在右边数字选项下打“√”	完全不同意→完全同意				
BP1	我会向他人介绍旅游目的地品牌的相关信息	1	2	3	4	5
BP2	我会向他人分享有关旅游目的地品牌的相关信息	1	2	3	4	5
BP3	我会尽量传播有关旅游目的地品牌的相关信息	1	2	3	4	5
BP4	我会向他人推荐旅游目的地品牌的相关信息	1	2	3	4	5
BP7	我会参与有关旅游目的地品牌的推广节事和活动（如节庆、展览）	1	2	3	4	5
BP8	我会建议其他人参与有关旅游目的地品牌的推广节事和活动（如节庆、展览）	1	2	3	4	5
BP9	我会在适当的时候使用宣传材料等宣传旅游目的地品牌	1	2	3	4	5
BM2	我会按照旅游目的地品牌的要求行事	1	2	3	4	5
BM3	我会考虑自己的言行对旅游目的地品牌形象的影响	1	2	3	4	5
BM4	我会主动澄清他人对旅游目的地品牌的误解	1	2	3	4	5
BM5	当有人诋毁旅游目的地品牌时，我会主动为其辩护	1	2	3	4	5
BD1	我会向旅游目的地营销组织提供旅游目的地品牌的反馈意见	1	2	3	4	5
BD2	我会鼓励朋友向目的地营销组织提供旅游目的地品牌的反馈意见	1	2	3	4	5
BD3	我会努力提高自己关于旅游目的地品牌的知识和传播能力	1	2	3	4	5
BD4	我会为旅游目的地品牌发展提出改进建议	1	2	3	4	5
BD5	我会参与有关旅游目的地品牌发展的培训活动	1	2	3	4	5

问卷到此结束，再次感谢您的参与！

附录3　旅游目的地居民品牌大使行为形成机理的调查问卷

尊敬的先生/女士：

您好！感谢您参与本项研究。本研究旨在了解旅游目的地居民品牌大使行为的形成机理。旅游目的地品牌是目的地的一种名称、术语、标志、符号或设计，或是它们的组合运用，也是目的地向消费者所做的品牌承诺（如“仙境海岸”“好客山东”等）。旅游目的地居民品牌大使行为是指旅游地居民有计划或自发地进行当地旅游品牌推广、维护或发展的相关行为。本问卷采用匿名作答的方式进行，调查结果会受到严格保密。我们郑重保证不会将您个人的填写结果透露给任何第三方。您所填写的一切资料仅用于纯学术研究，不用于任何商业目的。

表中数字选项表示为：1—完全同意；2—比较不同意；3——一般；4—比较同意；5—完全同意。

筛选题：

您是否宣传过当地旅游目的地品牌？□有　　□没有（结束问卷）

（一）请根据您的实际情况，选择对下表中居民品牌大使行为动机的同意程度

编号	请根据您个人的实际情况在右边数字选项下打“√”	完全不同意→完全同意				
IM1	该行为能帮助我在他人面前保持良好形象	1	2	3	4	5
IM2	该行为能使我显得比其他居民更友好	1	2	3	4	5
IM3	该行为能避免使我自己显得不负责任	1	2	3	4	5
PB1	该行为能帮我形成个人优势	1	2	3	4	5
PB2	该行为能给我带来一些发展机会	1	2	3	4	5
PB3	该行为能增加我的经济收益	1	2	3	4	5
PB4	该行为能让我感到心理满足	1	2	3	4	5
PR1	当我告诉别人我是某地人时，我感觉自身地位提升	1	2	3	4	5
PR2	成为某地的居民让我感到地位提升	1	2	3	4	5
PR3	我为自己是某地人而感到骄傲和自豪	1	2	3	4	5

续表

编号	请根据您个人的实际情况在右边数字选项下打“√”	完全不同意→完全同意				
SR1	我有责任尽自己的努力去宣传仙境海岸	1	2	3	4	5
SR2	不管别人怎么做，我都会去宣传仙境海岸	1	2	3	4	5
SR3	虽然我个人的影响很小，我也要为仙境海岸品牌发展出一份力	1	2	3	4	5
SR4	如果我不维护仙境海岸品牌，我会有一些负罪感	1	2	3	4	5

（二）请根据您的实际情况，评价下列题项的符合程度

编号	请根据您个人的实际情况在右边数字选项下打“√”	完全不同意→完全同意				
SE1	我会向需要帮助的游客提供有用信息	1	2	3	4	5
SE2	我有信心让游客接受我的推荐	1	2	3	4	5
SE3	我有能力参与促进仙境海岸发展的活动	1	2	3	4	5
SE4	我有能力主动向游客传播关于仙境海岸的相关信息	1	2	3	4	5
SE5	我有必要的时间、精力和技能协助目的地营销组织来展示仙境海岸的品牌文化	1	2	3	4	5

（三）请根据您所在城市的实际情况，评价下列题项的符合程度

编号	请根据您所在城市的实际情况在右边数字选项下打“√”	完全不同意→完全同意				
GS1	当地政府有兴趣听取我对仙境海岸品牌的意见	1	2	3	4	5
GS2	当地政府为我提供了参加有关仙境海岸活动的机会	1	2	3	4	5
GS3	当地政府为我参与仙境海岸活动提供了奖励	1	2	3	4	5

（四）请根据您对所在城市的依恋程度，评价下列题项的符合程度

编号	请根据您个人的实际情况在右边数字选项下打“√”	完全不同意→完全同意				
PA1	相比其他地方，我更愿意在这里进行我喜欢的活动	1	2	3	4	5
PA2	其他地方都赶不上这里	1	2	3	4	5
PA3	当我离开这里太久时，会非常想念	1	2	3	4	5
PA4	我觉得这里最能体现我的个人价值观	1	2	3	4	5
PA5	我对这里有很深的认同感	1	2	3	4	5
PA6	这里让我更加了解自己	1	2	3	4	5
PA7	我感觉这里已经成为我的一部分	1	2	3	4	5

（五）请您根据自身对目的地品牌的感知，评价下列题项的符合程度

编号	请根据您个人的实际情况在右边数字选项下打“√”	完全不同意→完全同意				
BI1	仙境海岸品牌能体现出我的个性	1	2	3	4	5
BI2	仙境海岸品牌在很多方面与我的个人形象符合	1	2	3	4	5
BI3	仙境海岸品牌能体现我的价值观	1	2	3	4	5
BI4	仙境海岸这一品牌所传达的理念与我的信念是一致的	1	2	3	4	5
BI5	我认同仙境海岸这一品牌	1	2	3	4	5

（六）请结合自身实际行为，评价下列题项的符合程度

编号	请根据您个人的实际情况在右边数字选项下打“√”	完全不同意→完全同意				
BP1	我会介绍“仙境海岸”品牌的相关信息	1	2	3	4	5
BP2	我会分享有关“仙境海岸”品牌的相关信息	1	2	3	4	5
BP3	我会尽量传播有关“仙境海岸”品牌的相关信息	1	2	3	4	5
BP4	我会推荐“仙境海岸”品牌	1	2	3	4	5
BP5	我会参与有关“仙境海岸”品牌的推广节事和活动（如节庆、展览）	1	2	3	4	5
BP6	我会在适当的时候使用宣传材料等宣传“仙境海岸”品牌	1	2	3	4	5
BM1	我会考虑自己的言行对“仙境海岸”品牌形象的影响	1	2	3	4	5
BM2	我会主动澄清他人对“仙境海岸”品牌的误解	1	2	3	4	5
BM3	当有人诋毁“仙境海岸”品牌时，我会主动为其辩护	1	2	3	4	5
BD1	我会向旅游目的地营销组织提供“仙境海岸”品牌的反馈意见	1	2	3	4	5
BD2	我会鼓励朋友向目的地营销组织提供“仙境海岸”品牌的反馈意见	1	2	3	4	5
BD3	我会努力提高自己关于“仙境海岸”品牌的知识和传播能力	1	2	3	4	5
BD4	我会参与有关“仙境海岸”品牌发展的培训活动	1	2	3	4	5

（七）个人信息（请根据您的实际情况在合适的选项前打“√”）

1. 您的性别：

□男　　　　□女

2. 您的年龄：

□20 岁及以下　□21～30 岁　　□31～40 岁　　□41～50 岁

□50 岁以上

3. 您的受教育程度：

□初中及以下　□高中/中专/技校

□大专　□本科

□硕士及以上

4. 您的职业：

□政府机关或事业单位人员　□企业职员

□个体/私营业主　□农（渔）民

□学生　□离退休人员

□其他（请注明：____________________）

5. 您在当地的居住年限：

□1 年以下　□2~5 年　□6~10 年　□11~20 年

□20 年以上

6. 您的年均收入：

□2 万元以下　□2 万~5 万元　□6 万~10 万元　□11 万~20 万元

□20 万元以上

7. 您是否从事旅游行业：

□是　□否

问卷到此结束，再次感谢您的参与！

附录4 旅游目的地居民品牌大使行为响应机制的调查问卷

尊敬的游客：

您好！感谢您参与本项研究。本研究旨在了解旅游目的地居民品牌大使行为对旅游者和旅游目的地的影响效应。旅游目的地品牌是目的地的一种名称、术语、标志、符号或设计，或是它们的组合运用，也是目的地向消费者所做的品牌承诺（如“仙境海岸”“好客山东”等）。旅游目的地居民品牌大使行为是指旅游地居民有计划或自发地进行当地旅游品牌推广、维护或发展的相关行为。本问卷采用匿名作答的方式进行，调查结果会受到严格保密。我们郑重保证不会将您个人的填写结果透露给任何第三方。您所填写的一切资料仅用于纯学术研究，不用于任何商业目的。

表中数字选项表示为：1—完全不同意；2—比较不同意；3——般；4—比较同意；5—完全同意

1—非常不熟悉；2—比较不熟悉；3——般；4—比较熟悉；5—非常熟悉

筛选题：

您在旅游过程中，是否跟当地居民进行互动？□是　　□否（结束问卷）

（一）您对旅游目的地居民行为的看法，请根据自己的真实想法选择答案

编号	请根据您个人的实际情况在右边数字选项下打“√”	完全不同意→完全同意				
BP1	当地居民会向我介绍有关旅游目的地品牌的信息	1	2	3	4	5
BP2	当地居民会向我分享有关旅游目的地品牌的信息	1	2	3	4	5
BP3	当地居民会向我推荐旅游目的地品牌	1	2	3	4	5
BP4	当地居民会向我发放旅游目的地的宣传材料	1	2	3	4	5
BP5	当地居民会邀请我参与旅游目的地的活动（如节庆、展览）	1	2	3	4	5
BM1	当地居民会注意自己的言行对旅游目的地品牌形象的影响	1	2	3	4	5
BM2	当地居民会主动向我澄清他人对旅游目的地品牌的误解	1	2	3	4	5
BM3	当地居民会主动维护目的地品牌的声誉	1	2	3	4	5
BD1	当地居民会帮助我向旅游相关部门提供反馈意见	1	2	3	4	5

续表

编号	请根据您个人的实际情况在右边数字选项下打“√”	完全不同意→完全同意				
BD2	当地居民会鼓励他人向旅游相关部门提供反馈意见	1	2	3	4	5
BD3	当地居民具有较好的品牌知识和传播能力	1	2	3	4	5
BD4	当地居民会参与有关品牌发展的培训活动	1	2	3	4	5

（二）您在接受居民宣传当地旅游过程中的情感反应，请您根据自己的真实想法选择答案

编号	请根据您个人的实际情况在右边数字选项下打“√”	完全不同意→完全同意				
PA1	该行为让我感到愉快	1	2	3	4	5
PA2	该行为让我感到高兴	1	2	3	4	5
PA3	该行为让我非常感激	1	2	3	4	5
PA4	该行为让我对目的地产生了更大的兴趣	1	2	3	4	5
PA5	该行为让我对目的地充满期待	1	2	3	4	5
NA1	该行为让我感到反感	1	2	3	4	5
NA2	该行为让我感到不满	1	2	3	4	5
NA3	该行为让我感到担心	1	2	3	4	5
NA4	该行为让我感到紧张	1	2	3	4	5

（三）请根据您所在城市的实际情况，评价下列题项的符合程度

编号	请根据您个人的实际情况在右边数字选项下打“√”	完全不同意→完全同意				
BA1	该目的地的名声很好	1	2	3	4	5
BA2	该目的地非常有名	1	2	3	4	5
BA3	我能很快地想到该目的地的特点	1	2	3	4	5
BI1	该目的地很适合我的个性	1	2	3	4	5
BI2	选择该目的地旅游，朋友们会很羡慕我	1	2	3	4	5
BI3	该目的地形象和我的个人形象很一致	1	2	3	4	5
BI4	参观该目的地能反映我的个人风格	1	2	3	4	5
BQ1	该目的地卫生程度高、干净整洁	1	2	3	4	5
BQ2	该目的地旅游活动丰富多彩、具有吸引力	1	2	3	4	5

续表

编号	请根据您个人的实际情况在右边数字选项下打“√”	完全不同意→完全同意				
BQ3	该目的地核心吸引物（如自然、人文景观、文化等）具有特色	1	2	3	4	5
BQ4	该目的地旅游接待设施完善	1	2	3	4	5
BQ5	该目的地服务人员提供了优质、热情的服务	1	2	3	4	5
BT1	我对该目的地品牌有信心	1	2	3	4	5
BT2	我认为该目的地品牌会对其行为负责	1	2	3	4	5
BT3	我觉得该目的地品牌是值得信赖的	1	2	3	4	5
BT4	我感觉该目的地品牌能够兑现其服务承诺	1	2	3	4	5
TL1	我很喜欢这个旅游目的地	1	2	3	4	5
TL2	我认为这里是很多的旅游目的地	1	2	3	4	5
TL3	我会再次到该目的地旅游	1	2	3	4	5
TL4	我愿意向他人推荐该旅游目的地	1	2	3	4	5
BE1	比起其他地方，到该目的地旅游更让我觉得安心和舒适	1	2	3	4	5
BE2	即使在其他地方也能开展同样的旅游活动，我仍然会选择到该目的地	1	2	3	4	5
BE3	即使有其他类似的旅游目的地，我也愿意到该目的地	1	2	3	4	5
BE4	即使有其他旅游目的地可选择，我仍然觉得到该目的地旅游更明智	1	2	3	4	5
编号	请根据您个人的实际情况在右边数字选项下打“√”	非常不熟悉→非常熟悉				
DF1	您对该目的地的熟悉程度	1	2	3	4	5
DF2	您对该目的地旅游的熟悉程度	1	2	3	4	5

（四）个人信息（请根据您的实际情况在合适的选项前打“√”）

1. 您的性别：

□男　　　□女

2. 您的年龄：

□18～25 岁及以下　□26～35 岁　□36～45 岁　□46～55 岁

□56 岁以上

3. 您的受教育程度：

□初中及以下　□高中/中专/技校　□大专　□本科

□硕士及以上

4. 您的职业：

□政府机关或事业单位人员　□企业职员　□个体/私营业主

□自由职业者　□离退休人员　□学生

□其他（请注明：______________________）

5. 您此次出游的旅游方式为：

□自助游　□跟团游　□其他

6. 您到该地旅游的次数：

□1 次　□2～3 次　□4 次及以上

问卷到此结束，再次感谢您的参与！